Keine Religion wird in der westlichen Welt so gefürchtet und missverstanden wie der Islam. Unsere Sicht ist weitgehend bestimmt von negativen Assoziationen wie dem Fundamentalismus autoritärer Staaten, der Frauenunterdrückung, Bürgerkrieg und Terrorismus. Gegen diese eingeschränkte Form der Wahrnehmung setzt Karen Armstrong in ihrem brillant recherchierten und spannend erzählten Buch eine andere Perspektive, indem sie die Wesen und Motive des Islam von Beginn an, der Geschichte des Propheten Muhammad bis zum modernen islamischen Staat, erläutert. Provokativ und intellektuell herausfordernd gelingt Karen Armstrong ein Gegenentwurf zu der Auffassung, dass sich der Westen und der Islam notwendigerweise auf Kollisionskurs befinden müssen.

Karen Armstrong zählt zu den renommiertesten Religionswissenschaftlern der Welt und hat zahlreiche Bestseller zu religionsgeschichtlichen Themen verfasst. Karen Armstrong lebt in London.

Karen Armstrong

Kleine Geschichte des Islam

Aus dem Englischen von Stephen Tree

Berliner Taschenbuch Verlag

Dezember 2001
BvT Berliner Taschenbuch Verlags GmbH, Berlin,
ein Unternehmen der Verlagsgruppe Random House GmbH
Die Originalausgabe erschien 2000 unter dem Titel
Islam. A Short History
bei Weidenfeld & Nicholson, a division of
The Orion Publishing Group, Ltd., London.

Wissenschaftliche Beratung: Dr. Reinhard Eisener, Berlin
Kartenbearbeitung: Peter Palm, Berlin
Redaktionelle Mitarbeit: Inga Kühl und Christian Uwe Jerger, Berlin
Umschlaggestaltung: Nina Rothfos und Patrick Gabler, Hamburg,
unter Verwendung einer Miniatur der © The Bodleian Library,
University of Oxford (Ms. Elliott, Mappe 318, Verso 34)
Gesetzt aus der Minion durch psb, Berlin
Druck und Bindung: Elsnerdruck, Berlin
Printed in Germany · ISBN 3-442-76087-9

INHALT

Redaktionelle Vorbemerkung

Die für die deutschsprachige Ausgabe gewählte Umschrift ist an die Konventionen des Duden angelehnt. Sie soll dem Leser helfen, die fraglichen Namen und Begriffe wenigstens annähernd richtig auszusprechen, auch wenn dies natürlich sehr schnell an Grenzen stößt, etwa bei der Betonung. Wie immer gibt es auch ein paar Ausnahmen: So haben wir für die Namen einiger bekannter Persönlichkeiten Schreibweisen aus der Tagespresse übernommen, z. B. Saddam Hussein (richtig wäre Saddam Husain). Zur gewählten Umschrift bleibt noch zu bemerken, dass »c« wie »z« in »Zone« auszusprechen ist; »z« steht für stimmhaftes »s« wie in »Sonne«; stimmloses »s« wie in »Wasser« wird durch »s« wiedergegeben; »r« bezeichnet ein rollendes Zungen-»r«; ein kehlig gesprochenes deutsches »r« etwa wie in »Runde« wird durch »gh« wiedergegeben; »h« wie in »Haus« wird immer mitgesprochen (Ausnahme »Mullah«, dort ist es wie ein deutsches Dehnungs-»h« zu betrachten); »th« wie in Englisch »thick«, »dh« wie in Englisch »the«; »zh« wie in Französisch »journal«; das Zeichen ' weist auf einen Stimmabsatz hin, wie in »Herbst-anfang«.

Vorwort

Die weltliche Geschichte einer religiösen Tradition scheint oft vom Sinn und Zweck eines Glaubens abgelöst. Spirituelle Suche führt nach innen; die Vorgänge sind psychischer und nicht politischer Art. Es geht vor allem um Liturgie, Doktrin, kontemplative Übungen und Gewissensforschung, nicht um aktuelle politische Konflikte. Doch religiöses Leben spielt sich auch außerhalb des seelischen Bereichs ab. Religiöse Führer müssen sich mit staatlichen und weltlichen Angelegenheiten befassen und tun dies oft sehr gerne. Sie bekämpfen Anhänger anderer Glaubensrichtungen, die ihren absoluten Wahrheitsanspruch in Frage stellen; und sie verfolgen Mitgläubige, weil sie eine Tradition anders begreifen oder abweichende Glaubensauffassungen vertreten. Oft sind Priester, Rabbiner, Imame und Schamanen vom gleichen weltlichen Ehrgeiz verzehrt wie gewöhnliche Politiker. Mit dem Unterschied, dass dies allgemein als Missbrauch eines heiligen Ideals empfunden wird. Derartige Machtkämpfe gehören nicht zum Wesen der Religion, sie lenken vielmehr auf unwürdige Weise von einem geistigen Leben ab, das sich weitab von der großen Menge, unbemerkt, still und unauffällig abspielt. In vielen Religionen ziehen sich Mönche und Mystiker aus der Welt zurück, da der Lärm und Hader der Geschichte als unvereinbar mit einem wahrhaften religiösen Leben gilt.

In der Hindu-Tradition wird Geschichte als flüchtig, unwichtig und unsubstanziell gering geschätzt. Die Philosophen des alten Griechenland befassten sich mit ewigen Gesetzen, die die Abfolge der weltlichen Ereignisse bestimmen, die als solche für einen ernsthaften Denker nicht von Belang sein konnten.

Im Neuen Testament betont Jesus seinen Gefolgsleuten gegenüber immer wieder, dass sein Königreich nicht von dieser Welt ist, sondern nur im wahren Gläubigen selbst gefunden werden kann. Das Königreich sollte nicht mit großem politischem Tumult anbrechen, sondern sich still und unbemerkt wie ein keimendes Senfkorn entwickeln. Im modernen Westen haben wir Wert auf die Trennung von Religion und Politik gelegt. Eine Säkularisierung, die ursprünglich von den Denkern der Aufklärung entwickelt wurde, um die Religion vom verderblichen Einfluss der Staatsgeschäfte zu befreien, und ihr zu ermöglichen, zu ihrem wahren Selbst zurückzufinden.

Aber wenn die Bestrebungen religiöser Menschen geistlicher Art sind, müssen sie Gott oder das Heilige in dieser Welt suchen. Oft fühlen sie sich verpflichtet, der Gesellschaft ihre Ideale aufzuzwingen. Selbst wenn sie sich hinter Mauern zurückziehen, bleiben sie Männer und Frauen ihrer Zeit, die von dem, was sich außerhalb der Klostermauern abspielt, betroffen werden, auch wenn sie dies kaum realisieren. Kriege, Epidemien, Hungersnöte, Wirtschaftskrisen und die Innenpolitik ihrer Nation haben Auswirkungen auf ihre klösterliche Existenz und bestimmen ihre religiöse Sicht. Oft sind es gerade die Tragödien der Geschichte, die die Menschen zu einer geistigen Suche führen, weil sie in einer scheinbar zufälligen, beliebigen und deprimierenden Abfolge von Ereignissen einen Sinn finden wollen. Daher sind Religion und Geschichte symbiotisch miteinander verbunden. Wie Buddha anmerkte, bringt gerade die Wahrnehmung der Hinfälligkeit unseres Daseins uns dazu, eine Alternative zu finden, die uns vor der Verzweiflung schützt.

Vielleicht besteht der zentrale Widerspruch religiösen Lebens darin, dass in ihm Transzendenz angestrebt wird, eine Dimension der Existenz, die jenseits des Alltäglichen liegt, während der Mensch Transzendenz nur als irdisches, körperliches Phänomen wahrzunehmen vermag. Menschen haben das Göttliche in Felsen, Bergen, Tempelgebäuden, Gesetzesbüchern, Texten und in anderen Männern und Frauen wahrgenommen. Transzendenz wird von uns niemals direkt erfahren: Unsere Ekstase wird stets »geerdet«, sie wird in etwas oder in jemanden auf dieser Welt eingebettet. Religiöse Menschen werden darin geübt, das Heilige hinter der dürftigen Oberfläche wahrzunehmen. Jean-Paul Sartre definierte Fantasie als Fähigkeit, zu denken, was nicht da ist. Menschen sind religiöse Kreaturen, weil sie Fantasie haben; weil sie von Natur aus nach einem geheimen Sinn suchen und eine Ekstase finden, in der sie sich wahrhaft lebendig erfahren. Jede Tradition ermutigt ihre Gläubigen, sich auf ihr eigenes irdisches Symbol zu konzentrieren, und zu lernen, darin das Göttliche zu erblicken.

Im Islam haben die Muslime Gott in der Geschichte gesucht. Ihre heilige Schrift, der Koran, gab ihnen eine geschichtliche Mission. Ihre vornehmste Pflicht bestand in der Erschaffung einer gerechten Gemeinschaft, in der alle Mitglieder, auch die schwächsten und verletzlichsten, mit Respekt behandelt werden. Die Bildung einer solchen Gemeinschaft und das Leben darin sollte ihnen das Empfinden des Göttlichen ermöglichen, weil sie in Übereinstimmung mit Gottes Willen lebten. Der Muslim sollte die Geschichte erlösen, was bedeutete, dass Staatsangelegenheiten nicht vom Geistigen ablenkten, sondern zum Inhalt der Religion wurden. Das politische Wohlbefinden der muslimischen Gemeinschaft war von größter Bedeutung. Wohl ließ sich dies Ideal wie jedes religiöse Ideal in der befleckten Wirklichkeit der Geschichte trotz größter Anstrengung kaum umsetzen, aber Muslime waren gehalten, sich nach jedem Fehlschlag aufzuraffen und von neuem zu beginnen.

Sie entwickelten ihre Rituale, Mystizismen, Philosophien, Doktrinen, heiligen Texte, Gesetze und Schreine wie alle anderen auch. Aber ihre religiösen Bemühungen entsprangen dem häufig offensichtlich bedrückenden politischen Zustand der islamischen Gemeinschaft. Wenn die staatlichen Institutionen dem Ideal des Koran nicht entsprachen, wenn deren politische Führer grausam oder ausbeuterisch waren, oder wenn ihre Gemeinschaft durch scheinbar ungläubige Feinde gedemütigt wurde, konnte ein Muslim das als Gefährdung seines Glaubens an Sinn und Zweck des Daseins empfinden. Um die islamische Geschichte zurechtzurücken, musste jede Anstrengung unternommen werden, weil sonst das gesamte religiöse Unternehmen fehlgeschlagen wäre und das Leben seinen Sinn verloren hätte. Somit entsprach Politik dem, was die Christen als Sakrament bezeichnen: Politik war der Ort, wo die Muslime Gott erfahren konnten und das Göttliche in der Welt wirksam zu werden vermochte. Die historischen Prüfungen und Nöte der muslimischen Gemeinschaft – politische Attentate, Bürgerkriege, Invasionen, Aufstieg und Fall herrschender Dynastien – waren dementsprechend nicht von der inneren religiösen Suche losgelöst, sondern vielmehr der Inbegriff der islamischen Vision. Ein Muslim konnte über die Ereignisse seiner Zeit und der Vergangenheit meditieren wie ein Christ über einer Ikone, und seine kreative Fantasie einsetzen, um den verborgenen göttlichen Sinn zu entdecken. Ein Abriss der weltlichen Geschichte der muslimischen Völker kann daher umso weniger von nachrangigem Interesse sein, als die Sakralisierung der eigenen Geschichte zum Wesenskern des Islam gehört.

I. ANFÄNGE

1. Der Prophet (570–632)

Im Monat Ramadan des Jahres 610 n. Chr. machte ein arabischer Geschäftsmann eine Erfahrung, die die Weltgeschichte verändern sollte. Muhammad ibn Abdullah pflegte sich jedes Jahr um diese Zeit im arabischen Hidschaz in eine Höhle auf dem Gipfel des Hira-Berges vor Mekka zurückzuziehen, wo er betete, fastete und den Armen Almosen spendete. Schon lange bedrückte ihn die augenscheinliche Krise der arabischen Gesellschaft. In den vergangenen Jahrzehnten war sein Stamm, die Quraisch, durch Handel mit den umliegenden Ländern zu Reichtum gekommen. Mekka war zwar zur blühenden Handelsstadt geworden, hatte aber im aggressiven Streben nach Reichtum einige der alten Stammestugenden verloren. Statt sich dem Brauch der Nomaden gemäß um die schwächeren Angehörigen des Stammes zu kümmern, ging es den Quraischiten nun vor allem darum, auf Kosten ärmerer Familiengruppen oder Stammesklans zu Geld zu kommen. Mekka und die übrige arabische Halbinsel kamen geistig nicht zur Ruhe. Die Araber wussten, dass das Judentum, der Zoroastrismus und das Christentum, Religionen, denen man im benachbarten Byzantinischen und im Persischen Reich anhing, entwickelter waren als die eigenen heidnischen Traditionen. Einige gelangten zur Überzeugung, der höchste Gott ihres Pantheons, al-Lah (was einfach »der eine Gott« bedeutet), sei mit dem von Juden und Christen angebeteten Gott identisch, doch hatte er den Arabern keine Propheten und keine Schrift in ihrer Sprache gesandt. Juden und Christen pflegten Araber, die sie trafen, oft zu verspotten, weil sie im Heilsplan nicht vorkamen. In Arabien kämpfte ein Stamm gegen den anderen, was zu einem Teufelskreis von Fehden und Gegenfehden führte. Nachdenklichere Araber fürchteten, einem verlorenen Volk anzugehören, das von der zivilisierten Welt ausgeschlossen blieb und von Gott ignoriert wurde. Aber das sollte sich in der Nacht des 17. Ramadan ändern, als Muhammad aufwachte und sich von einer gewaltigen Wesenheit überwältigt fühlte, die ihn so lange eng umklammerte, bis er hörte, wie seine Lippen die ersten Worte einer neuen arabischen Heiligen Schrift bildeten.

In den ersten beiden Jahren schwieg Muhammad über seine Erfahrung. Er hatte neue Offenbarungen, die er aber nur seiner Frau Chadidscha und ihrem Vetter Waraqa ibn Naufal, einem Christen, mitteilte. Beide waren überzeugt, dass die Offenbarungen göttlichen Ursprungs seien, aber erst 612 fühlte sich Muhammad zum Predigen ermächtigt, und gewann allmählich Konvertiten: seinen jungen Vetter Ali ibn Abi Talib, seinen Freund Abu Bakr und den jungen Kaufmann Uthman ibn Affan aus der mächtigen Familie der Umaijaden. Viele Konvertiten, darunter eine bedeutende Zahl von Frauen, stammten aus ärmeren Klans; auch andere waren wegen der neuerlichen Kluft zwischen Arm und Reich in Mekka empört, die ihrem Empfinden nach dem arabischen Wesen nicht entsprach. Muhammads Botschaft war schlicht. Er lehrte keine neue Gottesdoktrin: Die meisten Quraisch waren bereits überzeugt, dass al-Lah, der eine Gott, so wie es Juden und Christen glaubten, die Welt erschaffen hatte und die Menschheit am Jüngsten Tag richten würde. Muhammad meinte nicht, eine neue Religion zu gründen, sondern wollte vielmehr den Arabern, die noch nie einen Propheten hatten, den alten Glauben an den einen Gott offenbaren. Ein privates Vermögen anzuhäufen war, wie er nachdrücklich betonte, falsch, gut dagegen, den Wohlstand zu teilen und eine

Gesellschaft zu schaffen, in der die Schwachen und Verletzlichen mit Respekt behandelt wurden. Falls die Quraisch ihren Lebenswandel nicht änderten, würde die Gesellschaft zusammenbrechen (wie andere ungerechte Gesellschaften zuvor), da sie die grundlegenden Daseinsgesetze verletzte.

Dies war der Kern der neuen Heiligen Schrift, Koran (*qur'an* – »das zu Rezitierende«) genannt, weil die Gläubigen, von denen die meisten, darunter Muhammad, Analphabeten waren, ihre Botschaft aufnahmen, indem sie öffentlichen Lesungen einzelner Suren (*suwar*; Singular: *sura* – »Kapitel«, speziell des Koran) lauschten und sie memorierten. Der Koran wurde Muhammad während der nächsten zwanzig Jahre offenbart, Vers um Vers, *aja* für *aja*, oft als Reaktion auf eine Krise oder eine Frage, die in der kleinen Gemeinde der Gläubigen aufkam. Muhammad selbst empfand die Offenbarungen als peinigend, er pflegte zu sagen: »Ich habe keine einzige Offenbarung empfangen, ohne das Gefühl, dass meine Seele mir aus dem Leib gerissen wurde.«[1] In der Anfangszeit hatte das derart schwer wiegende Auswirkungen, dass er am ganzen Körper konvulsivisch zuckte; oft pflegte er, selbst an kühlen Tagen, heftig zu schwitzen, fühlte sich durch eine schwere Last niedergedrückt, oder er hörte eigenartige Klänge und Stimmen. In säkulare Begriffe übersetzt hieß das, dass Muhammad die Probleme seines Volkes tiefer empfand als die meisten seiner Zeitgenossen, und dass er, wenn er den Ereignissen »lauschte«, tief und schmerzhaft in sein inneres Selbst eintauchen musste, um eine Lösung zu finden, die nicht nur politisch sinnvoll, sondern auch geistig erhellend war. Er schuf außerdem eine neue literarische Form und ein Meisterstück arabischer Prosa und Dichtung. Viele der ersten Gläubigen konvertierten wegen der bloßen sprachlichen Schönheit des Koran, der von ihren tiefsten Bestrebungen erfüllt war und kunstvoll ihre Vorurteile hinwegfegte, und sie auf eine das rein Intellektuelle hinter sich lassende Art und Weise dazu brachte, ihr Leben zu ändern. Ein besonders dramatisches Beispiel einer solchen Konversion bildet Umar ibn al-Chattab, der dem alten Heidentum anhing, sich Muhammads Ansichten leidenschaftlich widersetzte und fest entschlossen war, die neue Sekte auszulöschen. Aber er war auch ein großer Kenner arabischer Dichtung, und als er die Worte des Koran zum ersten Mal hörte, wurde er von ihrer außerordentlichen Eloquenz hingerissen. Wie er sagte, wischte die Sprache all seine Bedenken über die vorgetragenen Ansichten hinweg: »Als ich den Koran hörte, erweichte mein Herz und ich weinte, und der Islam drang in mich ein.«[2]

Die neue Sekte sollte *islam*, Hingabe (an Gott), Ergebung (in Gott), genannt werden; ein *muslim* war ein Mensch, der sich ganz Gott und der göttlichen Forderung nach Gerechtigkeit, Anstand und Erbarmen im gegenseitigen Umgang unterwarf. Eine Haltung, die sich in den Prostrationen des rituellen Gebets (*salat*) widerspiegelte, das Muslime damals drei Mal täglich durchzuführen hatten. (Die Zahl der Gebete wurde später auf täglich fünf erhöht.) Die alte Stammesordnung war egalitär gewesen; die Araber lehnten so etwas wie Monarchie ab, und die Vorstellung, wie Sklaven auf dem Boden zu kriechen, war ihnen ein Gräuel. Aber die Prostrationen waren ausdrücklich gegen die verhärtete Arroganz und Selbstzufriedenheit gerichtet, die sich in Mekka breit gemacht hatte. Die Muslime sollten durch ihre Körperhaltung umerzogen werden, ihren Stolz und ihre Selbstsucht ablegen, und daran denken, dass sie vor Gott nichts waren. Wollten sie den strengen Lehren des Koran entsprechen, mussten Muslime außerdem einen bestimmten Teil ihres Einkommens an die Armen abgeben (*zakat*). Sie hatten während des Ramadan zu fasten, um sich von Sünden zu reinigen, den menschlichen Leidenschaften, Versuchungen und allen Dingen zu trotzen, welche die eigene Aufmerksamkeit von Gott ablenken.

Daher ist soziale Gerechtigkeit eine entscheidende Tugend des Islam. Die erste Pflicht von Muslimen bestand darin, eine Gemeinschaft (*umma*) zu errichten, die sich durch praktische Nächstenliebe auszeichnete und in der der Wohlstand gerecht verteilt wurde. Dies war weit wichtiger als jegliche Gottesdoktrin. Theologische Spekulationen werden vom Koran abfällig beurteilt, sie gelten als *zann*, als selbstgefällige Verstiegenheiten über Unfassbares, das ohnehin nicht eindeutig entschieden werden kann. Ein Streit über derart abstruse Dogmen erschien sinnlos; weit wichtiger war das Bemühen (*dschihad*) um ein gottgefälliges Leben. Das politische und soziale Wohlergehen der *umma* sollte für Muslime eine sakramentale Bedeutung annehmen. Wenn die *umma* gedieh, war dies ein Zeichen, dass Muslime gemäß Gottes Willen lebten, und die Erfahrung in einer wahrhaft *islamischen* Gemeinschaft zu leben, die zu einer solchen existenziellen Hingabe an Gott bereit war, sollte den Muslimen eine Ahnung heiliger Transzendenz vermitteln. Entsprechend ging das Unglück oder die Demütigung der *umma* einem Muslim ebenso nahe wie einem Christen das blasphemische Herumtrampeln auf einer Bibel oder das Zerreißen einer geweihten Hostie.

Das Soziale war stets ein entscheidender Teil der Vision der großen Weltreligionen gewesen, die sich in dem von den Historikern als Axiale Epoche bezeichneten Zeitraum entwickelten (ca. 700 v. Chr. – 200 v. Chr.), als die Zivilisation in unserem Sinne entstand, gemeinsam mit den Glaubensrichtungen, die die Menschheit bis heute stützen: Taoismus und Konfuzianismus in China, Hinduismus und Buddhismus auf dem indischen Subkontinent, Monotheismus im Mittleren Osten und Rationalismus in Europa. Diese Glaubensrichtungen reformierten das alte Heidentum, das den größeren und komplexeren Gesellschaften nicht mehr genügte. Sie waren entstanden, als die Menschen eine merkantile Wirtschaft geschaffen hatten, die einer solchen kulturellen Anstrengung als Grundlage dienen konnte. In den größeren Staaten entwickelten die Menschen einen weiteren Horizont, und die alten Kulte reichten nicht mehr aus; in der Axialen Epoche konzentrierte sich der Glaube immer mehr auf einen einzigen Gott oder ein oberstes Symbol der Transzendenz. Alle Glaubensrichtungen befassten sich mit der grundlegenden Ungerechtigkeit ihrer Gesellschaft. Alle vormodernen Zivilisationen basierten ökonomisch auf einem landwirtschaftlichen Mehrwert; das hieß, sie hingen von der Arbeit der Bauern ab, die nichts von ihrer Hochkultur hatten, die bloß einer Elite zugute kam. Deswegen betonten die neuen Glaubensrichtungen die Bedeutung der Barmherzigkeit. Arabien war außerhalb der zivilisierten Welt verblieben. Sein unwirtliches Klima hatte zur Folge, dass die Araber am Rande des Hungertodes lebten; sie schienen unmöglich einen landwirtschaftlichen Mehrwert erzeugen zu können, der sie dem Persien der Sasaniden und Byzanz gleichstellen würde. Aber als die Quraisch eine Marktwirtschaft entwickelten, verschob sich ihr Gesichtspunkt. Zwar waren nach wie vor viele bereit, sich mit dem alten Heidentum zu begnügen, aber die Tendenz, nur noch einen Gott zu verehren, trat immer mehr hervor; und die Ungleichheit der neuen Zivilisation, die sich in Mekka entwickelt hatte, rief, wie wir gezeigt haben, zunehmendere Unzufriedenheit hervor. Die Araber waren nun für ihren eigenen Glauben im Sinne der Axialen Epoche bereit.

Doch das hieß nicht, dass man sich völlig von der Tradition gelöst hätte. Die Propheten und Reformer der Axialen Epoche gingen alle von den alten heidnischen Riten ihrer Regionen aus, und Muhammad hielt das nicht anders. Doch forderte er seine Anhänger auf, sich vom Kult populärer arabischer Göttinnen wie Manat, al-Lat und al-Uzza abzuwenden, und allein al-Lah, den einen Gott, zu verehren. Die heidnischen Gottheiten werden im Koran mit schwachen Stammesführern verglichen, die eine Belastung für das eigene Volk darstellen, da sie ihm nicht ausreichend Schutz gewähren können. Der Koran entwickelte keine philosophischen Argumente für den Monotheismus; er näherte sich der Frage praktisch, wie es dem Pragmatismus der Araber entsprach. Die alte Religion, behauptete der Koran, funktioniere ganz einfach nicht.[3] Sie biete nur geistiges Elend, ständige zerstörerische Kriege und eine Ungerechtigkeit, die im Widerspruch zu den besten arabischen Traditionen und Stammesbräuchen stand. Der Ausweg bestand in dem einzigen Gott und einer vereinten *umma*, in der Gerechtigkeit und Gleichheit herrschten.

So radikal das klang, der Koran bestand darauf, dass seine Offenbarung nur eine »Erinnerung« an die Wahrheit war, die jedermann bekannt war.[4] Dies war der ursprüngliche Glaube, den die Propheten der Vergangenheit der ganzen Menschheit gepredigt hatten. Gott hatte die Menschen nicht im Unklaren darüber gelassen, wie sie zu leben hatten; er hatte Boten an jedes Volk auf Erden geschickt. Gemäß späterer islamischer Traditionen hatte es 124 000 solcher Propheten gegeben, eine symbolische Zahl, die »unendlich viel« bedeutet. Alle hatten ihrem Volk eine göttlich inspirierte Heilige Schrift gebracht; und obwohl sie die Wahrheiten von Gottes Religion anders ausdrückten, war der Inhalt letztlich identisch. Nun endlich hatte

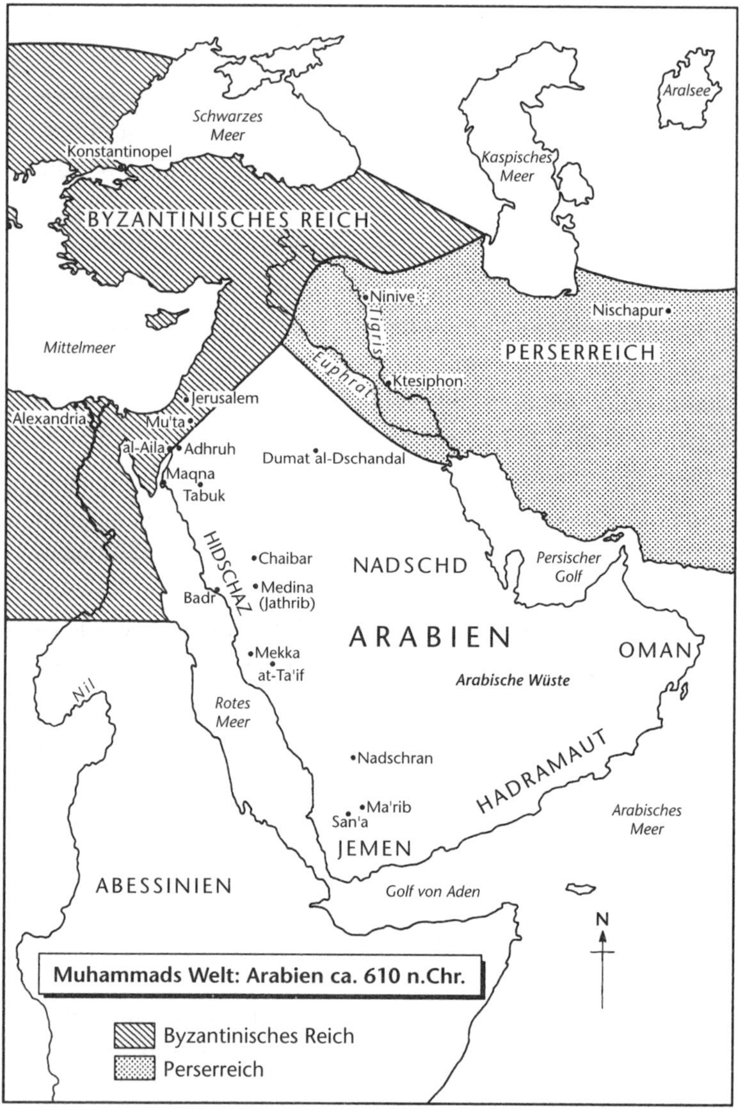
Schwarzes Meer
Aralsee
Kaspisches Meer
Konstantinopel
BYZANTINISCHES REICH
Ninive
Tigris
Nischapur
Mittelmeer
PERSERREICH
Euphrat
Ktesiphon
Jerusalem
Alexandria
Mu'ta
al-Aila
Adhruh
Dumat al-Dschandal
Maqna
Tabuk
HIDSCHAZ
Chaibar
NADSCHD
Persischer Golf
Medina (Jathrib)
Badr
ARABIEN
OMAN
Mekka
at-Ta'if
Arabische Wüste
Nil
Rotes Meer
HADRAMAUT
Nadschran
Ma'rib
San'a
Arabisches Meer
JEMEN
ABESSINIEN
Golf von Aden
N
Muhammads Welt: Arabien ca. 610 n.Chr.
Byzantinisches Reich
Perserreich

Gott den Quraisch einen Propheten und eine Heilige Schrift gesandt. Der Koran weist immer wieder darauf hin, dass Muhammad nicht gekommen ist, um ältere Religionen aufzuheben, deren Propheten zu widersprechen oder einen neuen Glauben zu begründen. Seine Offenbarung entspricht der von Abraham, Moses, David, Salomo oder Jesus.[5] Der Koran erwähnt nur die Propheten, die den Arabern bekannt waren, aber heutige muslimische Gelehrte argumentieren, dass, hätte Muhammad von den Buddhisten oder Hindus, den australischen oder amerikanischen Ureinwohnern gewusst, der Koran auch deren Weisen bestätigt haben würde, weil jede recht geleitete Religion, die sich ganz Gott ergibt, und sich weigert, von Menschenhand gefertigte Götzenbilder anzubeten, die Gerechtigkeit und Gleichheit predigte, aus der gleichen göttlichen Quelle stammt. Daher forderte Muhammad die Juden oder Christen nie auf, den Islam anzunehmen, es sei denn, dass sie dies ausdrücklich wollten, da sie im Prinzip über absolut gültige eigene Offenbarungen verfügten. Der Koran betont nachdrücklich, »in der Religion gibt es keinen Zwang«[6], und fordert Muslime auf, den Glauben der Juden und Christen zu achten, die der Koran als *ahl al-kitab* bezeichnet, was wörtlich übersetzt »Leute der Schrift« bedeutet, aber exakter mit »Völker einer früheren Offenbarung« übersetzt werden sollte:

> »Und streitet mit den Leuten der Schrift nie anders als auf eine möglichst gute Art – mit Ausnahme derer von ihnen, die Frevler sind! Und sagt: ›Wir glauben an das, was (als Offenbarung) zu uns und was zu euch herabgesandt worden ist. Unser und euer Gott ist einer. Ihm sind wir ergeben.«[7]

Nur unsere moderne Kultur kann es sich leisten, besonderes Gewicht auf Originalität zu legen und Tradition einfach preiszugeben. In einer vormodernen Gesellschaft war Kontinuität entscheidend. Muhammad forderte keine gewaltsame Trennung von der Vergangenheit oder von anderen Glaubensgemeinschaften. Ihm ging es darum, die neue Heilige Schrift in der geistigen Landschaft Arabiens zu verankern.

Daher pflegten die Muslime weiterhin die gebräuchlichen Rituale an der Ka'ba, dem würfelförmigen Schrein im Herzen von Mekka, dem wichtigsten Heiligtum Arabiens. Das Heiligtum war schon zu Muhammads Zeiten außerordentlich alt, und die ursprüngliche Bedeutung des damit verbundenen Kultes war längst vergessen worden, doch die Rituale wurden nach wie vor gerne von den Arabern befolgt, die sich jedes Jahr auf der ganzen Halbinsel zum *hadschdsch*, der Pilgerfahrt, versammelten. Sie pflegten den Schrein sieben Mal zu umschreiten, wobei sie der Richtung der Sonne folgten; dann küssten sie den Schwarzen Stein, der in der Mauer der Ka'ba eingelassen war, möglicherweise ein zu Boden gefallener Meteorit, der den Ort mit den Himmelshöhen verband. Diese Riten (als *umra* bekannt) konnten jederzeit durchgeführt werden, aber während des *hadschdsch* pflegten die Pilger von den Stufen von as-Safa neben der Ka'ba über das Tal nach al-Marwa zu eilen, wo sie beteten. Dann gingen sie in die Umgebung von Mekka: Sie blieben die ganze Nacht auf der Ebene von Arafat stehen, hasteten daraufhin gemeinsam in die Senke von Muzdalifa; warfen Steine auf einen Felsen in Mina, rasierten sich den Schädel und vollzogen am *id al-adha*, dem Opferfest am letzten Tag der Pilgerfahrt, ein Tieropfer.

Die Idee der Gemeinschaft war für den Kult der Ka'ba von zentraler Bedeutung. Jegliche Gewaltanwendung war in Mekka und der umgebenden Landschaft untersagt. Dies war der entscheidende Faktor für den wirschaftlichen Erfolg der Quraisch gewesen, denn damit konnten die Araber ohne Angst vor Fehdekriegen Handel treiben. Während des *hadschdsch* durften die Pilger keine Waffen tragen, sich nicht streiten, kein Wild erlegen, nicht einmal ein Insekt totschlagen, oder auch nur ein böses Wort sagen. Was Muhammads Ideal der *umma* ganz offensichtlich entsprach, er war selber ein Anhänger des Schreins, führte die *umra* oft durch und pflegte den Koran gerne neben der Ka'ba zu rezitieren. Offiziell war der Schrein Hubal, einer nabatäischen Gottheit, gewidmet, und um die Ka'ba waren 360 Idole aufgestellt, die möglicherweise die Tage des Jahres symbolisierten. Aber zur Zeit Muhammads scheint die Ka'ba als Schrein von al-Lah, dem Hochgott, verehrt worden zu sein, und für die weit verbreitete Überzeugung, dass dieser eine Gott der Gott der Monotheisten war, spricht, dass arabische Stämme aus dem Norden, an der Grenze des Byzantinischen Reiches, die zum Christentum übergetreten waren, den *hadschdsch* gemeinsam mit den Heiden durchführten. Dennoch ließ Muhammad in den ersten Jahren seiner Mission die Muslime das rituelle Gebet (*salat*) mit Gesicht in Richtung Jerusalem durchführen, der heiligen Stadt der *ahl al-kitab*; dabei kehrten die Betenden den heidnischen Assoziationen der Ka'ba den Rücken. Dies war Ausdruck seines Wunsches, die Araber in die Gruppe der Monotheisten zu führen.

Muhammad sammelte eine kleine Gefolgschaft um sich, und schließlich waren an die siebzig Familien zum Islam übergetreten. Anfangs wurden die Muslime von den Machthabern in Mekka ignoriert, doch um 616 waren sie sehr zornig auf Muhammad geworden, der, wie sie sagten, den Glauben ihrer Väter in den Schmutz zog, und offensichtlich ein Scharlatan war, der sich nur als Prophet ausgab. Vor allem erboste sie die koranische Beschreibung des Jüngsten Gerichts, die sie als primitiv und irrational abtaten. Araber glaubten nicht an ein Leben nach dem Tode und sollten solchen »Fabeln der Alten«[8] keinen Glauben schenken. Aber was ihnen vor allem Sorgen machte, war, dass die diesbezügliche judaisch-christliche Haltung des Koran ihren Halsabschneider-Kapitalismus entschieden in Frage stellte. Die Araber wurden ermahnt, dass ihnen am Jüngsten Gericht der Wohlstand und die Macht ihres Stammes nicht halfen; jeder Einzelne würde entsprechend der eigenen Verdienste beurteilt: Warum hatte er sich nicht der Armen angenommen? Warum hatte er Güter angehäuft, statt sein Geld zu teilen? Die Quraisch, denen es im neuen Mekka sehr gut ging, standen solchen Bemerkungen alles andere als wohlwollend gegenüber, und die Opposition nahm zu, angeführt von Abu l-Hakam (im Koran als Abu Dschahl, »Vater der Unwissenheit«, bezeichnet), von Abu Sufjan, einem besonders intelligenten Mann, der einmal ein persönlicher Freund Muhammads gewesen war, und von Suhail ibn Amr, einem frommen Heiden. Sie alle verstörte der Gedanke, den Glauben ihrer Ahnen preiszugeben; alle hatten sie Verwandte, die zum Islam übergetreten waren; und alle fürchteten sie, dass Muhammad heimlich die Führung von Mekka anstrebe. Der Koran bestand darauf, dass Muhammad kein politisches Amt besaß und nur ein *nadhir*, ein »Ermahner«[9], war, aber wie lange noch würde ein Mann, der von sich behauptete, Anweisungen von Gott zu erhalten, Entscheidungen gewöhnlicher Sterblicher hinnehmen?

Die Beziehungen wurden immer schlechter. Abu Dschahl verhängte einen Boykott gegen Muhammads Klan und verbat den Quraisch, sich mit Muslimen zu verschwägern oder mit ihnen zu handeln. Das hieß, dass ihnen niemand Nahrungsmittel verkaufen durfte. Der Bann blieb zwei Jahre in Kraft, und vielleicht war es der Nahrungsmittelmangel, der den Tod von Muhammads geliebter Frau Chadidscha herbeigeführt hat, jedenfalls hat er einige Muslime finanziell ruiniert. Sklaven, die zum Islam übergetreten waren, wurden besonders schlecht behandelt, man fesselte sie und ließ sie unter der brennenden Sonne rösten. Noch schwerwiegender war, dass 619, nach Aufhebung des Banns, Muhammads Onkel und Patron (*wali*) Abu Talib verstarb. Muhammad war ein Waisenkind; er hatte die Eltern in der Kindheit verloren. Ohne einen Beschützer, der den strengen Fehdegesetzen Arabiens entsprechend den eigenen Tod rächen würde, konnte man ungestraft umgebracht werden, und Muhammad hatte große Mühe, einen Stammesführer in Mekka zu finden, der bereit war, sein Beschützer zu werden. Die Stellung der *umma* in Mekka wurde immer unhaltbarer, und offensichtlich musste eine neue Lösung gefunden werden.

So war Muhammad bereit, eine Abordnung von Stammesführern aus Jathrib anzuhören, einer etwa vierhundert Kilometer nördlich von Mekka gelegenen landwirtschaftlichen Siedlung. Einige Stämme hatten das Nomadenleben aufgegeben und sich dort niedergelassen, aber nach Jahrhunderten eines Kriegerdaseins in den Steppen zeigte sich, dass sie zu einem friedlichen Zusammenleben nicht in der Lage waren. Die Siedlung war in eine tödliche Fehde nach der anderen verwickelt. Einige der Stämme waren zum Judentum übergetreten oder jüdischer Abstammung, daher waren die Menschen von Jathrib monotheistische Ideen gewohnt, dem alten Heidentum nicht verhaftet und verzweifelt darauf bedacht, eine Lösung zu finden, die ihnen erlaubte, in einer Siedlung zusammenzuwohnen. Die Boten aus Jathrib, die Muhammad während des *hadschdsch* von 620 ansprachen, traten zum Islam über und schlossen mit den Muslimen einen Bund: Sie schworen, sich einander nicht zu bekämpfen und sich gegen gemeinsame Feinde beizustehen. 622 schlichen sich die Muslim-Familien einzeln davon und machten sich auf die Wanderung (*hidschra*) nach Jathrib. Muhammad, dessen neuer Beschützer kurz zuvor gestorben war, wurde beinahe ermordet, bevor er und Abu Bakr aus Mekka entkommen konnten.

Die *hidschra* bezeichnet den Beginn der muslimischen Ära, denn von da an konnte Muhammad sein koranisches Ideal voll umsetzen, hier wurde der Islam zur geschichtlichen Kraft. Es war ein revolutionärer Schritt. Die *hidschra* bedeutete mehr als einen Wohnortswechsel. Im vorislamischen Arabien galt der Stamm als heilig. Den eigenen Blutsverwandten den Rücken zu kehren, war unerhört, es galt geradezu als blasphemisch; und die Quraisch konnten das nicht hinnehmen. Sie schworen sich, die *umma* in Jathrib auszulöschen. Muhammad war zum Führer einer Stammesgruppe geworden, die nicht durch Blutsverwandtschaft, sondern durch eine gemeinsame Ideologie verbunden war, was für die arabische Gesellschaft eine erstaunliche Erneuerung bedeutete. Niemand wurde gezwungen, zur Religion des Koran überzutreten, aber Muslime, Heiden und Juden gehörten alle der einen *umma* an, durften sich nicht angreifen und hatten geschworen, sich gegenseitig zu beschützen. Die Nachricht von dem außerordentlichen neuen »Superstamm« verbreitete sich bald, und obwohl anfangs niemand glaubte, dass er eine Überlebensmöglichkeit hatte, erwies er sich als derart inspirierend, dass Arabien noch vor dem Tode des Propheten im Jahre 632, nur zehn Jahre nach der *hidschra*, durch ihn zum Frieden fand.

Jathrib sollte als Medina (von *al-madina* – »die Stadt«) bekannt werden, weil sie zum Vorbild einer vollkommenen muslimischen Gesellschaft wurde. Als Muhammad nach Medina kam, machte er sich gleich daran, eine einfache Moschee zu errichten (*masdschid*: wörtlich »Ort der Prostration«). Es handelte sich um ein schlichtes Gebäude, das der Strenge des frühen islamischen Ideals Ausdruck verlieh. Das Dach wurde von Baumstämmen getragen, ein Stein bezeichnete die *qibla* (die Gebetsrichtung), und der Prophet stellte sich zum Predigen auf einen Baumstrunk. Alle künftigen Moscheen würden sich, soweit möglich, an diesem Vorbild ausrichten. Diese Moschee hatte auch einen Hof, wo die Muslime sich trafen, um die Probleme ihrer *umma* zu besprechen – soziale, politische, militärische und religiöse. Muhammad und seine Frauen lebten in kleinen Hütten um den Hof herum. Anders als eine christliche Kirche, die von den Alltagsaktivitäten getrennt und nur der Andacht gewidmet ist, stand die Moschee für alle Aktivitäten offen. Aus Sicht des Koran gibt es keine Trennung von Heiligem und Profanem, Religiösem und Politischem, Sexualität und Gebet. Das ganze Leben war potenziell heilig und musste in den Zirkel des Göttlichen gebracht werden. Das Ziel war der *tauhid* (Einswerdung), die Integration der Gesamtheit des Lebens in eine geeinte Gesellschaft, die dem Muslim eine Ahnung der Einheit zu geben vermochte, die Gottes Einheit ist.

Muhammads zahlreiche Frauen haben im Westen zu einiger lüsterner Neugier Anlass gegeben, doch die Vorstellung, der Prophet habe sich genüsslich dekadenten Sinnenfreuden hingegeben, wie einige spätere islamische Herrscher, trifft nicht zu. In Mekka war Muhammad monogam geblieben, nur mit Chadidscha verheiratet, die ihm mindestens sechs Kinder gebar, von denen nur vier Töchter überlebten. In Medina wurde Muhammad ein großer *saijid* (Herr), von dem erwartet wurde, dass er einen großen Harem besaß, doch die meisten seiner

Ehen waren politisch motiviert. Bei der Bildung seines neuen Superstammes hatte er bewusst eheliche Bande zu einigen seiner nächsten Gefährten geknüpft, um sie fester zusammenzuschließen. Seine neue Lieblingsfrau war A'ischa, die Tochter von Abu Bakr, und außerdem war er mit Hafsa, der Tochter von Umar ibn al-Chattab, verheiratet. Er gab Uthman ibn Affan und Ali ibn Abi Talib jeweils eine seiner Töchter zur Frau. Viele andere Ehen schloss er mit älteren Frauen, die ohne Beschützer allein geblieben oder mit Stammesführern verwandt waren, die sich der *umma* verbündeten. Keine gebar dem Propheten Kinder.[10] Seine Frauen stellten für ihn manchmal eher eine Belastung als eine Freude dar. Als sie sich einmal wegen der Teilung der Beute nach einem Überfall stritten, drohte ihnen der Prophet mit Scheidung, sofern sie ihre Lebensführung nicht besser dem koranischen Ideal anpassen wollten.[11] Dennoch gilt, dass Muhammad zu den seltenen Männern gehörte, die wirklich gerne mit Frauen zusammen sind. Einige männliche Gefährten waren erstaunt, wie viel er sich von seinen Frauen gefallen ließ und wie sehr sie sich ihm widersetzten und ihm widersprachen. Muhammad half gewissenhaft bei der Hausarbeit, flickte die eigenen Kleider und suchte die Gesellschaft seiner Frauen. Er nahm oft und gerne eine von ihnen auf einen Feldzug mit, pflegte sie um ihre Meinung zu bitten und ihren Rat ernst zu nehmen. Einmal half seine intelligenteste Frau, Umm Salama, eine Meuterei zu verhindern.

Dem Propheten lag sehr an der Emanzipation der Frau. Der Koran verlieh Frauen ein Erb- und Scheidungsrecht, und zwar Jahrhunderte, bevor westliche Frauen einen derartigen Status bekamen. Der Koran schrieb einen gewissen Grad von Abgeschiedenheit und Verschleierung für die Frauen des Propheten vor, aber im Koran wird nirgendwo die Verschleierung *aller*

Frauen oder ihr Wegschließen in einen getrennten Teil des Hauses gefordert. Diese Bräuche wurden drei oder vier Generationen nach dem Tode des Propheten angenommen. Die damaligen Muslime kopierten damit die griechischen Christen von Byzanz, die ihre Frauen seit langem verschleiert und weggeschlossen hatten; auch übernahmen sie teilweise deren christliche Frauenfeindschaft. Der Koran macht Frauen und Männer zu Partnern vor Gott, wobei beide identische Pflichten und Verantwortung haben.[12] Der Koran gestattete auch die Polygamie; zu einer Zeit, wo Muslime in den Kriegen gegen Mekka getötet wurden und Frauen ohne Beschützer zurückblieben, durften Männer bis zu vier Frauen haben, vorausgesetzt, dass sie diese absolut gleich behandelten und keine bevorzugten.[13] Die Frauen der ersten *umma* in Medina nahmen voll an deren öffentlichem Leben teil, und einige haben, gemäß arabischem Brauch, neben den Männern in der Schlacht gekämpft. Sie scheinen den Islam nicht als bedrückende Religion erfahren zu haben, auch wenn sich die Männer, genau wie im Christentum, später des Glaubens bemächtigt und ihn dem herrschenden Patriarchat angepasst haben.

In den ersten Jahren in Medina gab es zwei bedeutende Entwicklungen. Muhammad war über die Möglichkeit einer engen Zusammenarbeit mit jüdischen Stämmen besonders erfreut gewesen und hatte, kurz vor der *hidschra*, einige Bräuche (wie das gemeinsame Gebet am Freitagnachmittag, wenn sich die Juden für den Sabbat vorbereiteten, und das Fasten am jüdischen Versöhnungstag) übernommen, um den Islam weiter dem Judentum anzugleichen. Umso enttäuschter war er daher, als die Juden von Medina sich weigerten, ihn als authentischen Propheten anzuerkennen – dies zählte zu den größten Enttäuschungen seines Lebens. Für die Juden war die Zeit der Propheten vorbei, und so war es wenig überraschend, dass sie Muhammad nicht als Propheten akzeptieren konnten; doch die Polemik gegen die Juden von Medina macht einen wichtigen Teil des Koran aus und zeigt, wie sehr der Vorgang Muhammad belastet hat. Einige koranische Geschichten über Propheten wie Noah oder Moses unterscheiden sich von denen des Alten Testaments. Viele Juden pflegten sich lustig zu machen, wenn diese in der Moschee rezitiert wurden. Die drei wichtigsten jüdischen Stämme empfanden Muhammads Aufstieg als provozierend; sie hatten vor seiner Ankunft einen mächtigen Block in der Siedlung gebildet, fühlten sich nun herabgesetzt und waren entschlossen, ihn wieder loszuwerden.

Aber einige Juden in den kleineren Stämmen waren ihm freundlich gesonnen und vertieften Muhammads Kenntnis der jüdischen Schriften. Er war besonders erfreut, zu hören, dass Abraham im 1. Buch Moses zwei Söhne hatte: Isaak und Ismael (die im Arabischen Ishaq und Isma'il heißen), das Kind seiner Konkubine Hagar. Abraham war gezwungen worden, Hagar und Ismael in die Wildnis zu verstoßen, aber Gott rettete sie und versprach, dass auch Ismael der Stammvater einer großen Nation, der Araber, werden würde.[14] Lokalen Traditionen zufolge hatten sich Hagar und Ismael in Mekka niedergelassen, Abraham hatte sie dort besucht und gemeinsam mit Ismael die Ka'ba neu erbaut (die ursprünglich von Adam errichtet, aber baufällig geworden war).[15] Eine Botschaft, die Muhammad gerne hörte. Zeigte sie doch, dass die Araber im göttlichen Heilsplan nicht übersehen worden waren und dass die Ka'ba ehrwürdige monotheistische Qualifikationen hatte.

Um 624 war jedoch klar, dass die meisten Juden Medinas sich mit dem Propheten nie versöhnen würden. Muhammad war auch schockiert gewesen, zu erfahren, dass Juden und Christen (von denen er annahm, dass sie beide derselben Religion angehörten) ernsthafte theologische Differenzen hatten, obwohl er davon auszugehen schien, dass nicht alle *ahl al-kitab* diesem abscheulichen Sektierertum anhingen. Im Januar 624 vollzog er eine seiner kreativsten Gesten. Er wies die Gläubigen an, sich während des rituellen Gebets umzuwenden, so dass sie Richtung Mekka statt Richtung Jerusalem beteten. Der Wechsel der *qibla* kam einer Unabhängigkeitserklärung gleich. Indem sich Muhammad von Jerusalem ab und der Ka'ba zuwandte, die weder mit dem Judentum noch mit dem Christentum in Verbindung stand, machte er deutlich, dass die Muslime zum ursprünglichen reinen Monotheismus Abrahams zurückkehrten, der noch vor der Offenbarung der Thora oder des Neuen Testaments gelebt hatte, und damit, bevor die Religion des einen Gottes sich in zerstrittene Sekten aufgespalten hatte.[16] Muslime würden sich an Gott allein wenden: Sich vor einem menschlichen System oder einer bestehenden Religion statt vor Gott selbst zu beugen, galt als götzendienerisch:

> »Mit denen, die ihre Religion (in verschiedene Gruppen) aufgeteilt haben und zu Parteien geworden sind, hast du nichts gemein … Sag: Mein Herr hat mich auf einen geraden Weg geführt, zu einem richtigen Glauben, der Religion Abrahams, eines Hanifen [einer, der statt der ihn umgebenden falschen die wahre Religion bekennt] – er war kein Heide. Sag: Mein Gebet und meine Opferung, mein Leben und mein Tod gehören Gott, dem Herrn der Menschen in aller Welt.«[17]

Die Änderung der *qibla* beglückte alle arabischen Muslime, vor allem die Emigranten, die die *hidschra* von Mekka gemacht hatten. Von diesem Zeitpunkt an würden die Muslime nicht mehr wegen ihrer Anstrengungen verspottet, hinter Juden und Christen herzulaufen, sondern ihren eigenen direkten Weg zu Gott einschlagen.

Die zweite bedeutende Entwicklung erfolgte kurz nach der Änderung der *qibla*. Muhammad und die Auswanderer aus Mekka hatten keine Möglichkeit, in Medina einen Lebensunterhalt zu verdienen; es gab zu wenig Land, das sie hätten bebauen können, außerdem waren sie Kaufleute und Geschäftsmänner und keine Bauern. Die Einwohner von Medina, die als *ansar* (Helfer) bezeichnet wurden, konnten es sich nicht leisten, sie umsonst zu ernähren, daraufhin entschlossen sich die Emigranten zur *ghazwa*, dem Kriegs- oder Beutezug, der eine Art arabischer Nationalsport darstellte, und in einem Land, in welchem es zu wenig von allem gab, einer derben Umverteilung von Ressourcen gleichkam. Raubtrupps pflegten Karawanen oder ein Kontingent eines rivalisierenden Stammes zu überfallen und Beute und Vieh wegzutreiben, achteten jedoch darauf, keine Menschen umzubringen, da dies Fehden nach sich zog. Der Beutezug gegen einen verbündeten Stamm oder gegen einen »Klienten« (eine schwächere Stammesgruppe, die Schutz vor einer mächtigeren Stammesgruppe suchte) war verboten. Die von den Quraisch verfolgten Emigranten, die zur Aufgabe ihrer Heimat gezwungen worden waren, begannen *ghazwas* gegen die reichen Karawanen von Mekka zu betreiben. Das verhalf ihnen zu einem Einkommen, doch eine *ghazwa* gegen den *eigenen* Stamm bedeutete ein absolutes Novum. Zunächst hatten die Beutezüge Erfolg, und im März 624 führte Muhammad einen großen Trupp Emigranten an die Küste, um die größte Karawane des Jahres aus Mekka abzufangen. Als die Quraisch von dieser empörenden Absicht hörten, schickten sie eine Armee zum Schutz der Karawane aus, aber wider alle Erwartungen fügten die Muslime am Brunnen von Badr den Truppen Mekkas eine vernichtende Niederlage zu. Wohl waren die mekkanischen Truppen in der Überzahl, aber sie kämpften unbedacht im altgewohnten arabischen Stil, jeder Stammesführer leitete seine eigenen Leute. Muhammads Truppen dagegen waren bestens vorbereitet und kämpften unter seinem einheitlichen Kommando. Ein überwältigender Sieg, der besonders die Beduinenstämme beeindruckte, von denen manche über die Demütigung der mächtigen Quraisch erfreut waren.

Es folgte eine sehr schwere Zeit für die *umma*. Muhammad musste mit der Feindschaft einiger Heiden von Medina fertig werden, die über die Macht der muslimischen Neuankömmlinge aufgebracht und entschlossen waren, sie aus der Siedlung zu vertreiben. Er musste auch etwas gegen Mekka unternehmen, wo Abu Sufjan jetzt eine Gegenkampagne betrieb und zwei Großoffensiven gegen die Muslime von Mekka einleitete. Er hatte nicht nur die Absicht, die *umma* auf dem Schlachtfeld zu besiegen, sondern er wollte sämtliche Muslime auslöschen. Das unbarmherzige Wüstenethos verlangte, dass man im Krieg keine halben Maßnahmen traf: Ein siegreicher Stammesführer hatte den Feind auszurotten, und die *umma* war somit von der vollständigen Vernichtung bedroht. 625 fügte Mekka der *umma* in der Schlacht von Uhud eine schwere Niederlage zu, aber zwei Jahre später besiegten die Muslime die Truppen Mekkas im »Grabenkrieg«, der so genannt wurde, weil Muhammad die Siedlung durch einen rings um Medina gezogenen Graben schützte, was die verdutzten Quraisch, die Krieg als eine Art Ritterspiel betrachteten, als unlauteren Trick empfanden, auf den sie verwirrt reagierten, da er ihre Kavallerie nutzlos machte. Muhammads zweiter Sieg über die zahlenmäßig überlegenen

Quraisch (zehntausend Mann mekkanischer Truppen standen dreitausend Muslimen gegenüber) bedeutete einen Wendepunkt. Er überzeugte die Nomadenstämme, dass Muhammad der kommende Mann war, und ließ die Quraisch entschieden überholt aussehen. Die Götter, in deren Namen sie kämpften, hatten sich offensichtlich nicht für sie eingesetzt. Viele Stämme wollten sich mit der *umma* verbünden, und Muhammad baute eine mächtige Stammeskonföderation auf, deren Mitglieder schworen, sich gegenseitig nicht anzugreifen und die Feinde der anderen zu bekämpfen. Nun fielen auch einige Einwohner Mekkas ab und machten die *hidschra* nach Medina; endlich, nach fünf Jahren tödlicher Gefahr, konnte Muhammad sicher sein, dass die *umma* überleben würde.

Ein muslimischer Erfolg, dem in Medina vor allem die drei jüdischen Stämme der Qainuqa, Nadir und Quraiza zum Opfer fielen, die entschlossen gewesen waren, Muhammad zu vernichten, und unabhängige Bündnisse mit Mekka eingegangen waren. Sie besaßen mächtige Armeen und stellten eine offensichtliche Bedrohung für die Muslime dar, da sie sich von ihrem Territorium aus leicht einer Belagerungsarmee Mekkas anschließen oder der *umma* in den Rücken fallen konnten. Als die Qainuqa 625 erfolglos eine Rebellion gegen Muhammad unternahmen, wurden sie gemäß arabischem Brauch aus Medina vertrieben. Muhammad versuchte, die Nadir zu beruhigen, und schloss mit ihnen ein besonderes Bündnis ab, aber als er entdeckte, dass auch sie seine Ermordung planten, wurden sie ebenfalls ins Exil geschickt. Dort schlossen sie sich der nahe gelegenen jüdischen Siedlung Chaibar an und warben bei den nordarabischen Stämmen um Unterstützung für Abu Sufjan. Die Nadir erwiesen sich außerhalb Medinas sogar als noch gefährlicher, und als sich der jüdische Stamm der Quraiza im

Grabenkrieg, wo die Muslime eine Zeit lang mit der sicheren Niederlage rechnen mussten, auf die Seite Mekkas stellte, zeigte Muhammad keine Gnade. Die siebenhundert Männer der Quraiza wurden getötet und ihre Frauen und Kinder als Sklaven verkauft.

Das Massaker der Quraiza war ein schrecklicher Vorgang, doch darf man ihn nicht nach heutigen Maßstäben beurteilen. Die damalige Gesellschaft war sehr primitiv: Die Muslime waren soeben knapp der Ausrottung entgangen, und hätte Muhammad die Quraiza einfach nur vertrieben, hätten sie die jüdische Opposition in Chaibar verstärkt und die *umma* mit einem weiteren Krieg bedroht. Im Arabien des 7. Jahrhunderts durfte ein arabischer Stammesführer Verrätern wie den Quraiza gegenüber kein Mitgefühl an den Tag legen. Die Hinrichtungen sandten eine drohende Nachricht nach Chaibar und halfen bei der Unterdrückung der heidnischen Opposition in Medina, denn die heidnischen Stammesführer waren mit den rebellischen Juden verbündet gewesen. Dies war ein Kampf auf Leben und Tod, und jeder wusste, dass es um alles oder nichts ging. Der Zwist stand nicht mit einer besonderen Feindseligkeit gegen die Juden allgemein im Zusammenhang, sondern nur gegen die drei rebellischen Stämme. Der Koran verehrte weiterhin jüdische Propheten und mahnte die Muslime, die Leute der Schrift zu achten. Kleinere jüdische Gruppen lebten weiterhin in Medina, und später genossen Juden wie Christen in islamischen Reichen volle Religionsfreiheit. Antisemitismus ist eine christliche Untugend. Judenhass entwickelte sich in der muslimischen Welt erst nach der Gründung des Staates Israel im Jahre 1948 und dem darauf folgenden Verlust des arabischen Palästina. Es ist bezeichnend, dass die Muslime darauf angewiesen waren, antijüdische Mythen aus Europa zu importieren und so giftige antisemitische Texte wie die *Protokolle der Weisen von Zion* ins Arabische zu übersetzen, da sie über keine eigenen entsprechenden Traditionen verfügten. Wegen der neuerlichen Feindseligkeiten gegen das jüdische Volk zitieren nun einige heutige Muslime zur Begründung ihrer Vorurteile die Passagen im Koran, die sich auf Muhammads Kampf mit den drei rebellischen jüdischen Stämmen beziehen. Aber indem sie die Verse aus dem Zusammenhang reißen, verfälschen sie sowohl den Inhalt des Koran wie die Haltung des Propheten, der selber keinen derartigen Hass auf das Judentum empfand.

Muhammads Härte gegen die Quraiza hatte den Zweck, der Feindschaft so bald wie möglich ein Ende zu setzen. Der Koran lehrt, dass Krieg derartig katastrophal ist, dass Muslime jede nur erdenkliche Möglichkeit nutzen müssen, um so schnell wie möglich wieder zu Frieden und Normalität zurückzufinden.[18] Arabien war eine chronisch gewalttätige Gesellschaft, und die *umma* musste sich zum Frieden durchkämpfen. Wichtige gesellschaftliche Veränderungen, wie Muhammad sie auf der Halbinsel durchzuführen versuchte, werden selten ohne Blutvergießen erlangt. Aber nach dem Grabenkrieg, als Muhammad Mekka gedemütigt und die Opposition in Medina vernichtet hatte, fühlte er, dass die Zeit gekommen war, den *dschihad* aufzugeben und eine Friedensoffensive zu beginnen. Im März 628 setzte er eine kühne und fantasievolle Initiative in Gang, die dem Konflikt ein Ende setzte. Er verkündete, dass er den *hadschdsch* nach Mekka unternehmen wolle, und forderte Freiwillige auf, ihn zu begleiten. Da Pilger keine Waffen tragen durften, würden die Muslime direkt in die Höhle des Löwen ziehen und sich den feindseligen und gekränkten Quraisch auf Gnade und Ungnade ausliefern. Dennoch waren etwa tausend Muslime bereit, sich dem Propheten anzuschließen, und zogen, gekleidet in den traditionellen weißen Roben der Pilger, Richtung Mekka. Wenn die Quraisch Arabern verwehrten, sich der Ka'ba zu nähern, oder echte Pilger angriffen, verletzten sie damit ihre heilige Pflicht als Wächter des Schreins. Die Quraisch schickten jedoch Truppen aus, die die Pilger angreifen sollten, bevor sie das Gebiet vor der Stadt erreichten, auf dem Gewalt verboten war; doch der Prophet wich ihnen aus und konnte, mit Hilfe einiger verbündeter Beduinen, unbeschadet die Grenze des Heiligtums erreichen und sein Lager in al-Hudaibija aufschlagen, wo er die weitere Entwicklung abwartete. Zuletzt sahen sich die Quraisch durch diese friedliche Demonstration gezwungen, einen Vertrag mit der *umma* zu schließen. Er war auf beiden Seiten unpopulär. Viele Muslime sehnten sich nach einer kriegerischen Auseinandersetzung und empfanden den Vertrag als beschämend, aber Muhammad war entschlossen, seinen Sieg auf friedliche Weise zu erlangen.

Al-Hudaibija war ein weiterer Wendepunkt. Dadurch wurden noch mehr Beduinen beeindruckt, und der Trend zur Konversion zum Islam ging stetig voran. Um 630 schließlich, als die Quraisch den Vertrag verletzten, indem sie einen mit dem Propheten verbündeten Stamm angriffen, marschierte Muhammad mit einer Armee von zehntausend Mann gen Mekka. Angesichts der überwältigenden Übermacht, deren Bedeutung sie als Pragmatiker begriffen, räumten die Quraisch ihre Niederlage ein, öffneten die Stadttore, und Muhammad eroberte Mekka, ohne einen einzigen Blutstropfen zu vergießen. Er zerstörte die Götzenbilder in der Ka'ba, widmete sie wieder al-Lah, dem einen Gott, und gab den alten heidnischen Riten des *hadschdsch* eine islamische Bedeutung, indem er sie mit der Geschichte von Abraham, Hagar und Ismael verband. Kein Quraischite musste sich zum Islam bekehren, aber Muhammads Sieg überzeugte einige seiner standhaftesten Gegner, darunter Abu Sufjan, dass die alte Religion versagt hatte. Als Muhammad 632 in den Armen seiner geliebten Frau A'ischa starb, hatten sich beinahe alle arabischen Stämme der *umma* verbündet oder als Muslime angeschlossen. Da Mitglieder der *umma* einander selbstverständlich nicht angreifen konnten, war der schreckliche Teufelskreis aus Stammeskriegen, Fehden und Gegenfehden beendet. Muhammad hatte im Alleingang dem von Kriegen zerrissenen Arabien den Frieden geschenkt.

2. Die Raschidun (632–661)

Das Leben und die Leistungen Muhammads haben die geistige, politische und ethische Vision der Muslime für immer geprägt. Sie hatten der islamischen Erfahrung der »Erlösung« Ausdruck verliehen, die nicht in der Aufhebung einer »Erbsünde« Adams und der Gewährung des ewigen Lebens besteht, sondern in der Schaffung einer Gesellschaft, die Gottes Anforderungen an den Menschen praktisch umsetzt. Dadurch wurden die Muslime nicht nur aus der politischen und sozialen Hölle des vorislamischen Arabien erlöst, sondern sie hatten einen Bezugsrahmen, innerhalb dessen ihnen die Hingabe an Gott, das Einzige, was sie befriedigen konnte, um vieles leichter fiel. Muhammad wurde zum archetypischen Beispiel einer vollkommenen Unterwerfung unter das Göttliche, und die Muslime sollten, wie wir sehen werden, anstreben, ihn zum Maßstab ihres geistigen und sozialen Lebens zu machen. Muhammad wurde nie als göttliche Gestalt verehrt, sondern als der vollkommene Mensch. Seine Hingabe an Gott war so vollständig gewesen, dass er die Gesellschaft verwandelt und den Arabern ermöglicht hatte, in Harmonie miteinander zu leben. Das Wort *islam* ist von seiner Wurzel (*s-l-m*) mit *salam* (Friede) verwandt, und in diesen ersten Jahren beförderte der Islam in der Tat Zusammenhalt und Harmonie.

Aber Muhammad hatte seinen Erfolg erzielt, indem er göttliche Offenbarung empfangen hatte. Während seiner Laufbahn hatte Gott ihm die Offenbarungen gesandt, die zum Koran wurden. Angesichts einer Krise oder eines Dilemmas war Muhammad in sich gegangen und hatte eine göttlich inspirierte Lösung vernommen. So stellte sein Leben einen ständigen Dialog zwischen einer transzendenten Realität und den gewalttätigen, verwirrenden und verstörenden Geschehnissen der gewöhnlichen Welt dar. Entsprechend hatte sich der Koran auf öffentliche und gegenwärtige Ereignisse bezogen, wobei er Politik mit göttlicher Führung und Eingebung verband. Doch Muhammads Nachfolger waren keine Propheten, sie mussten sich auf ihre eigenen menschlichen Erkenntnisse verlassen. Wie konnten sie sicherstellen, dass Muslime kreativ und direkt den heiligen Imperativ ihrer Religion umsetzen konnten? Die *umma*, die sie regierten, wurde ständig größer und war viel komplexer als die kleine Gemeinschaft von Medina, wo jeder jeden kannte und wo es keinen Bedarf für Beamte und Bürokratie gab. Wie also konnte der neue Vertreter (*chalifa*) Muhammads das Wesen der ersten *umma* unter ganz anderen Umständen bewahren?

Die ersten vier Kalifen, die auf Muhammad folgten, setzten sich mit diesen schwierigen Fragen auseinander. Alle hatten sie zu den engsten Gefährten des Propheten gehört und eine führende Rolle in Mekka und Medina gespielt. Sie sind als die Raschidun, die »recht geleiteten« Kalifen, bekannt, und ihre Herrschaft hat sich als genauso prägend wie die des Propheten erwiesen. Muslime haben sich und ihre Theologie darüber definiert, wie sie die turbulenten, glorreichen und tragischen Ereignisse dieser Jahre beurteilen.

Nach dem Tode des Propheten mussten die führenden Muslime entscheiden, welche Gestalt die *umma* annehmen sollte. Einige wollten wohl keinen »Staat« bilden, ein politisches Gebilde, das in Arabien präzedenzlos war. Manche schienen gefordert zu haben, dass jede Stammesgruppe einen eigenen *imam* (Führer) bekäme. Aber Abu Bakr und Umar ibn al-Chattab, die Gefährten des Propheten, bestanden darauf, dass die *umma* eine geeinte Gemeinschaft war, mit einem einzigen Führer wie unter dem Propheten. Einige nahmen an, dass Muhammad sich Ali ibn Abi Talib, seinen engsten männlichen Verwandten, zum Nachfolger gewünscht hätte. In Arabien, wo Blutsbande heilig waren, ging man davon aus, dass die besonderen Eigenschaften eines Stammesführers seinen Nachkommen vererbt wurden, und manche Muslime meinten, Ali habe etwas von Muhammads besonderem Charisma geerbt. Aber obwohl Alis Frömmigkeit außer Frage stand, war er noch jung und unerfahren, und daher wurde mehrheitlich Abu Bakr zum ersten *chalifa* des Propheten gewählt.

Abu Bakrs Herrschaft (632–634) war kurz, aber entscheidend. Er befasste sich hauptsächlich mit den so genannten *ridda*-Kriegen (Kriegen der Abtrünnigen), als verschiedene Stämme sich von der *umma* lösen und ihre vorige Unabhängigkeit behaupten wollten. Doch wäre es irrig, dies als weit verbreitete religiöse Konsequenz zu betrachten. Die Revolten waren ausschließlich politisch und wirtschaftlich motiviert. Die meisten Beduinenstämme, die dem Islamischen Bund beitraten, waren wenig an den Einzelheiten von Muhammads Religion interessiert. Der Prophet, ein Realist, hatte begriffen, dass viele der von ihm getroffenen Bündnisse rein politischer Natur waren, in dem sich ein Stammesführer gemäß dem Brauch der arabischen Wüste mit einem anderen zusammentat. Manche Stammesführer mögen geglaubt haben, dass ihr Bündnis nur mit Muhammad und nicht mit seinen Nachfolgern geschlossen worden war und dass sie nach seinem Tode die Stämme der *umma* beliebig plündern durften, womit sie einen muslimischen Gegenschlag provozierten.

Doch ist bemerkenswert, dass viele Rebellen sich gehalten fühlten, ihrer Rebellion eine religiöse Rechtfertigung zu geben; die Führer bezeichneten sich oft als Propheten und schufen koranartige »Offenbarungen«. Die Araber hatten eine umwälzende Erfahrung gemacht. Sie war nicht in unserem modernen Sinne des Wortes »religiös«, da es sich bei vielen nicht um einen privaten Glauben handelte, zu dem sie nach einer inneren Wandlung fanden. Der Prophet hatte das alte Muster durchbrochen, und unvermittelt – wenn auch befristet – waren die Araber einer geeinten Gemeinschaft zugehörig, von der Bürde ständiger, bedrückender Kriege befreit. In den wenigen Jahren von Muhammads Herrschaft hatten sie die Möglichkeit eines völlig anderen Lebens erkannt, das mit religiöser Wandlung im Zusammenhang stand. Was damals geschah, war derart verblüffend gewesen, dass selbst diejenigen, die sich von der *umma* hatten lösen wollen, nur in prophetischen Begriffen denken konnten. Die Lehrmeinung, Muhammad sei der letzte und größte der Propheten gewesen, die sich im Koran so explizit nicht findet, kam wahrscheinlich während der *ridda*-Kriege zu Stande, als sich die Muslime der Herausforderung durch die *ridda*-Propheten erwehren mussten.

Abu Bakr unterdrückte die Aufstände mit Weisheit und Milde und vollendete so die arabische Einheit. Er ging kreativ mit den Klagen der Rebellen um und Rückkehrwillige wurden nicht abgestraft. Einige wurden mit dem Angebot zurückgelockt, sich an den lukrativen *ghazwa*-Beutezügen in die Nachbargebiete beteiligen zu dürfen, die unter der Herrschaft des zweiten Kalifen, Umar ibn al-Chattab (634–644), drastisch zunahmen. Die Beutezüge waren eine Reaktion auf ein Problem, das durch den neuen islamischen Frieden auf der Halbinsel entstanden war. Seit Jahrhunderten hatten die Araber ihre mageren Ressourcen durch die *ghazwa* gestreckt, aber der Islam hatte dem Einhalt geboten, denn Stämmen der *umma* war nicht erlaubt, sich gegenseitig anzugreifen. Wie also die *ghazwa* ersetzen, die den Muslimen ermöglicht hatte, ihr mageres Einkommen zu sichern? Umar realisierte, dass die *umma* Ordnung brauchte. Gesetzlose Elemente mussten unter Kontrolle gebracht und Energien, die sich vorher in Beutezügen und Fehden erschöpft hatten, in gemeinsame Aktivitäten umgeleitet werden. Die offensichtliche Lösung war eine Reihe von *ghazwa*-Beutezügen gegen nicht-muslimische Gemeinschaften in Nachbarländern. Die Einheit der *umma* blieb durch die nach außen gerichtete Offensive bewahrt. Die Araber lehnten traditionell das Königtum ab und standen jedem Herrscher, der sich als Monarch aufführte, misstrauisch gegenüber. Aber sie akzeptierten die Autorität eines Führers während eines Feldzugs oder beim Aufbruch zu neuen Weidegründen. Daher nannte sich Umar *amir al-mu'minim* (Beherrscher der Gläubigen), und die Muslime akzeptierten seine Entscheidungen in Dingen, die die *umma* insgesamt betrafen, aber nicht in Dingen, die jeder für sich selbst entscheiden konnte.

Unter Umars Führung drangen die Araber nach Irak, Syrien und Ägypten vor und erzielten eine Reihe von verblüffenden Siegen. Sie besiegten in der Schlacht von al-Qadisija (637) die persische Armee, was zum Fall der Hauptstadt der persischen

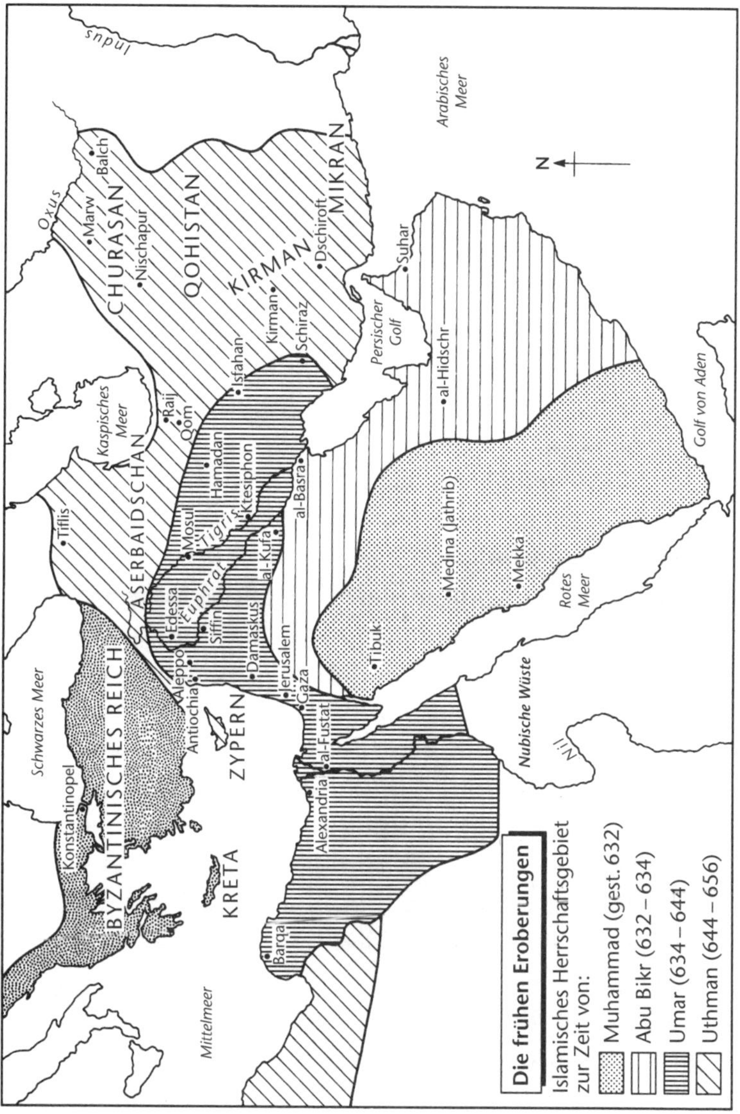
Die frühen Eroberungen
Islamisches Herrschaftsgebiet zur Zeit von:
Muhammad (gest. 632)
Abu Bikr (632–634)
Umar (634–644)
Uthman (644–656)
BYZANTINISCHES REICH
Konstantinopel
Schwarzes Meer
Mittelmeer
KRETA
ZYPERN
Barqa
Alexandria
al-Fustat
Antiochia
Aleppo
Edessa
Siffin
Damaskus
Jerusalem
Gaza
Euphrat
Tigris
Mosul
al-Kufa
Ktesiphon
Hamadan
al-Basra
ASERBAIDSCHAN
Tiflis
Kaspisches Meer
Raij
Qom
Isfahan
Schiraz
Kirman
KIRMAN
CHURASAN
QOHISTAN
Nischapur
Marw
Balch
Oxus
Indus
MIKRAN
Dschiroft
Arabisches Meer
Suhar
Persischer Golf
al-Hidschr
Medina (Jathrib)
Mekka
Tibuk
Rotes Meer
Nubische Wüste
Nil
Golf von Aden
N

Sasaniden bei Ktesiphon führte. Sobald die Muslime aber über genügend Truppen verfügten, konnten sie das ganze persische Reich besetzen. Im Byzantinischen Reich stießen sie auf stärkeren Widerstand und vermochten im byzantinischen Kernland von Anatolien keine Gebiete zu erobern. Trotzdem waren die Muslime in der Schlacht von al-Jarmuk (636) in Nordpalästina siegreich, eroberten 638 Jerusalem und beherrschten 641 ganz Syrien, Palästina und Ägypten. Die muslimischen Armeen eroberten danach Nordafrika bis in die Cyrenaica. Nur zwanzig Jahre nach der Schlacht von Badr fanden sich die Araber im Besitz eines ansehnlichen Reiches. Die Expansion ging weiter. Ein Jahrhundert nach dem Tod des Propheten erstreckte sich das Islamische Reich von den Pyrenäen bis zum Himalaja. Das galt als weiteres Wunder und Zeichen von Gottes Gunst. Vor dem Islam waren die Araber eine verachtete Außenseitergruppe gewesen; aber innerhalb bemerkenswert kurzer Zeit hatten sie zwei Weltreichen gewaltige Niederlagen beigebracht. Die Erfahrung der Eroberungen verstärkte ihr Empfinden, dass ihnen etwas Außerordentliches zuteil wurde. Die Zugehörigkeit zur *umma* war eine transzendente Erfahrung, ging sie doch über alles hinaus, was sie in den alten Stammestagen gekannt oder gedacht hatten. Ihr Erfolg hatte außerdem die Botschaft des Koran bestätigt, derzufolge eine richtig geführte Gesellschaft gedeihen musste, weil sie sich in Übereinstimmung mit Gottes Gesetzen befand. Nun schaue einer an, was erfolgt war, nachdem sie sich Gottes Willen unterworfen hatten! Wo ein Christ Gottes Hand in dem scheinbaren Versagen und der Niederlage fand, die Jesu Kreuzestod darstellte, war für die Muslime der politische Erfolg sakramental und eine Manifestation göttlicher Gegenwart im Irdischen.

Doch sollte man sich darüber im Klaren sein, dass die aus

Arabien hervorbrechenden Araber nicht von einer wilden Macht des »Islam« angetrieben wurden. Im Westen wird der Islam oft als gewalttätiger, militaristischer Glaube angesehen, der der unterworfenen Bevölkerung mit Feuer und Schwert aufgezwungen wurde. Eine solche Interpretation der muslimischen Expansionskriege ist ungenau. Die Feldzüge hatten nichts Religiöses an sich, und Umar war absolut nicht der Meinung, ein göttliches Mandat zur Welteroberung zu besitzen. Das Ziel von Umar und seinen Kriegern war durchaus pragmatisch: Sie wollten Beute und eine gemeinsame Aktivität, die die Einheit der *umma* sicherte. Seit Jahrhunderten hatten die Araber die reicheren Siedlungsgebiete jenseits der Halbinsel plündern wollen; nun waren sie zum ersten Mal auf ein Machtvakuum gestoßen. Persien und Byzanz hatten sich seit Jahrzehnten in langen und vernichtenden Kriegen gegenseitig ermüdet. Beide waren erschöpft. In Persien herrschte Parteienhader, und die persische Landwirtschaft war durch Überflutungen vernichtet. Die meisten sasanidischen Truppen waren arabischen Ursprungs und liefen zuletzt zu den Invasoren über. In den syrischen und nordafrikanischen Provinzen von Byzanz war die Bevölkerung durch die religiöse Intoleranz der griechisch-orthodoxen Führungsschicht aufgebracht und nicht geneigt, ihr zu Hilfe zu eilen, als die Araber angriffen. Im byzantinischen Kernland von Anatolien hingegen blieben die Muslime stecken.

Später, als die Muslime ihr großes Reich errichtet hatten, sollte das islamische Recht der Eroberung einen religiösen Anstrich geben, indem es die Welt in das Dar al-Islam (Haus des Islam) teilte, das sich in ständigem Konflikt mit dem Dar al-Harb (Welt des Krieges) befand. Aber praktisch akzeptierten die Muslime, dass sie nun die Grenzen ihrer Expansion erreicht hatten, und koexistierten friedlich mit der nicht-muslimischen

Welt. Der Koran rechtfertigt den Krieg nicht. Er entwickelt den Begriff eines gerechten Verteidigungskrieges zum Schutz von gerechten Werten, verurteilt aber Mord und Aggression.[19] Zudem entdeckten die Araber, nachdem sie die Halbinsel verlassen hatten, dass fast alle Völker zu den *ahl al-kitab*, den »Leuten der Schrift«, gehörten, die eine authentische Offenbarung von Gott erhalten hatten. Entsprechend wurden sie nicht zur Konversion zum Islam gezwungen; mehr noch: bis Mitte des 8. Jahrhunderts wurde die Konversion nicht einmal gefördert. Die Muslime gingen davon aus, dass der Islam die Religion der Nachfahren Ismaels war, wie das Judentum der Glaube der Söhne Isaaks. Arabische Stammesangehörige hatten stets schwächeren Klienten (*mawali*) Schutz geboten. Sobald die Juden, Christen und Zoroastrier in ihrem neuen Reich *dhimmis* (geschützte Untertanen) geworden waren, konnten sie nicht mehr geplündert oder angegriffen werden. Für die Araber war es stets Ehrensache gewesen, die eigenen Klienten gut zu behandeln, ihnen zu Hilfe zu kommen oder ein ihnen zugefügtes Unrecht zu rächen. *Dhimmis* zahlten für ihren militärischen Schutz eine Kopfsteuer und durften, entsprechend den Vorgaben des Koran, ihren eigenen Glauben ausüben. Einige römische Christen, die von den Griechisch-Orthodoxen wegen ihrer häretischen Ansichten verfolgt worden waren, zogen die muslimische Herrschaft bei weitem der byzantinischen vor.

Umar war entschlossen, auf größte Disziplin zu achten. Die arabischen Soldaten sollten die Früchte ihres Sieges nicht genießen; die eroberten Länder durften nicht unter die Befehlshaber aufgeteilt werden, sondern blieben den bisherigen Kultivatoren überlassen, die dafür dem muslimischen Staat Pacht zahlten. Muslime durften sich nicht in den Städten niederlassen. Stattdessen wurden an strategisch wichtigen Punkten neue

»Garnisonsstädte« (*amsar*) für sie errichtet: al-Kufa und al-Basra in Irak, Qom im Iran und al-Fustat an der Nilmündung. Damaskus war die einzige alte Stadt, die zu einem muslimischen Zentrum wurde. In jeder der *amsar* wurde eine Moschee errichtet, wo die muslimischen Truppen am Freitagsgebet teilnehmen konnten. In diesen Garnisonsstädten wurde den Soldaten ein islamisches Leben vermittelt. Umar betonte die Bedeutung der Familie, strafte Trunkenheit scharf ab und legte Wert auf die asketischen Tugenden des Propheten, der, wie der Kalif selbst, stets sehr genügsam gelebt hatte. Aber die Garnisonsstädte waren auch arabische Enklaven, wo diejenigen arabischen Traditionen, die den koranischen Weltanschauungen entsprachen, auf fremder Erde weitergeführt wurden. Damals war der Islam eine essenziell arabische Religion. Ein *dhimmi*, der konvertieren wollte, musste »Klient« eines Stammes und ins arabische System aufgenommen werden.

Aber diese triumphale Periode fand im November 644 ein abruptes Ende, als Umar in der Moschee von Medina durch einen persischen Kriegsgefangenen erstochen wurde, der einen persönlichen Groll gegen ihn hegte. Die letzten Jahre der Raschidun waren von Gewalt gekennzeichnet. Uthman ibn Affan wurde durch sechs Gefährten des Propheten zum dritten Kalifen gewählt. Er war ein schwächerer Charakter als seine Vorgänger, aber in den ersten sechs Jahren seiner Regierung gedieh die *umma* weiter. Uthman regierte gut und die Muslime eroberten neue Gebiete. Sie entrissen den Byzantinern Zypern und vertrieben sie damit endgültig aus dem östlichen Mittelmeer, ihre Armeen erreichten Tripolis im heutigen Libyen. Im Osten eroberten die muslimischen Truppen einen größeren Teil Armeniens, drangen in den Kaukasus vor und begründeten die muslimische Herrschaft bis zum Fluss Oxus am Rande Zentralasiens, bis nach Herat in Afghanistan und bis Sind im indischen Subkontinent.

Aber trotz dieser Siege waren die Soldaten unzufrieden. Sie hatten eine gewaltige Veränderung durchlebt. In etwas über einem Jahrzehnt hatten sie die harsche Nomadenexistenz gegen den völlig anderen Lebensstil einer professionellen Armee getauscht. Sie hatten den Sommer kämpfend und den Winter weitab von der Heimat in Garnisonsstädten verbracht. Die Distanzen waren nun derart groß, dass die Feldzüge immer erschöpfender wurden und sie weniger Beute machten als zuvor. Uthman weigerte sich immer noch, den Befehlshabern und reichsten Familien von Mekka zu gestatten, in Ländern wie dem heutigen Irak private Herrschaften zu errichten, was ihn unpopulär machte, vor allem in al-Kufa und al-Fustat. Uthman entfremdete auch die Muslime von Medina, indem er die prestigereichsten Posten an Mitglieder vom Klan der Banu Umaija vergab. Man beschuldigte ihn des Nepotismus, obwohl viele der umaijadischen Funktionsträger äußerst fähige Männer waren. Uthman hatte zum Beispiel Mu'awija, den Sohn von Muhammads altem Feind Abu Sufjan, zum Gouverneur von Syrien ernannt. Er war ein guter Muslim und ein fähiger Verwalter, der für seine Prinzipienfestigkeit und sein sicheres Urteil bekannt war. Aber den Muslimen von Medina, die sich immer noch stolz als *ansar* (Helfer) des Propheten bezeichneten, wollte scheinen, dass man sie zu Gunsten der Nachkommen von Abu Sufjan überging. Auch die Koran-Rezitatoren, die die Heilige Schrift auswendig konnten und sich zu bedeutenden religiösen Autoritäten entwickelt hatten, waren aufgebracht, als Uthman darauf bestand, dass nur eine Version der Heiligen Schrift in den Garnisonsstädten benutzt werden durfte, und Varianten unterdrückte, die in Kleinigkeiten abwichen, aber von vielen Rezitatoren vorgezogen wurden. Immer mehr neigten die Unzufriedenen Ali ibn Abi Talib, dem Vetter des Propheten, zu, der, wie es scheint, die Politik von Umar wie von Uthman ablehnte und sich für das »Soldatenrecht« gegen die Zentralmacht einsetzte.

656 steigerte sich die Unzufriedenheit zur offenen Meuterei. Eine Gruppe arabischer Soldaten aus al-Fustat kehrte nach Medina zurück, um ihren Anteil an der Kriegsbeute zu fordern, und als sie abgewimmelt wurden, belagerten sie Uthmans einfaches Haus, brachen ein und ermordeten ihn. Die Meuterer riefen Ali zum neuen Kalifen aus.

3. Die erste *fitna*

Die Entscheidung für Ali schien auf der Hand zu liegen. Er war im Haushalt des Propheten aufgewachsen und hatte Muhammads Ideale tief in sich aufgenommen. Er war ein guter Soldat und schrieb inspirierende Briefe an seine Offiziere, die immer noch Klassiker der islamischen Literatur sind, in denen er die Notwendigkeit von Gerechtigkeit und verständnisvollem Umgang mit unterworfenen Völkern betont. Aber trotz seines intimen Umgangs mit dem Propheten war seine Herrschaft nicht allgemein akzeptiert. Ali wurde durch die *ansar* von Medina und diejenigen Mekkaner unterstützt, die den Aufstieg der Umaijaden ablehnten. Er genoss die Unterstützung der Muslime, die immer noch das traditionelle Nomadenleben führten, vor allem im Irak, dessen Garnisonsstadt al-Kufa ein Zentrum seiner Anhänger war. Aber der Anschlag auf Uthman, der, wie Ali selbst, Muhammads Schwiegersohn und einer der ersten Konvertiten zum Islam war, stellte ein schockierendes Ereignis dar, das zu einem fünfjährigen Bürgerkrieg innerhalb der *umma* führte, der als *fitna*, als Zeit der »Versuchung«, bekannt ist.

Nach kurzem Zögern griff Muhammads Lieblingsfrau A'ischa gemeinsam mit ihrem Vetter Talha und mit Zubair, einem der Gefährten des Propheten aus Mekka, Ali an, weil er Uthmans Mörder nicht bestrafte. Da sich die Armee in den Provinzen befand, marschierten die Rebellen von Medina nach al-Basra. Ali war in einer schwierigen Situation. Er muss vom Mord an Uthman schockiert gewesen sein, den er, fromm wie er war, nicht gutheißen konnte. Aber seine Anhänger bestanden darauf, dass Uthman den Tod verdient hatte, da er nicht gerecht, nicht dem koranischen Ideal entsprechend geherrscht hatte. Ali konnte sich nicht gegen seine eigenen Gefolgsleute stellen und flüchtete sich nach al-Kufa, das er zu seiner Hauptstadt machte. Er ging dann mit seiner Armee gegen al-Basra vor und schlug die dortigen Rebellen ohne Mühe; in der »Kamelschlacht«, die so hieß, weil A'ischa, die mit den Truppen mitritt, den Kampf vom Rücken ihres Kamels aus beobachtet hatte. Nach seinem Sieg verlieh Ali seinen Anhängern Spitzenpositionen, teilte seinen eigenen Schatz unter ihnen auf, aber gab ihnen dennoch nicht das volle »Soldatenrecht«, das ihnen gestattet hätte, den Sawad, das reiche Landwirtschaftsgebiet um al-Kufa, zu annektieren, aus dem das frühere persische Reich seine Haupteinnahmen bezog. Er stellte seine eigene Partei nicht zufrieden, während er sich in ein höchst zweifelhaftes Licht rückte, indem er den Mord an Uthman nicht rächte.

Alis Herrschaft war in Syrien nicht akzeptiert worden, wo Mu'awija von seiner Hauptstadt Damaskus aus die Opposition anführte. Uthman war sein Verwandter gewesen, und als neues Oberhaupt der Umaijaden-Familie war Mu'awija als arabischer Stammesführer verpflichtet, Uthmans Tod zu rächen.

Er wurde von den wohlhabenden Klans aus Mekka und den syrischen Arabern unterstützt, die seine starke und weise Regierung schätzten. Ali empfand wohl ein gewisses Verständnis für Mu'awijas Lage und unternahm anfangs nichts gegen ihn. Aber dass Verwandte und Gefährten des Propheten bereit standen, sich gegenseitig anzugreifen, wirkte zutiefst verstörend. Muhammads Mission hatte darin bestanden, die Einheit der Muslime zu fördern und die *umma* zu integrieren, um sie zum Abbild von Gottes Einheit zu machen. Um weiteren gefährlichen Konflikten vorzubeugen, versuchten sich beide Seiten 657 in Siffin am oberen Euphrat zu vergleichen, aber die Verhandlungen blieben erfolglos. Mu'awijas Anhänger steckten Koranblätter auf ihre Lanzen und forderten einen Schiedsspruch neutraler Muslime im Sinne von Gottes Wort. Der Schiedsspruch scheint gegen Ali ergangen zu sein, und viele seiner Anhänger versuchten ihn zu überreden, sich dem Spruch zu beugen. So fühlte sich Mu'awija ermächtigt, Ali abzusetzen, Truppen in den Irak zu schicken und sich in Jerusalem zum Kalifen ausrufen zu lassen.

Aber einige von Alis radikaleren Anhängern wollten sich dem Schiedsspruch nicht beugen und waren von Alis Unterwerfung schockiert. In ihren Augen hatte Uthman nicht vermocht, den Maßstäben des Koran gerecht zu werden. Ali hatte sich mit den Anhängern der Ungerechtigkeit kompromittiert, indem er Uthmans Verfehlungen nicht richtig gestellt hatte, und war entsprechend kein echter Muslim. Sie zogen sich aus der *umma* zurück, die ihrer Meinung nach den Geist des Koran verraten hatte, und errichteten mit einem unabhängigen Befehlshaber ein Heerlager. Ali unterdrückte diese Extremisten, die als *Charidschiten* (Sezessionisten) bekannt wurden, und rottete die ursprünglichen Rebellen aus; dennoch gewann die

Bewegung im ganzen Reich Anhänger. Viele hatte der Nepotismus von Uthmans Herrschaft verstört; sie wollten den egalitären Geist des Koran wieder in Kraft setzen. Die Charidschiten waren stets eine Minderheit, aber ihre Haltung war umso wichtiger, als sie der erste Ausdruck einer bedeutenden muslimischen Strömung war, politische Entscheidungen, die die Moral der *umma* betrafen, zur Grundlage einer neuen religiös-politischen Bewegung zu machen. Die Charidschiten bestanden darauf, dass nicht dem mächtigsten, sondern dem überzeugtesten Muslim die Herrschaft über die islamische Gemeinschaft zukam; Kalifen sollten nicht machthungrig sein wie Mu'awija. Gott hatte den Menschen den freien Willen gegeben und würde, gerecht wie er war, Bösewichte wie Mu'awija, Uthman und Ali bestrafen, die durch ihren Verrat am Islam zu Abtrünnigen geworden waren. Die Charidschiten waren Extremisten, aber sie zwangen die Muslime, sich mit der Frage zu befassen, wer ein Muslim war und wer nicht. Das Führungsproblem war als religiöse Frage von derartiger Bedeutung, dass es Debatten über die Natur Gottes, die Prädestination und die menschliche Freiheit nach sich zog.

Alis brutales Vorgehen gegen die Charidschiten kostete ihn viel Unterstützung, sogar in al-Kufa. Mu'awija machte laufend Fortschritte, und viele Araber blieben neutral. Ein zweiter Vergleichsversuch, bei dem ein anderer Kandidat für das Kalifat vorgeschlagen wurde, schlug fehl; Mu'awijas Armee brach den Widerstand gegen Alis Herrschaft in Arabien, und 661 wurde er von einem Charidschiten ermordet. Die, die Ali in al-Kufa treu blieben, riefen seinen Sohn Hasan zum Kalifen aus, aber Hasan traf mit Mu'awija eine Übereinkunft und zog sich gegen eine Entschädigung nach Medina zurück, wo er unter Verzicht auf jede politische Tätigkeit bis zu seinem Tod im Jahre 669 lebte.

Damit war die *umma* in eine neue Phase getreten. Mu'awija erklärte Damaskus zu seiner Hauptstadt und machte sich daran, die Einheit der muslimischen Gemeinschaft wieder herzustellen. Aber ein Muster war vorgegeben. Die Muslime von Irak und Syrien standen sich nun feindlich gegenüber. Im Rückblick empfand man Ali als anständigen, frommen Mann, der der Logik praktischer Politik zum Opfer gefallen war. Die Ermordung des Mannes, der der erste männliche Konvertit zum Islam und der engste männliche Verwandte des Propheten gewesen war, wurde zu Recht als beschämendes Ereignis betrachtet, das schwerwiegende Fragen über die moralische Integrität der *umma* aufwarf. Nach arabischer Sichtweise hatte Ali einige der besonderen Qualitäten des Propheten geerbt, und seine männlichen Nachkommen wurden als führende religiöse Autoritäten verehrt. Das Schicksal von Ali, dem von Freund und Feind verratenen Manne, wurde zum Symbol der grundlegenden Ungerechtigkeit des Lebens. Von Zeit zu Zeit sollten Muslime, die gegen das Benehmen des herrschenden Kalifen protestierten, sich wie die Charidschiten aus der *umma* zurückziehen und alle wahren Muslime aufrufen, sich dem Kampf (*dschihad*) für höhere islamische Normen anzuschließen. Oft würden sie von sich behaupten, dass sie zu der *schi'at* Ali, der Partei Alis, gehörten.

Andere verhielten sich neutraler. Sie waren wegen der mörderischen Spaltung entsetzt, die die *umma* zerriss, und der Begriff der Einheit wurde im Islam wichtiger als je zuvor. Viele waren mit Ali unzufrieden gewesen, sahen jedoch, dass Mu'awija alles andere als ideal war. Sie blickten auf die Epoche der vier Raschidun zurück als eine Zeit, wo Muslime von frommen Männern regiert wurden, die in enger Verbindung zum Propheten gestanden hatten und von Übeltätern gestürzt worden waren. Die Ereignisse der ersten *fitna* waren zum Symbol geworden, und rivalisierende Parteien bezogen sich nun auf diese tragischen Ereignisse, wenn sie ihrer islamischen Berufung einen Sinn geben wollten. Alle stimmten sie überein, dass der Wechsel von Medina, der Hauptstadt des Propheten und der Raschidun, nach dem Damaskus der Umaijaden mehr bedeutete als eine politische Zwecklösung. Die *umma* schien sich von der Welt des Propheten zu entfernen und war in Gefahr, ihren eigentlichen Sinn zu verlieren. Die frömmeren und besorgteren Muslime waren entschlossen, neue Wege zu finden, sie wieder auf den richtigen Pfad zu führen.

II. ENTWICKLUNG

1. Die Umaijaden und die zweite *fitna*

Kalif Mu'awija (661–680) stellte die Einheit des Reiches wieder her. Die *fitna* hatte die Muslime entsetzt, sie hatten erkannt, wie angreifbar sie in ihren Garnisonsstädten waren, isoliert von ihren Mitarabern, umgeben von potenziell feindlichen Untertanen. Sie konnten sich einen tödlichen Bürgerkrieg nicht leisten. Sie brauchten eine starke Regierung, und Mu'awija, ein fähiger Regent, konnte sie ihnen bieten. Er führte Umars System der Trennung der arabischen Muslime von der einheimischen Bevölkerung wieder ein; und obwohl einige Muslime in Arabien immer noch dafür agitierten, in den besetzten Gebieten Herrschaftsgüter errichten zu dürfen, hielt Mu'awija das Verbot aufrecht. Er lehnte auch die Konversion zum Islam ab und baute eine funktionsfähige Verwaltung auf. Somit blieb der Islam die Religion der siegreichen arabischen Elite. Anfangs verließen sich die Araber, die keine Erfahrung mit Herrschaft über ein Reich hatten, auf das Fachwissen von Nicht-Muslimen, die schon dem vorigen byzantinischen und persischen Regime gedient hatten, aber allmählich begannen die Araber, die *dhimmis* aus den Spitzenpositionen zu vertreiben. Im Laufe des nächsten Jahrhunderts vermochten die Umaijaden-Kalifen, die disparaten Gebiete, die von den muslimischen Armeen erobert worden waren, zu einem einheitlichen Reich mit einer einheitlichen Ideologie zu verschmelzen. Eine gewaltige Leistung. Der Hof entwickelte selbstverständlich eine reiche Kultur und einen luxuriösen Lebensstil und war in mancher Hinsicht nicht von anderen herrschenden Klassen zu unterscheiden.

Genau darin bestand das Dilemma. Jahrhundertelange Erfahrung hatte gezeigt, dass ein vormodernes Reich mit seiner auf Landwirtschaft beruhenden Wirtschaft nur von einer absoluten Monarchie effektiv regiert werden konnte und dass diese Herrschaftsform weit befriedigender war als eine militärische Oligarchie, in der Befehlshaber um die Macht kämpften. Die Vorstellung, einen einzigen Menschen derart zu privilegieren, dass Reich und Arm vor ihm gleich unsicher sind, erscheint uns in unserer demokratischen Epoche abscheulich. Dabei sollte man bedenken, dass die Demokratie auf einer industrialisierten Gesellschaft beruht, die über die technologische Möglichkeit verfügt, ihre Ressourcen beliebig neu zu schaffen. Vor Anbruch der Moderne war dies unvorstellbar. In der vormodernen Welt brauchte ein Monarch, der so mächtig war, dass er keine Rivalen mehr hatte, keine privaten Schlachten mehr zu schlagen, konnte die Streitigkeiten der Großen schlichten und hatte keinen Grund, das Flehen derjenigen zu überhören, die für die Armen baten. Die Vorliebe für Monarchie war, wie wir sehen werden, so ausgeprägt, dass selbst dann, wenn in einem großen Reich die eigentliche Macht durch örtliche Machthaber ausgeübt wurde, diese sich als Untergebene des Königs ausgaben und dessen Vasallen zu sein behaupteten. Die Umaijaden-Kalifen regierten ein großes Reich, das unter ihrer Herrschaft immer größer wurde. Wollten sie den Frieden erhalten, blieb ihnen nichts anderes übrig, als selber absolute Monarchen zu werden. Aber wie dies mit den arabischen Traditionen und dem radikalen Gleichheitsgedanken des Koran zusammenbringen?

Die ersten Umaijaden-Kalifen waren keine absoluten Monarchen. Mu'awija regierte nach wie vor wie ein arabischer Stammesfürst, als *primus inter pares.* Die Araber hatten dem Königtum abgeschworen, das sich in einer Region, wo viele kleine Gruppen um die gleichen dürftigen Ressourcen streiten mussten, als wenig sinnvoll erwies. Sie hatten kein dynastisches System, da sie darauf angewiesen waren, stets den bestmöglichen Mann als Führer zu haben. Aber die *fitna* hatte die Problematik einer umstrittenen Nachfolge gezeigt. Man darf sich die Umaijaden jedoch nicht als »säkulare« Herrscher vorstellen. Mu'awija war ein religiöser Mann und, im Sinne des damaligen Islam, ein frommer Muslim. Ihm lag die Heiligkeit Jerusalems am Herzen, der ersten islamischen *qibla*, Heimat zahlreicher großer Propheten der Vergangenheit. Er arbeitete hart, um die Einheit der *umma* zu bewahren. Er regierte entsprechend der Maßgabe des Koran, dass alle Muslime Brüder sind und einander nicht bekämpfen dürfen. Er gewährte den *dhimmis* Religionsfreiheit und persönliche Rechte im Sinne der koranischen Lehre. Aber die Erfahrung der *fitna* hatte einige Muslime, wie etwa die Charidschiten, zur Überzeugung gebracht, dass Islam mehr bedeuten sollte, sowohl öffentlich wie privat.

Damit war der potenzielle Konflikt zwischen den Erfordernissen des Agrarstaates und dem Islam vorgezeichnet, der nach Mu'awijas Tod so tragisch zu Tage trat. Mu'awija hatte bereits erkannt, dass er bei der Sicherung der Nachfolge von den arabischen Traditionen abweichen musste, und vor seinem Tod bereitete er die Nachfolge durch seinen Sohn, Jazid I (680–683), vor. Aber das führte zu heftigen Protesten. In al-Kufa forderten loyale Aliden die Herrschaft von Alis zweitem Sohn, Husain, der mit einer kleinen Gruppe von Gefolgsleuten und deren Frauen und Kindern aus Medina in den Irak auswanderte. Unterdessen waren die Kufier durch den örtlichen Umaijaden-Gouverneur eingeschüchtert worden und zogen ihre Unterstützung zurück. Doch Husain wollte sich nicht ergeben, denn er war überzeugt, dass der Anblick der Familie des Propheten auf der Suche nach wahren islamischen Werten die *umma* an ihre erste Pflicht erinnern würde. Auf der Ebene von Karbala, dicht vor al-Kufa, wurden er und seine Angehörigen von Umaijaden-Truppen umzingelt und massakriert. Husain starb als Letzter, seinen kleinen Sohn in den Armen. Der tragische Tod des Enkelsohns des Propheten wurde von allen Muslimen beklagt, aber die erklärten Anhänger der *schi'at* Ali wurden durch Husains Schicksal ans Schicksal auch der anderen Nachkommen des Propheten gemahnt. Wie der Mord an Ali wurde die Tragödie von Karbala von schiitischen Muslimen als Symbol für die allgemeine Ungerechtigkeit des Menschenlebens empfunden; dies machte deutlich, dass sich der religiöse Imperativ nicht in die raue Welt der Politik integrieren ließ, die ihm mit mörderischer Feindseligkeit zu begegnen schien.

Noch schwer wiegendere Auswirkungen hatte die Revolte im Hidschaz, die von Abdullah ibn az-Zubair angeführt wurde, dem Sohn eines Rebellen, der in der Kamelschlacht gegen Ali gekämpft hatte; auch hier wurde versucht, zu den reinen Werten der ersten *umma* zurückzufinden, den Umaijaden die Macht zu entreißen und an Mekka und Medina zurückzugeben. 683 wurde Medina von Umaijaden-Truppen erobert, die aber nach den Wirren im Gefolge des vorzeitigen Todes von Jazid I und dessen kleinem Sohn Mu'awija II die anschließende Belagerung von Mekka noch im gleichen Jahr aufhoben. Einmal mehr wurde die *umma* durch einen Bürgerkrieg zerrissen. Zwar wurde Ibn az-Zubair von vielen als Kalif anerkannt, aber er war im Hidschaz isoliert, als charidschitische Rebellen 684 einen unabhängigen Staat in Mittelarabien gründeten; im Irak und im Iran erfolgten weitere charidschitische Aufstände; Schiiten erhoben sich in al-Kufa, um den Tod Husains zu rächen und die Kandidatur eines anderen Sohnes von Ali durchzusetzen. Alle Rebellen beriefen sich auf die egalitären Ideale des Koran, aber die Schlacht wurde von syrischen Truppen gewonnen, im Namen von Marwan, einem Umaijaden-Vetter von Mu'awija I, und dessen Sohn Abd ul-Malik. 691 hatten sie sich all ihrer Rivalen entledigt und im Jahr darauf auch Ibn az-Zubair besiegt und getötet.

Abd ul-Malik (685–705) setzte erneut die Umaijaden-Herrschaft durch, und die letzten zwölf Jahre seiner Regierung waren friedlich und gedeihlich. Er war noch kein absoluter Monarch, aber nach der zweiten *fitna* tendierte er offensichtlich dazu. Er betonte die Solidarität der *umma* gegenüber örtlichen arabischen Stammesführern, kämpfte Rebellen nieder und führte eine entschlossene Zentralisierungspolitik durch. Das Persische wurde als offizielle Verwaltungssprache vom Arabischen abgelöst; zum ersten Mal gab es ein islamisches Münzwesen. Die Münzen waren mit Koransprüchen verziert. 691 wurde in Jerusalem der Felsendom vollendet, das erste bedeutende islamische Monumentalbauwerk, das stolz die Vormacht des Islam in dieser Heiligen Stadt verkündete, die eine große christliche Mehrheit hatte. Der Islam hatte sich auf Dauer eingerichtet. Der Felsendom wurde zum Ausgangspunkt eines speziell islamischen Stils in Architektur und Kunst. In ihnen durften keine figürlichen Darstellungen vorkommen, die Beter von der Transzendenz ablenkten, die nicht hinlänglich durch menschliches Bildwerk ausgedrückt werden kann. Vielmehr wurde das Innere des Doms mit Koranversen geschmückt, dem Wort Gottes. Der Dom, ein späteres Charakteristikum der islamischen Architektur, ist ein hochragendes Symbol des geistigen Aufstiegs zum Himmel, den alle Gläubigen anstreben, gibt aber zugleich das vollkommene Gleichgewicht des *tauhid* wieder. Das Äußere, das sich in die Unendlichkeit des Himmels erhebt, bildet auf vollkommene Weise seine innere Dimension ab. Es illustriert die Verbindung des Menschlichen und des Göttlichen, der Innen- und der Außenwelt als zwei Hälften eines Ganzen. Muslime gewannen immer mehr Selbstvertrauen und begannen, ihrer spezifischen spirituellen Vision Ausdruck zu verleihen.

Im veränderten Klima lockerten sich allmählich die strengen Regeln, die die Muslime von den unterworfenen Völkern getrennt hatten. Nicht-Muslime ließen sich in Garnisonsstädten nieder; Bauern fanden Arbeit in muslimischen Gebieten und lernten Arabisch. Kaufleute trieben mit Muslimen Handel, und auch wenn die Konversion nach wie vor nicht begünstigt wurde, traten einige Reichsbeamte zum Islam über. Aber das Niederreißen der Schranken führte dazu, dass die Bevölkerung den arabischen Muslimen ihre Privilegien missgönnte. Die Unterdrückung der Charidschiten und Schiiten hatte einen üblen Nachgeschmack hinterlassen, und Abd ul-Malik war sich bewusst, dass in Arabien und in den Garnisonsstädten eine neue islamische Bewegung entstanden war, die eine strengere Durchsetzung islamischer Ideale propagierte. Wohl war Abd ul-Malik an diesen neuen Ideen interessiert, aber er behauptete, der Koran würde *seine* Politik unterstützen. Einige der neuen Pietisten forderten aber eine aktivere Rolle für den Koran, er sollte den Weg weisen und nicht als bloße Stütze oder als Requisit dienen.

2. Die religiöse Bewegung

Die Bürgerkriege hatten viele grundlegende Fragen aufgeworfen. Wie konnte eine Gesellschaft, die ihre frommen Führer tötete, behaupten, von Gott angeleitet zu werden? Wer sollte die *umma* führen? Sollte der Kalif der frömmste Muslim sein (wie die Charidschiten verlangten), ein direkter Nachkomme des Propheten (wie die Schiiten forderten), oder mussten die Umaijaden, mit all ihren Fehlern, im Interesse des Friedens und der Einheit von den Gläubigen hingenommen werden? Wer war während der ersten *fitna* im Recht – Ali oder Mu'awija? Und wie islamisch war der Umaijaden-Staat? Konnten Herrscher, die in derartigem Luxus lebten und die Armut der großen Mehrheit hinnahmen, als wahre Muslime bezeichnet werden? Und wie stand es um die Stellung der nicht-arabischen Konvertiten zum Islam, die »Klienten« (*mawali*) eines arabischen Stammes geworden waren? Wies dies nicht auf einen Chauvinismus und eine Ungleichheit hin, die mit dem Koran völlig unvereinbar waren?

Diese politischen Diskussionen haben zur Entstehung der Religion und der islamischen Frömmigkeit geführt, wie wir sie heute kennen. Koranrezitatoren und andere besorgte Gläubige fragten sich, was es denn wirklich bedeute, ein Muslim zu sein. Sie wünschten sich ihre Gesellschaft in erster Linie islamisch und erst in zweiter Linie arabisch. Der Koran sprach von der Einswerdung (*tauhid*) des ganzen menschlichen Lebens, das hieß, dass jegliche Handlung des Einzelnen und der Institutionen des Staates die grundsätzliche Hingabe an den Willen Gottes auszudrücken hatte. Christen pflegten im entsprechenden formativen Stadium ihrer Geschichte oft hitzige Debatten über die Natur und Person Jesu zu führen, anhand derer sie ihren speziellen Gottesbegriff, ihre Erlösungsvorstellung und ihre Lebensauffassung entwickelten. Die intensive muslimische Debatte über die politische Führung der *umma*, die nach den Bürgerkriegen einsetzte, entsprach im Islam den großen christologischen Debatten des vierten und fünften christlichen Jahrhunderts.

Prototyp und bestes Beispiel für die neue islamische Frömmigkeit war Hasan al-Basri (gest. 728), der in Medina in Kreisen aufgewachsen war, die der Familie des Propheten nahe standen, und der den Tod Uthmans miterlebt hatte. Später zog er nach al-Basra, wo er eine auf der Verachtung weltlicher Güter beruhende Spiritualität entwickelte, die sich auf den asketischen Lebensstil des Propheten berief. Hasan wurde der berühmteste Prediger von al-Basra, und sein frugaler Lebensstil kam einer eloquenten und potenziell subversiven Kritik des luxuriösen Hofstaats gleich. Hasan trat für eine religiöse Reform ein und lehrte seine Anhänger, eingehend über den Koran zu meditieren, wobei er Reflexion, Selbstprüfung und die völlige Hingabe an Gottes Willen als Ursprung wahrer Freude beschrieb, da durch sie die Diskrepanz zwischen menschlichen Begierden und Gottes Forderungen an den Menschen aufgehoben würde. Hasan unterstützte die Umaijaden und machte klar, dass er sich das Recht auf Kritik vorbehielt. Er entschied sich für eine Theologie, die als Qadarija bekannt wurde, weil sie sich mit der göttlichen Vorherbestimmung (*qadar*) befasste. Menschen hatten einen freien Willen und waren für ihre Handlungen verantwortlich; sie waren nicht prädestiniert, sich in bestimmter Weise zu verhalten, da Gott gerecht war und ihnen nicht befohlen hätte, tugendhaft zu leben, wenn dies nicht in ihrer Macht stand. Deswegen waren Kalifen für ihr Tun verantwortlich und mussten zur Rechenschaft gezogen werden, sofern sie Gottes deutliche Lehren missachteten. Als Kalif Abd ul-Malik hörte, dass Hasan seine potenziell rebellische Doktrin verbreitete, bestellte er ihn bei Hofe ein, aber Hasan war derart populär, dass ihn der Kalif nicht zu bestrafen wagte. Die Art und Weise, wie Hasan ein diszipliniertes Geistesleben mit politischer Opposition gegen die Regierung verband, prägte eine bedeutende muslimische Tradition.

Qadariten akzeptierten die Herrschaft der Umaijaden, weil nur sie in der Lage schienen, die Einheit der *umma* sicherzustellen; deswegen stellten sie sich gegen die Charidschiten, die die Umaijaden für Apostaten hielten, die den Tod verdienten. Hasans Schüler Wasil ibn Ata (gest. 748) gründete eine gemäßigte Schule, die von beiden Extrempositionen abrückte (*i'tazala*). Die Mu'taziliten stimmten mit den Qadariten überein, soweit es die Bedeutung der menschlichen Willensfreiheit betraf, die Ablehnung des luxuriösen Lebensstils des Hofes und die Betonung der Gleichheit aller Muslime. Aber da die Mu'taziliten der göttlichen Gerechtigkeit sehr große Bedeutung zumaßen, waren sie gegenüber Muslimen, die sich anderen gegenüber ausbeuterisch verhielten, äußerst kritisch eingestellt. In politischer Hinsicht, in Bezug auf die Entscheidung zwischen Ali und Mu'awija, »hielten sie sich zurück«, da sie meinten, dass nur Gott Menschen ins Herz blicke. Dies stand in deutlichem Gegensatz zum Extremismus der Charidschiten, hinderte aber die Mu'taziliten nicht, oft selber als politische Aktivisten aufzutreten. Der Koran mahnt Muslime, »das Rechte zu gebieten und das Verwerfliche zu verbieten«[1], was einige Mu'taziliten ebenso ernst nahmen wie die Charidschiten. Manche unterstützten Schiiten-Aufstände; andere, wie Hasan al-Basri, tadelten die Herrscher, deren Lebensführung nicht dem Ideal des Koran entsprach. Die Mu'taziliten sollten die intellektuelle Szene des Irak jahrhundertelang dominieren. Sie entwickelten eine rationalistische Theologie (*kalam*), die die strenge Einheit und Einfachheit Gottes betonte, die sich in der Einheit *umma* spiegeln sollte.

Eine andere Schule, die Murdschi'iten, weigerten sich ebenfalls, zwischen Ali und Mu'awija zu entscheiden, da für sie die innere Haltung eines Menschen zählte. Muslime müssen in

Übereinstimmung mit dem Koran ihr Urteil »zurückhalten« (*arja'a*).[2] Entsprechend durften die Umaijaden nicht als illegitime Herrscher vorverurteilt oder abgetan werden, bevor sie etwas getan hatten, das ein solches Urteil verdiente, aber streng getadelt, sobald sie den Maßgaben der Schrift nicht entsprachen. Der berühmteste Vertreter dieser Schule war Abu Hanifa (699–767), ein Händler aus al-Kufa. Er war zum Islam übergetreten und hatte eine neue Art der Jurisprudenz (*fiqh*) eingeführt, die einen außerordentlichen Einfluss auf die islamische Frömmigkeit hatte und in der muslimischen Welt die wichtigste Disziplin der Höheren Bildung wurde. Der *fiqh* war ebenfalls aus der weit verbreiteten Unzufriedenheit nach den Bürgerkriegen entstanden. Die Männer pflegten sich in ihren Häusern oder in den Moscheen zu versammeln, um sich über die Unzulänglichkeiten der Umaijaden-Regierung zu unterhalten. Wie sollte man die Gesellschaft gemäß islamischen Prinzipien führen? Die Juristen wollten exakte juristische Normen festlegen, mittels derer das Gebot des Koran, eine gerechte Gesellschaft zu bilden, die sich gänzlich und in jeder Einzelheit Gottes Willen fügte, vom frommen Traum zur realen Möglichkeit verwandelt wurde. In al-Basra, al-Kufa, Medina und Damaskus arbeiteten diese ersten Juristen (*fuqaha*; Singular: *faqih*) ein Rechtssystem für ihre speziellen örtlichen Gegebenheiten aus. Doch enthält der Koran kaum gesetzgeberische Anweisungen, und die dort angeführten Ge- und Verbote waren für eine viel einfachere Gesellschaft bestimmt. Also begannen einige Juristen, »Nachrichten« oder »Berichte« (*ahadith*; Singular: *hadith*) über den Propheten und seine Gefährten zu sammeln, um herauszufinden, wie diese sich in einer bestimmten Situation verhalten hatten, und versuchten sich mithin an der vom Propheten eingeführten Praxis (*sunna*) zu orientieren. Dadurch meinten sie zum wahren *ilm*, zur Erkenntnis des rechten Handelns und Verhaltens, zu kommen. Abu Hanifa wurde der größte Rechtsexperte der Umaijaden-Zeit und gründete eine Rechtsschule (*madhhab*), der Muslime heute noch folgen. Er selbst schrieb wenig, aber Abu Hanifas Schüler bewahrten seine Lehren für die Nachwelt auf, während spätere Juristen, die etwas andere Theorien entwickelten, neue *madhhabs* gründeten.

Die islamische Historiographie entstand in ähnlichen Diskussionskreisen. Wollten Muslime eine Lösung für ihre gegenwärtigen Probleme finden, mussten sie sich, wie sich erwies, auf die Epoche des Propheten und der Raschidun beziehen. Sollte der Kalif dem Stamme der Quraisch angehören oder war ein Nachkomme der *ansar* akzeptabel? Hatte sich Muhammad dazu irgendwie geäußert? Welche Vorkehrungen hatte Muhammad für seine Nachfolge getroffen? Was war wirklich nach dem Mord an Uthman geschehen? Historiker wie Muhammad ibn Ishaq (gest. 767) begannen, *hadithe* zu sammeln, die einige Passagen des Koran erklärten, und setzten sie zu den historischen Umständen in Bezug, unter denen der Prophet eine bestimmte Offenbarung erhalten hatte. Ibn Ishaq schrieb eine detaillierte Biografie (*sira*) des Propheten Muhammad, die die Tugend der *ansar* und die Unzulänglichkeit der Einwohner von Mekka unterstrich, die sich Muhammad entgegengestellt hatten. Er neigte deutlich zur schiitischen Haltung, derzufolge es Muslimen nicht geziemt, sich von Nachkommen Abu Sufjans regieren zu lassen. Geschichtsforschung war damit zur religiösen Aktivität geworden, die den prinzipiellen Widerstand gegen das Regime rechtfertigte.

Entsprechend stand das politische Wohlergehen der *umma* im Mittelpunkt der sich herausbildenden islamischen Frömmigkeit. Mochten der Kalif und seine Verwaltung sich mit den

Problemen herumschlagen, die jede Agrargesellschaft betreffen, und eine mächtige Monarchie zu bilden versuchen – die Frommen lehnten einen derartigen Ansatz entschlossen ab. Zu einem sehr frühen Zeitpunkt schon hatten das Verhalten und die Politik eines Herrschers eine religiöse Bedeutung angenommen, die ein tief gehendes Echo in Askese, in Mystik, in der religiösen Rechtsfindung und in den frühen theologischen Spekulationen der muslimischen Welt fand.

3. Die letzten Jahre der Umaijaden (705–750)

Der Ablehnung der Frommen zum Trotz konnte Abd ul-Malik sicherstellen, dass sein Sohn al-Walid I sein Nachfolger wurde: Zum ersten Mal wurde in der islamischen Welt widerstandslos das dynastische Prinzip akzeptiert. Die Dynastie der Umaijaden war auf dem Gipfelpunkt ihrer Macht angelangt. Unter al-Walid setzten die muslimischen Armeen die Eroberung von Nordafrika fort und gründeten in Spanien ein Königreich. Damit war die Westgrenze der islamischen Expansion erreicht. Als Karl Martel 732 bei Poitiers einen muslimischen Trupp schlug, wurde dies von den Muslimen nicht als großes Unglück betrachtet. Im Westen pflegte man die Bedeutung von Poitiers oft zu übertreiben. Dies war kein Waterloo. Die Araber fühlten sich weder religiös noch sonst wie getrieben, die westliche Christenheit im Namen des Islam zu erobern. Im Gegenteil: Europa erschien ihnen bemerkenswert unattraktiv; ein primitives Hinterland mit wenig Handelsmöglichkeiten, wenig Beute, vom abscheulichen Klima gar nicht zu reden.

Gegen Ende der Herrschaft von Umar II (717–720) befand sich das Reich in einer Krise. Ein vormodernes Reich hatte

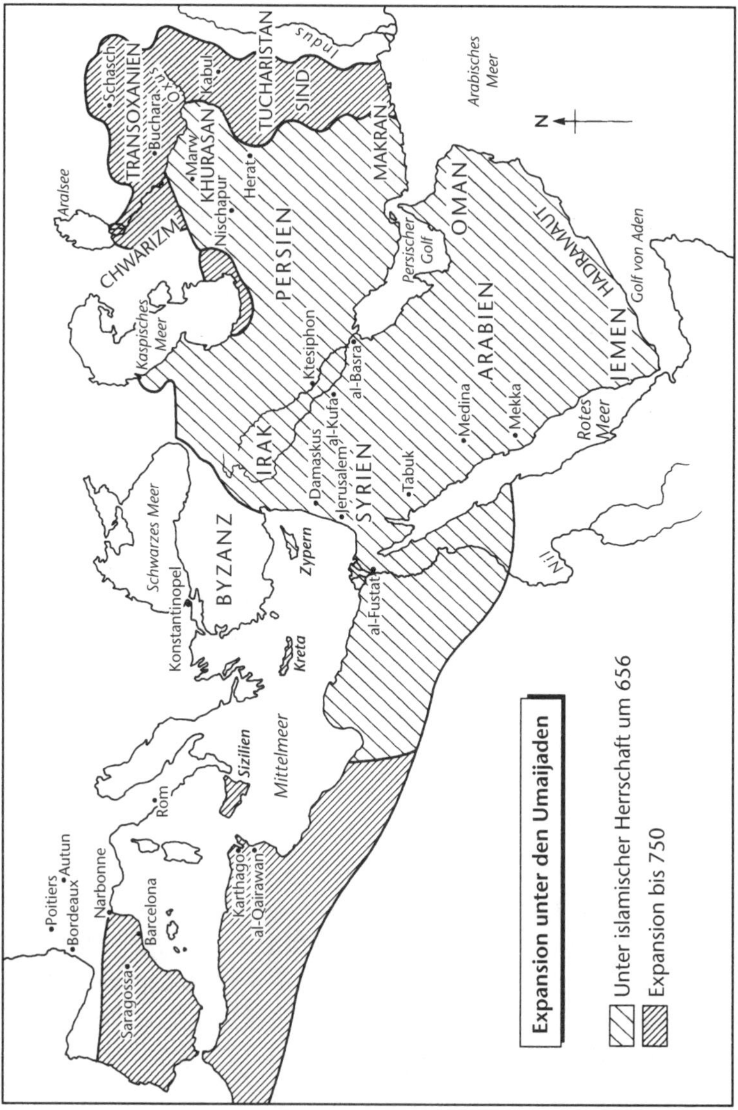
Expansion unter den Umaijaden
Unter islamischer Herrschaft um 656
Expansion bis 750
Poitiers
Bordeaux
Autun
Narbonne
Barcelona
Saragossa
Rom
Karthago
al-Qairawan
Sizilien
Mittelmeer
Kreta
Konstantinopel
Schwarzes Meer
BYZANZ
Zypern
al-Fustat
Nil
Jerusalem
Damaskus
SYRIEN
Tabuk
IRAK
al-Kufa
al-Basra
Ktesiphon
Medina
Mekka
ARABIEN
Rotes Meer
JEMEN
HADRAMAUT
Golf von Aden
OMAN
Persischer Golf
PERSIEN
Kaspisches Meer
CHWARIZM
Aralsee
Nischapur
KHURASAN
Marw
Herat
MAKRAN
TRANSOXANIEN
Buchara
Schasch
Oxus
Kabul
TUCHARISTAN
SIND
Indus
Arabisches Meer
N

immer eine begrenzte Lebensdauer; da es auf einem landwirtschaftlichen Mehrwert beruhte, kam für ein jedes unweigerlich einmal die Zeit, wo der große, expandierende Staat seine Ressourcen erschöpft hatte. Der katastrophale Versuch seines Vorgängers Sulaiman, Konstantinopel zu erobern, der nicht nur fehlschlug, sondern zu einem schweren Verlust an Truppen und Ausrüstung führte, kam ihn nun teuer zu stehen. Umar war der erste Kalif, der *dhimmis* zum Übertritt zum Islam ermunterte, die gerne diesem dynamischen neuen Glauben beitraten; doch da sie nachher nicht länger die Kopfsteuer (*dschizja*) zu zahlen hatten, führte die neue Politik zu einem drastischen Einkommensverlust. Umar war ein frommer Mann, der in Medina aufgewachsen und von den dortigen religiösen Bewegungen beeinflusst war. Er versuchte, sein Verhalten an dem der Raschidun auszurichten, legte Wert auf das Ideal der islamischen Einheit, behandelte alle Provinzen gleich (statt Syrien vorzuziehen) und verhielt sich menschlich zu den *dhimmis*. Er war sehr populär, aber die islamische Politik, die ihn bei den Frommen so beliebt machte, war der Wirtschaft des darniederliegenden Reiches nicht förderlich. Seine Nachfolger mussten immer wieder mit Revolten und deutlicher Unzufriedenheit fertig werden. Ob die Kalifen verderbt waren, wie Jazid II (720–724), oder fromm, wie Hischam I (724–743), machte kaum einen Unterschied. Hischam war ein starker und tüchtiger Kalif, der das Reich auf eine wirtschaftlich gesündere Basis zu stellen vermochte, aber nur, indem er den Staat starrer zentralisierte und autokratischer herrschte. Er glich immer mehr einem konventionellen absoluten Monarchen, was dem Reich politisch gut bekam. Problematisch daran war, dass eine solche Form der Autokratie den Frommen ein Gräuel und grundsätzlich unislamisch war. War es denn wirklich unmöglich, einen Staat nach Prinzipien zu führen? Die Schiiten wurden immer aktiver. Ihre Führer gaben an, von Ali abzustammen, denn sie glaubten, der *ilm*, der die Muslime befähigen würde, eine gerechte Gesellschaft aufzubauen, sei vor allem in der Familie Muhammads bewahrt worden, der die Herrschaft ausschließlich zukam. Die radikalsten Schiiten gaben an allen aktuellen Problemen der *umma* den ersten drei Raschidun (Abu Bakr, Umar und Uthman) Schuld, die die Führung gleich an Ali hätten übergeben sollen. Viele der extremeren Schiiten (die unter der Bezeichnung *ghulat*, »Übertreiber«, bekannt sind) waren Konvertiten und brachten einen Teil ihres alten Glaubens in den Islam ein.

Sie betrachteten Ali als Inkarnation des Göttlichen (wie Jesus) und glaubten, dass schiitische Führer, die bei einem Aufstand zu Tode gekommen waren, sich in einer befristeten »Okkultation« befanden und eines Tages zurückkehren würden, um am Jüngsten Tag eine utopische Herrschaft der Gerechtigkeit und des Friedens anzutreten.

Aber nicht nur die Religiösen fühlten sich durch die Umaijaden-Herrschaft befremdet. Die islamischen Konvertiten (*mawali*: Klienten) protestierten gegen ihren zweitrangigen Status. Unter den arabischen Muslimen kam es zu Stammeszwistigkeiten, einige wollten sesshaft werden und sich bei den unterworfenen Völkern integrieren, andere die alten expansionistischen Kriege weiterführen. Aber islamisches Empfinden war derart weit verbreitet, dass die verschiedenen Revolten und Aufstände beinahe ausnahmslos eine religiös-politische Färbung annahmen. Dies traf mit Sicherheit auf die Revolte zu, die die Dynastie der Umaijaden schließlich stürzen sollte. Die Abbasiden-Fraktion machte sich den weit verbreiteten Wunsch, ein Mitglied von Muhammads Familie auf dem Thron zu sehen, zu Nutze und unterstrich ihre Abstammung vom Onkel des Propheten, Abbas, und dessen Sohn Abdullah, einem bedeutenden frühen Koranrezitator. Die Abbasiden begannen 743, in den östlichen Provinzen des Reiches Anhänger zu sammeln, besetzten im August 749 al-Kufa und besiegten im Jahr darauf den letzten Umaijaden-Kalifen, Marwan II, im Irak. Als sie jedoch das Reich unterworfen hatten, führten die Abbasiden-Kalifen eine ganz andere Art von Gesellschaft ein.

4. Die Abbasiden: Hochblüte des Kalifats (750–935)

Die Abbasiden waren unterstützt worden, weil sie sich sorgsam in einem schiitischen Licht präsentiert hatten, aber einmal an der Macht, warfen sie die religiöse Tarnung ab und stellten klar, dass sie entschlossen waren, das Kalifat in eine absolute Monarchie im Sinne der traditionellen Agrargesellschaft zu verwandeln. Abu l-Abbas as-Saffah (750–754), der erste Abbasiden-Kalif, massakrierte alle Umaijaden, derer er habhaft werden konnte. Das ungehemmte Abschlachten einer edlen arabischen Familie hatte bis dahin für undenkbar gegolten. Kalif Abu Dscha'far al-Mansur (754–775) ermordete alle schiitischen Führer, die er als Bedrohung seiner Herrschaft empfand. Die Kalifen verliehen sich Titel, die das göttliche Mandat des Königtums ausdrückten. Der Herrschername al-Mansur gab zu verstehen, dass Gott ihm »besonders helfen« würde, einen Sieg zu erlangen; sein Sohn stilisierte sich zu al-Mahdi (der Rechtgeleitete), ein Begriff, mit dem die Schiiten den von ihnen erwarteten Erlöser bezeichneten, der die Endzeit der Gerechtigkeit und des Friedens heraufführen sollte.

Der Kalif al-Mahdi (775–785) mag sich für einen solchen

Titel entschieden haben, um nach dem von seinem Vater veranstalteten Blutbad die Gunst der Schiiten zu gewinnen. Die Abbasiden waren sich der Unzufriedenheit, die zum Sturz der Umaijaden beigetragen hatte, nur allzu bewusst, und erkannten, dass sie den Unzufriedenen Konzessionen machen mussten. Obwohl selber Araber, nahm mit ihrem Sieg der alte Brauch, die Araber im Reich zu privilegieren, ein Ende. Sie verlegten ihre Hauptstadt von Damaskus in den Irak, wobei sie sich erst in al-Kufa und dann in Bagdad niederließen. Sie versprachen, alle Provinzen gleich zu behandeln und keiner ethnischen Gruppe einen Sonderstatus zukommen zu lassen, was die *mawali* zufrieden stellte. Ihr Reich war insofern egalitär, als jedem fähigen Mann der Weg an den Hof und in die Verwaltung offen stand. Aber der Umzug von al-Kufa nach Bagdad war bedeutsam. Die Kalifen ließen die Atmosphäre der alten Garnisonsstädte hinter sich, die gemäß dem alten Stammesideal erbaut worden waren und in denen jedes Quartier gleich und unabhängig war. Das Zentrum von Bagdad bildete die berühmte »Rundstadt«, wo die Verwaltung, der Hof und die Kalifenfamilie untergebracht waren. Die Bazare und die Häuser der Handwerker und Diener wurden an die Peripherie verbannt. Bagdad war günstig gelegen, am Tigris, in der Nähe des Sawad, der landwirtschaftlichen Basis des Irak. Aber die Stadt lag auch in der Nähe von Ktesiphon, der einstigen Hauptstadt der persischen Sasaniden, und das neue Kalifat nahm sich die alte vorislamische Autokratie zum Vorbild.

Zur Zeit des Kalifen Harun ar-Raschid (786–809) war die Verwandlung abgeschlossen. Ar-Raschid herrschte wie ein absoluter Monarch der alten Schule, nicht wie die Raschidun. Er lebte von seinen Untertanen isoliert; die alte Informalität, die das Leben unter den ersten Kalifen charakterisiert hatte, wurde durch üppigen Pomp ersetzt. Höflinge küssten den Boden, wenn sie sich dem Kalifen näherten, was in den Tagen, wo die Araber sich nur vor Gott niederwarfen, unvorstellbar gewesen wäre. War der Prophet stets informell bei seinem Namen angesprochen worden, wie jeder andere Sterbliche auch, wurde der Kalif zum »Schatten Gottes auf Erden« stilisiert. Hinter ihm stand stets der Henker, als deutliches Zeichen, dass dem Kalifen die Macht über Leben und Tod zukam. Der Kalif pflegte nicht länger selber die Geschäfte der *umma* zu überwachen, sondern die Regierung einem Wesir zu überlassen. Dem Kalifen oblag die Repräsentanz der obersten Entscheidungsgewalt, jenseits von Fraktionen und politischem Zwist. Er leitete das Freitagsgebet und führte seine Armee in wichtige Schlachten. Doch auch die Armee hatte sich verändert. Dies war nicht mehr die Volksarmee, die jedem Muslim offen stand, sondern ein persisches Korps, das den Abbasiden zur Macht verholfen hatte, und als persönliche Truppe des Kalifen galt.

All dies war natürlich den Religiösen ein Gräuel, die große Hoffnungen in die Machtübernahme der Abbasiden gesetzt hatten. Aber unislamisch wie immer, das neue Kalifat war anfangs politisch wie wirtschaftlich ein Erfolg. Der Kalif hatte bei seinen Untertanen für Sicherheit zu sorgen, und als das Kalifat unter Harun ar-Raschid seinen Zenit erreicht hatte, genoss das Reich einen noch nie da gewesenen Frieden. Aufstände waren erbarmungslos unterdrückt worden, die Bevölkerung hatte eingesehen, dass Widerstand gegen das Regime zwecklos war, das bedeutete immerhin, dass die Bevölkerung ein normales, ungestörtes Leben führen konnte. Harun ar-Raschid war ein Patron der Künste und der Gelehrsamkeit und inspirierte eine große kulturelle Renaissance. Literaturkritik, Philosophie, Poesie, Medizin, Mathematik und Astronomie blühten nicht nur in Bagdad, sondern auch in al-Kufa, al-Basra, Dschundischapur und Harran. *Dhimmis* trugen zur Blütezeit bei, indem sie die philosophischen und medizinischen Texte der klassischen Antike aus dem Griechischen und Syrischen ins Arabische übersetzten. Muslimische Gelehrte, die sich auf die ihnen zugänglich gemachte Gelehrsamkeit der Vergangenheit stützten, machten in dieser Epoche mehr wissenschaftliche Entdeckungen als in der ganzen dokumentierten Geschichte zuvor. Auch Handwerk und Handel blühten, und die Elite lebte in Raffinement und Luxus. Doch auf welche Weise das Regime spezifisch islamisch sein sollte, ließ sich kaum nachvollziehen. Der Kalif und seine Umgebung lebten in einer abgehobenen »splendid isolation«, deren Gegensatz zum asketischen Lebenswandel des Propheten und der Raschidun nicht krasser hätte ausfallen können. Weit davon entfernt, sich mit den im Koran vorgeschriebenen vier Frauen zu begnügen, hielten sie sich große Harems wie die sasanidischen Monarchen. Dennoch blieb den religiösen Reformern nichts anderes übrig, als die Abbasiden zu akzeptieren. Der Islam ist eine realistische und praktische Religion, die normalerweise nicht zum Martyrium oder zu sinnlosen Risiken ermutigt.

Ein Realismus, der sich besonders bei den Schiiten manifestierte. Nach dem tragischen Tod von Husain in Karbala lebten seine unmittelbaren Nachkommen zurückgezogen und fromm in Medina, obwohl viele sie als die rechtmäßigen *imame* der *umma* betrachteten. Husains ältester Sohn, Zain ul-Abidin (gest. 714), den die Schiiten als Vierten Imam bezeichneten, da er auf Ali, Hasan und Husain folgte, war ein Mystiker und hinterließ eine schöne Gebetssammlung.[3] Muhammad al-Baqir, der Fünfte Imam (gest. 735), hatte eine esoterische Methode der Koran-Exegese entwickelt: Jedem Wort, jedem Vers wohnte eine verborgene (*batin*) Bedeutung inne, die nur mit Hilfe mystischer Konzentrationstechniken entdeckt werden konnte, dabei entsprachen die Techniken denen, die die Kontemplativen aller Weltreligionen entwickelt haben, um sich einen Zugang zu den inneren Bereichen ihres Ichs zu schaffen. Die *batin*-Bedeutungsfindung war wahrscheinlich Teil der von al-Baqir begründeten Imamatslehre. Sein Bruder Zaid ibn Ali war ein politischer Aktivist und kam 740 in einem Aufstand gegen die Umaijaden zu Tode. Zaids Anspruch, selber der *Imam* seiner Zeit zu sein, hielt al-Baqir entgegen, dass der einmalige *ilm* des Propheten an Alis Nachkommen weitergegeben wurde. Jeder Imam bestimmte seinen Nachfolger selber und gab ihm das esoterische Wissen weiter, das ihm erlaubte, die heilige Bedeutung der Schrift zu erkennen. Nur ein *imam*, der diese Auserwählung (*nass*) durch seinen Vorgänger erhalten hatte, durfte als legitimer Führer der Muslime betrachtet werden. Er – al-Baqir – hatte den *nass* von seinem Vater erhalten; Zaid nicht. 740 jedoch hatte al-Baqir nur wenige Anhänger; die meisten Schiiten konnten mit Zaids revolutionärer Politik mehr anfangen als mit al-Baqirs mystischem Quietismus, aber nach der erbarmungslosen Unterdrückung des schiitischen Dissens durch die Abbasiden waren sie bereit, auf Dscha'far as-Sadiq (gest. 765), den Sechsten Imam, zu hören, der selber durch Kalif al-Mansur verhaftet worden war. As-Sadiq bestätigte und entwickelte die Doktrin des *nass*, indem er erklärte, obwohl er auserwählter *imam* und wahrer Führer der *umma* sei, wolle er keinen Anspruch auf das Kalifat erheben. Von nun an würde der *imam* ein geistlicher Lehrer sein; er würde seiner Generation den göttlichen *ilm* vermitteln und sie in der *batin*-Lesung des Koran anleiten. Im gefährlichen politischen Klima der Gegenwart jedoch sollten die Schiiten ihre Doktrin und ihre politischen Überzeugungen für sich behalten.

Aber das betraf nur eine zum Mystizismus neigende Elite. Die meisten Muslime brauchten eine zugänglichere Frömmigkeit und fanden sie in einer neuen Glaubensrichtung, die Ende der Umaijaden-Epoche in Erscheinung trat, aber erst während der Herrschaft von Harun ar-Raschid maßgeblich wurde. Sie entsprach der christlichen Hingabe an Jesus, insofern der Koran als das ungeschaffene Wort Gottes betrachtet wurde, das seit aller Ewigkeit in ihm geruht hatte, bis es in der Muhammad offenbarten Schrift gleichsam Fleisch geworden war und Menschengestalt angenommen hatte. Muslime konnten Gott nicht sehen, aber sie konnten ihn jedes Mal hören, wenn sie einer Koranrezitation lauschten, und empfinden, dass sie sich Gottes Gegenwart annäherten. Wenn sie die inspirierten Worte sprachen, hatten sie Gottes Stimme auf ihrer Zunge und führten sie im Mund; sie hielten ihn in Händen, wenn sie das Heilige Buch trugen. Die Mu'taziliten empfanden das als Beleidigung ihrer rationalen Frömmigkeit und ihres strikten Sinns für die Einheit und absolute Einfachheit Gottes. Die Doktrin schien den Koran zu einem zweiten göttlichen Wesen zu machen. Aber wie die esoterische *schi'a* war die Mu'tazila nur Sache einer intellektuellen Minderheit, und die Hingabe an den Koran wurde äußerst populär. Deren Anhänger waren als *ahl al-hadith*, als »Traditionarier« bekannt, weil sie darauf bestanden, dass muslimisches Gesetz auf »Augenzeugenberichten« über die Maximen und übliche Praktiken (*sunna*) des Propheten beruhte. Sie stimmten nicht mit den Anhängern von Abu Hanifa überein, die von Juristen verlangten, das eigene »unabhängige Urteilsvermögen« (*idschtihad*) einzusetzen, und ihnen die Möglichkeit zugestehen wollten, neue Rechtsnormen zu schaffen, selbst wenn sie nicht auf einen *hadith* oder eine Koranstelle zurückgeführt werden konnten.

Die *ahl al-hadith* waren damit konservativ; sie hingen einer idealisierten Vergangenheit an; sie verehrten sämtliche Raschidun, einschließlich Mu'awijas, der ein Gefährte des Propheten gewesen war. Anders als die Mu'taziliten bestanden sie darauf, dass die Pflicht »zu gebieten, was recht ist, und zu verbieten, was verwerflich ist«, nur ganz wenigen zukam; einfache Gläubige hatten dem Kalifen zu gehorchen, wie immer es um dessen religiöse Qualifikationen stand. Dies war eine Lehre im Sinne Harun ar-Raschids, der die frömmeren Bewegungen versöhnte und die antirevolutionäre Tendenz der *ahl al-hadith* guthieß. Die Mu'taziliten verloren in Bagdad ihre Protektion, und die Traditionarier nutzten die Gunst der Stunde, sie gesellschaftlich zu isolieren. Die Regierung nahm, auf ihre Veranlassung hin, führende Mu'taziliten fest.

Die Abbasiden waren sich über die Stärke der religiösen Bewegung im Klaren, und sobald sie ihre Dynastie gesichert hatten, versuchten sie dem eigenen Regime eine islamische Legitimität zu verleihen. Sie förderten daher die Entwicklung des *fiqh*, der die Lebensführung der Bevölkerung regelte. Das führte zu einer Spaltung im Reich. Das Leben der einfachen Bevölkerung wurde in der Tat durch die *schari'a* bestimmt, wie der Korpus islamischen Rechts genannt wird, aber die muslimischen Prinzipien galten nicht für Höflinge oder höhere Regierungsbeamte, die sich an die autokratischere Norm der vorislamischen Epoche hielten, um das Funktionieren des Abbasiden-Staates zu gewährleisten.

Unter den Umaijaden hatte sich an verschiedenen Orten im Reich ein *fiqh* entwickelt, nun forderten die Abbasiden die Juristen auf, ein geeintes Rechtssystem zu gestalten. Das muslimische Leben hatte sich seit den Zeiten des Koran drastisch verändert. Nachdem der Übertritt zum Islam gefördert worden war, wurden die *dhimmis* zur Minderheit. Die Muslime waren nicht länger eine kleine Elite, die von der nicht-muslimischen Mehrheit isoliert in Garnisonsstädten wohnte. Nun waren sie die Mehrheit. Einige Muslime hatten erst vor kurzem zu ihrem Glauben gefunden und waren noch von ihren alten Überzeugungen und Praktiken geprägt. Um das islamische Leben für die Massen zu regeln, bedurfte es eines organisierten Systems und anerkannter religiöser Institutionen. Eine besondere Klasse, die der *ulama* (Religionsgelehrte; Singular: *alim*), entstand. Richter (*qudat*; Singular: *qadi*) erhielten eine strengere Ausbildung, und sowohl al-Mahdi wie ar-Raschid förderten das Rechtsstudium und unterstützten damit den *fiqh*. Zwei bemerkenswerte Gelehrte leisteten dabei einen nachhaltigen Beitrag. In Medina stellte Malik ibn Anas (gest. 795) ein Kompendium zusammen, das er *al-Muwatta* (»viel begangener Weg«) nannte. Dies war eine umfassende Kompilation von Rechtsauffassungen Medinas, die, wie Malik glaubte, nach wie vor die ursprüngliche *sunna* des Propheten enthielten. Aus Maliks Theorien entwickelten seine Schüler die malikitische Schule (*madhhab*), die in Medina, Ägypten und Nordafrika maßgebend wurde.

Andere aber empfanden das damalige Medina nicht unbedingt als einen verlässlichen Maßstab für den reinen Islam. Muhammad ibn Idris asch-Schafi'i (gest. 820), ein Armeleutekind aus Gaza, der bei Malik in Medina studiert hatte, argumentierte, dass man sich nicht auf eine bestimmte islamische Stadt berufen durfte, wie bedeutend ihre Geschichte auch sein mochte. Vielmehr sollte sich die Rechtsprechung auf die Prophetenüberlieferung stützen, da der Prophet als inspirierter Interpret und nicht nur als Übermittler des Koran zu betrachten war. Die Gebote und Gesetze der Schrift wurden im Lichte von Muhammads Worten und Taten verständlich. Aber asch-

Schafi'i betonte, dass jeder *hadith* sicher durch eine Kette (*isnad*) frommer Muslime belegt werden musste, die bis auf den Propheten zurückging. Diese Überlieferungskette musste genau geprüft werden, und wenn sie gerissen war oder eines der »Glieder« sich als schlechter Muslim erwies, hatte der *hadith* abgelehnt zu werden. Asch-Schafi'i versuchte zwischen den *ahl al-hadith* und den Juristen zu vermitteln, die, wie Abu Hanifa, auf der Notwendigkeit des *idschtihad* bestanden. Asch-Schafi'i räumte ein, dass ein gewisser Grad an *idschtihad* erforderlich war, glaubte aber, dass er sich auf strenge Analogien (*qiyas*) zwischen den Bräuchen des Propheten und heutigen Bräuchen beschränken sollte. Asch-Schafi'i zufolge gab es vier »Wurzeln« des heiligen Rechtes (*usul al-fiqh*): den Koran, die *sunna* des Propheten, den *qiyas* (Analogie) und den *idschma'*, das Einverständnis der Gemeinschaft. Gott würde nicht die gesamte *umma* dem Irrtum verfallen lassen, und das bedeutete, dass ein von allen Muslimen akzeptierter Brauch als authentisch zu gelten hatte, selbst wenn er sich durch keinen Koranvers und keinen *hadith* belegen ließ. Auch wenn asch-Schafi'is Methode keine strenge Historizität der *sunna* des Propheten im Sinne heutiger wissenschaftlicher Maßstäbe sicherstellt, schuf sie doch die Grundlagen einer Lebensweise, die den Muslimen zu einer tiefen und zufrieden stellenden religiösen Erfahrung verhalf.

Asch-Schafi'is bahnbrechendes Werk hatte zur Folge, dass andere Gelehrte das Studium der *hadith* in seinem Sinne weiter betrieben. Zwei gründliche und autoritative Anthologien wurden durch al-Buchari (gest. 870) und durch Muslim (gest. 878) zusammengestellt. Das gesteigerte Interesse am *fiqh* führte schließlich dazu, dass sich im ganzen islamischen Riesenreich ein homogenes religiöses Leben herausbildete, das auf dem heiligen Recht der *schari'a* beruhte und das von der Person des

Propheten inspiriert wurde, dem vollkommenen Menschen. Durch Nachahmung der geringsten Einzelheiten seines äußerlichen Lebens, dadurch, dass die Muslime sich zum Vorbild nahmen, wie er aß, sich wusch, liebte, sprach und betete, strebten sie seine innere Haltung einer vollkommenen Hingabe an Gott an. Religiöse Ideen und Praktiken verbreiten sich nicht, weil sie von sprachmächtigen Theologen propagiert werden oder weil sie eine nachweislich solide historische oder rationale Basis besitzen, sondern weil sie dem Gläubigen praktisch ein Gefühl heiliger Transzendenz vermitteln können. Die Muslime sind der *schari'a* bis heute tief verbunden, mit deren Hilfe sie die archetypische Gestalt Muhammads in einem sehr tiefen Sinne verinnerlicht und ihn, indem sie ihn aus dem 7. Jahrhundert befreiten, zu einem aktiven gegenwärtigen Teil ihres Lebens und ihrer Persönlichkeit gemacht haben.

Aber wie jede islamische Frömmigkeit war auch die *schari'a* politisch. Sie drückte eine Protesthaltung gegen eine Gesellschaft aus, die von den Religiösen als korrupt empfunden wurde. Sowohl Malik ibn Anas als auch asch-Schafi'i hatten an den Schiiten-Aufständen gegen die frühen Abbasiden teilgenommen; beide wurden wegen ihrer politischen Ansichten inhaftiert, waren daraufhin freigelassen und durch al-Mahdi und Harun ar-Raschid begünstigt worden, die ihre Expertise nutzen und einen einheitlichen Rechtskorpus für das ganze Reich schaffen wollten. Die *schari'a* lehnte die aristokratische, raffinierte Ethik des Hofes in jeder Hinsicht ab. Sie beschränkte die Macht des Kalifen, betonte, dass ihm nicht dieselbe Rolle zukam wie dem Propheten oder den Raschidun, dass er nur das heilige Recht anwenden durfte. Damit hatten sie die Hofkultur indirekt als nicht islamgemäß verurteilt. Die Ethik der *schari'a* war egalitär wie die des Koran. Es gab besondere Vorschriften bezüglich der Schwachen, und weder dem Kalifat noch dem Hof, noch sonst irgendeiner Institution wurde die Macht zugesprochen, sich in die persönlichen Entscheidungen und Überzeugungen des Einzelnen einmischen zu dürfen. Jeder Muslim war auf seine Weise für die Befolgung von Gottes Geboten verantwortlich, und keine religiöse Autorität, keine Institution (wie »die Kirche«) und keine besondere Gruppe von »Geistlichen« konnte zwischen Gott und den einzelnen Muslim treten. Alle Muslime standen auf gleicher Ebene; es gab keine geistliche Elite und kein Priestertum, das als Mittler auftrat. Die *schari'a* war somit ein Versuch, eine Gesellschaft nach Kriterien aufzubauen, die sich grundsätzlich von denen des Hofes unterschieden. Sie zielte darauf ab, eine Gegenkultur und eine Protestbewegung aufzubauen, die sie, über kurz oder lang, in Konflikt mit dem Kalifat bringen musste.

Gegen Ende der Regierungszeit Harun ar-Raschids war klar, dass das Kalifat seinen Höhepunkt überschritten hatte. Keine einzelne Regierung konnte ein derart großes Gebiet unbeschränkt lange beherrschen, ohne über moderne Kommunikationstechnik und moderne Zwangsmittel zu verfügen. Randprovinzen wie Spanien (wo ein entflohener Umaijade 756 eine rivalisierende Dynastie gegründet hatte) brachen langsam weg. Die Wirtschaft war im Niedergang begriffen. Harun ar-Raschid hatte das Problem zu lösen versucht, indem er das Reich zwischen seinen beiden Söhnen aufgeteilt hatte, doch das führte nach seinem Tod nur zu einem Bürgerkrieg (809–813) zwischen den Brüdern. Wie säkular der höfische Geist war, zeigte sich daran, dass es hierbei, anders als bei den *fitna*-Kriegen der Vergangenheit, nicht um irgendwelche ideologischen oder religiösen Differenzen ging, sondern nur um persönlichen Ehrgeiz. Als al-Ma'mun siegreich hervorging und seine Herrschaft antrat (813–833), wurde deutlich, dass es im Reich zwei wichtige Machtblöcke gab. Zum einen den aristokratischen Kreis des Hofes, der andere, egalitär und »konstitutionalistisch«, basierte auf der *schari'a*.

Al-Ma'mun war sich der Bedrohung seiner Herrschaft bewusst. Seine Regierung hatte mit einem Bürgerkrieg begonnen, mit einer schiitischen Revolte in al-Kufa und al-Basra (814–815) und einem charidschitischen Aufstand in Churasan. Er versuchte, diese unterschiedlichen Gruppen zu umwerben und die religiösen Spannungen abzubauen, aber seine Politik machte alles nur noch schlimmer. Als Intellektueller fühlte er sich ganz natürlich zum Rationalismus der Mu'taziliten hingezogen und nahm sie wieder in seine Gunst. Er begriff auch, dass die populistische Bewegung der *ahl al-hadith*, die darauf bestand, dass das Gottesgesetz jedem Muslim zugänglich war, nicht mit der absoluten Monarchie vereinbar war. Sobald sie wieder an der Macht waren, gingen die Mu'taziliten gegen die *ahl al-hadith* los, die sie so lange verfolgt hatten. Es kam zu einer »Inquisition« (*mihna*), in der man führende Traditionarier, allen voran den populären Ahmad ibn Hanbal (gest. 833), verhaftete. Ibn Hanbal wurde zum Volkshelden. Dass er die Mu'taziliten förderte, ist Ma'mun nicht gut bekommen; er hatte sich damit nur den Massen entfremdet. Einmal versuchte der Kalif, sich mit den Schiiten zu versöhnen, indem er Ali ar-Rida, den Achten Imam, zu seinem Erben ernannte, aber die Schiiten waren wie die Mu'taziliten eine geistige und intellektuelle Elite, die nicht über die Unterstützung der einfachen Leute verfügte. Wenige Monate später starb ar-Rida – möglicherweise ermordet.

Spätere Kalifen versuchten ebenfalls, die Schiiten zu umwerben, und oszillierten zwischen verschiedenen religiösen Fraktionen hin und her, allerdings vergeblich. Kalif al-Mu'tasim

(833–842) wollte die Monarchie stärken, indem er die Armee zu seinem eigenen persönlichen Korps machte. Seine Truppen bestanden aus türkischen Sklaven, die jenseits des Flusses Oxus gefangen genommen worden und zum Islam übergetreten waren. Aber dadurch wurde er der Bevölkerung noch mehr entfremdet und es kam zu Spannungen zwischen den türkischen Soldaten und den Einwohnern von Bagdad. Um dem zu begegnen, verlegte der Kalif seine Hauptstadt knapp hundert Kilometer südlich in das von ihm neu gebaute Samarra, aber das isolierte ihn weiterhin, während die Türken, die keine natürlichen Verbindungen zur Bevölkerung hatten, mit jedem Jahrzehnt mächtiger wurden, bis sie schließlich in der Lage waren, den Kalifen die Herrschaft über das Reich zu entreißen. Im Laufe des späten 9. und frühen 10. Jahrhunderts kam es zu immer mehr bewaffneten Aufständen von militanten Schiiten, die immer noch dem politischen Aktivismus anhingen und sich nicht in einen mystischen Quietismus zurückgezogen hatten, und die Wirtschaftskrise verschlimmerte sich von schlecht zu katastrophal.

Aber in diesen Jahren der politischen Desintegration erfolgte auch die Konsolidierung dessen, was später als sunnitischer Islam bezeichnet werden sollte. Allmählich glichen die verschiedenen Rechtsauffassungen und Theologien, die der Mu'taziliten und der *ahl al-hadith*, ihre Unterschiede ab und rückten enger zusammen. Von besonderer Bedeutung war dabei Abu l-Hasan al-Asch'ari (gest. 935), der die Theologie der Mu'taziliten mit der der Traditionarier zu versöhnen versuchte. Die Mu'taziliten hatten vor jeder anthropomorphistischen Vorstellung Gottes derart zurückgeschreckt, dass sie dem Göttlichen überhaupt jedwede »menschliche« Eigenschaften absprachen. Wie durfte man sich vermessen, zu behaupten, dass Gott »sprach« oder

»auf einem Throne saß«, wie es der Koran formulierte? Wie durfte man von Gottes »Wissen« oder »Allmacht« sprechen? Die *ahl al-hadith* hielten dagegen, dass eine derartige Scheu Gott jeglichen Inhalts beraubte und das Göttliche auf eine philosophische Abstraktion reduzierte, der keine religiöse Bedeutung mehr zukam. Al-Asch'ari pflichtete dem bei, gestand jedoch den Mu'taziliten zu, dass Gottes Attribute mit menschlichen Eigenschaften nicht zu vergleichen waren. Der Koran war Gottes ungeschaffenes Wort, aber die Menschenworte, die ihn bildeten, die Tinte und das Papier des Buches waren erschaffen. Es war zwecklos, hinter der Wirklichkeit nach einer geheimnisvollen Essenz zu suchen. Mit Sicherheit Bescheid wissen konnte man nur über die konkreten Fakten der Geschichte. Al-Asch'ari zufolge gab es keine Naturgesetze. Die Welt wurde jederzeit durch die direkte Intervention Gottes bestimmt. Es gab keinen freien Willen: Männer und Frauen konnten nicht denken, wenn das Göttliche nicht in ihnen und durch sie dachte; Feuer brannte nicht, weil dies in seiner Natur lag, sondern weil Gott es so wollte.

Die Mu'taziliten erschienen der großen Mehrheit der Muslime stets zu abstrus. Zur maßgeblichen Theologie des sunnitischen Islam wurde die Asch'arija. Dabei handelte es sich offensichtlich nicht um einen rationalistischen Glauben, sondern eher um eine mystische und kontemplative Disziplin. Er ermutigte Muslime, die göttliche Gegenwart überall zu erkennen und durch die äußere Wirklichkeit *hindurch* die transzendente Realität wahrzunehmen, die ihr dem Koran zufolge innewohnte. Dadurch wurde das tiefe Bedürfnis nach unmittelbarer Gotteserfahrung, das sich in den Vorstellungen der Traditionarier so deutlich manifestiert, in der konkreten Wirklichkeit befriedigt. Dies war auch eine Theologie, die dem Geist der *schari'a* entsprach. Dadurch, dass Muslime die *sunna* des Propheten in den kleinsten Einzelheiten ihres Lebens befolgten, identifizierten sie sich mit ihm, dessen Leben vom Göttlichen erfüllt gewesen war. Die Nachahmung des Propheten, des geliebten (*habib*) Gottes – indem man freundlich zu Waisen, zu Armen oder zu Tieren war oder sich bei Mahlzeiten höflich und gesittet verhielt –, hatte zur Folge, dass man selber von Gott geliebt wurde. Indem die Muslime den göttlichen Imperativ unlösbar mit ihrem Leben verbanden, pflegten sie das ständige Gedenken (*dhikr*) Gottes, das der Koran fordert.[4] Mitte des 10. Jahrhunderts war die Frömmigkeit der *schari'a* im ganzen Reich etabliert. Es gab vier anerkannte Rechtsschulen, die man mit islamischem Egalitarismus als gleich maßgebend betrachtete: Die hanafitische, malikitische, schafi'itische und hanbalitische Schule. Letztere hielt die Ideale Ibn Hanbals und der Traditionarier bei. Praktisch unterschieden sich die vier *madhhabs* kaum voneinander. Jeder Muslim konnte sich für eine Schule entscheiden, der er oder sie anhängen wollte, und die meisten wählten einfach die nahe gelegenste.

Aber wie nicht anders zu erwarten, wurden die sunnitischen Muslime letztlich durch einen politischen Faktor zusammengehalten. Die Art und Weise, in der die Gemeinschaft gestaltet war, bestimmte die Art und Weise, wie das Göttliche erfahren wurde, und das hatte wiederum Auswirkungen auf die persönliche Frömmigkeit eines Muslim. Alle sunnitischen Muslime verehrten Muhammad und die vier Raschidun. Trotz der Schwächen Uthmans oder Alis waren diese Herrscher fromme Männer gewesen, die die gegenwärtigen Herrscher in ihrer Unterwerfung unter Gott weit übertrafen. Die Sunniten weigerten sich, die ersten drei Raschidun herabzustufen, wie dies die Schiiten taten, die allein Ali als legitimen *imam* der *umma* betrachteten. Die sunnitische Frömmigkeit war optimistischer als die tragische Vision der Schiiten. Sie nahm an, dass Gott auch in Zeiten des Niedergangs und des Konflikts bei der *umma* zu finden war. Der Einheit der Gemeinschaft kam ein sakraler Wert zu, da sie die Einheit Gottes ausdrückte. Und das war weit wichtiger als irgendwelche sektiererischen Trennungen. Daher sollte man die gegenwärtigen Kalifen trotz ihrer offensichtlichen Schwächen um des Friedens willen anerkennen. Sofern Muslime entsprechend der *schari'a* lebten, konnten sie eine Gegenkultur erschaffen, die die korrupte politische Ordnung ihrer Zeit verwandeln und sie schließlich dazu bringen würde, sich Gottes Willen zu unterwerfen.

5. Esoterische Bewegungen und Philosophie

Eine solche Frömmigkeit befriedigte jedoch nicht alle Muslime, obwohl sie zum Glauben der Mehrheit wurde. Wer zur Intellektualität oder zur Mystik neigte, hatte das Bedürfnis, die Religion anders zu interpretieren. In der Abbasiden-Zeit entwickelten sich weitere Formen islamischer Philosophie und Spiritualität, die sich an die Elite wandten. Diese Ideen wurden manchmal vor den Massen geheim gehalten, weil deren Adepten befürchteten, sie könnten von Leuten mit geringer Intelligenz leicht missverstanden werden, und weil sie nur im Zusammenhang mit Gebet und Kontemplation ihren Sinn hatten. Die Geheimhaltung diente außerdem dem Selbstschutz. Dscha'far as-Sadiq, der Sechste Imam der *schi'a,* wies seine Schüler an, um ihrer eigenen Sicherheit willen, *taqija* (Verheimlichung) zu betreiben. Es waren gefährliche Zeiten für Schiiten, die vom politischen Establishment bedroht wurden. Die *ulama,* die Religionsgelehrten, zweifelten ebenfalls an der Orthodoxie der esoterischen Gruppen. Die *taqija* beschränkte die Konflikte auf ein Minimum. Im Christentum wurden Menschen, die andere Glaubensauffassungen vertraten, oft als Häretiker verfolgt. Im Islam behielten die potenziellen Dissidenten ihre Ideen für sich und starben in der Regel im Bett. Aber der Politik des Geheimhaltens kam auch eine tiefere Bedeutung zu. Die Mythen und religiösen Einsichten der Esoteriker waren Teil einer ganzheitlichen Lebensauffassung. Mystische Lehren haben es an sich, dass sie mit Fantasie und Intuition sinnvoll erfahren werden können, aber sie sind dem gewöhnlichen rationalen Verständnis eines Außenseiters nicht unbedingt zugänglich. Sie gleichen diesbezüglich einem Gedicht oder einem Musikstück, dessen Wirkung nicht rational erklärt werden kann, und das oft gewisse ästhetische Übung und ein bestimmtes Fachwissen erfordert, um ganz verstanden zu werden.

Die Esoteriker empfanden ihre Ideen nicht als häretisch. Sie meinten, in der Offenbarung einen tieferen Sinn erkennen zu können als der einfache Religionsgelehrte. Auch sollte man bedenken, dass Glaube und Doktrin im Islam weniger wichtig sind als im Christentum. Wie das Judentum ist der Islam eine Religion, die von ihren Anhängern eher eine bestimmte Lebensführung fordert als die Übernahme bestimmter Glaubenssätze. Er legt mehr Gewicht auf Orthopraxie als auf Orthodoxie. Alle Muslime, die sich zu den esoterischen Disziplinen hingezogen fühlten, befolgten die fünf »Säulen« (*arkan*; Singular: *rukn*) oder essenziellen Praktiken des Islam. Sie akzeptierten voll und ganz die *schahada*, das kurze islamische Glaubensbekenntnis: »Es gibt keinen Gott außer dem einen Gott, und Muhammad ist sein Prophet.« Sie vollzogen fünf Mal täglich das rituelle Gebet, spendeten die Almosen (*zakat*), fasteten während des

Ramadan und vollzogen, wenn es ihre Mittel erlaubten, wenigstens ein Mal in ihrem Leben den *hadschdsch* nach Mekka. Wer immer sich an die »Säulen« hielt, war ein wahrer Muslim, was immer er oder sie glauben mochte.

Wir haben uns bereits mit der quietistischen Form des Schiismus befasst, der von Dscha'far as-Sadiq kurz nach der Machtübernahme der Abbasiden entwickelt worden war. Obwohl die Schiiten genauso der *schari'a*-Frömmigkeit anhingen wie die Sunniten und über ihren eigenen *madhhab* verfügten (die dscha'faritische Schule, nach as-Sadiq benannt), suchten sie Erleuchtung vor allem beim gegenwärtigen *imam*, in dem der göttliche *ilm* ihrer Generation ruhte. Der *imam* war ein unfehlbarer geistiger Führer und ein vollkommener *qadi*. Wie die Sunniten wollten auch die Schiiten Gott ebenso direkt erfahren wie seinerzeit die Muslime der ersten Gemeinschaft, die die Offenbarung des Koran an den Propheten miterlebt hatten. Das Symbol des göttlich inspirierten *imam* reflektierte die schiitische Vorstellung einer Gegenwart des Heiligen, die zwar nur für den wahren Kontemplativen wahrnehmbar ist und dennoch der turbulenten, gefährlichen Welt innewohnt. Die Doktrin des Imamats beschrieb auch die besondere Schwierigkeit der Erfüllung des göttlichen Imperativs unter den tragischen Gegebenheiten des alltäglichen politischen Lebens. Schiiten unterstellten, dass jeder ihrer *imame* von den jeweiligen Kalifen ermordet worden war. Das Martyrium von Husain, dem Dritten Imam, zu Karbala war ein besonders eloquentes Beispiel dafür, wie gefährlich in dieser Welt die Umsetzung von Gottes Willen sein konnte. Vom 10. Jahrhundert an betrauerten Schiiten Husain öffentlich am Fastentag der *aschura* (10. Muharram), dem Jahrestag seines Todes. Sie zogen durch die Straßen, weinten und schlugen sich auf die Brust und erklärten ihren hartnäckigen Abscheu vor der Verderbtheit des muslimischen politischen Lebens, das nach wie vor die Reichen begünstigte und die Schwachen unterdrückte, den eindeutigen Geboten des Koran zum Trotz. Schiiten, die Dscha'far as-Sadiq anhingen, mochten der Politik abgeschworen haben, aber im Zentrum ihrer protestierenden Frömmigkeit stand die Leidenschaft für soziale Gerechtigkeit.

Im Laufe des 9. Jahrhunderts, während des Niedergangs des Kalifats, trat die Feindschaft zwischen dem Abbasiden-Establishment und den Schiiten wieder in den Vordergrund. Kalif al-Mutawakkil (847–861) ließ den Zehnten Imam, Ali an-Naqi, von Medina nach Samarra kommen und stellte ihn unter Hausarrest. Er meinte, den direkten Nachfahren des Propheten nicht frei herumlaufen lassen zu dürfen. Von da an waren die *imame* für die Schiiten praktisch unerreichbar, und sie konnten mit den Gläubigen nur noch mittels »Agenten« kommunizieren. Als der Elfte Imam 874 starb, soll er einen jungen Sohn hinterlassen haben, der sein Leben dadurch rettete, dass er sich verbarg. Fest steht, dass es keine sicheren Spuren des Zwölften Imam gibt, der möglicherweise bereits tot war. Dennoch leiteten Agenten in seinem Namen die Schiiten an, indem sie den esoterischen Koran-Studien vorstanden, den *zakat* sammelten und Recht sprachen. 934, als der Verborgene Imam das Ende seiner natürlichen Lebensspanne erreicht haben könnte, überbrachte der »Agent« den Schiiten eine besondere Botschaft. Der Imam war in »Okkultation« gegangen und auf wunderbare Weise von Gott verborgen worden; er durfte keinen weiteren Kontakt zu den Schiiten haben. Eines Tages würde er zurückkehren, um eine Epoche der Gerechtigkeit einzuleiten, aber erst nach langer Zeit. Der Mythos der »Okkultation« des Verborgenen Imam war jedoch nicht wörtlich gemeint, im Sinne einer

Tatsachenbehauptung. Es handelte sich um eine mystische Doktrin, die unser Empfinden des Göttlichen als unerreichbar, fehlend oder ungreifbar ausdrückt, als etwas, das in der Welt anwesend ist, ohne ihr anzugehören. Es symbolisierte die Unmöglichkeit der Umsetzung einer wahrhaft religiösen Politik in dieser Welt, in der die Kalifen Alis Nachfolge ausgelöscht und den *ilm* von der Erde vertrieben hatten. Von da an wurden die schiitischen *ulama* zu Repräsentanten des Verborgenen Imam und hielten sich an die eigenen mystischen und rationalen Einsichten, um seinen Willen zu deuten. Zwölfer-Schiiten (die an die zwölf *imame* glaubten) würden nicht länger am politischen Leben teilnehmen, da es in Abwesenheit des Verborgenen Imam, des wahren Führers der *umma*, keine wahrhaft legitime Regierung geben konnte. Die messianische Frömmigkeit der Schiiten, die sich nach der Rückkehr des *imam* sehnte, drückte die göttliche Unzufriedenheit mit dem Zustand der Gemeinschaft aus.

Doch nicht alle Schiiten waren Zwölfer-Schiiten, und nicht alle hatten der Politik abgeschworen. Einige (die »Siebner« oder »Isma'iliten« genannt wurden) glaubten, Alis Nachkommenschaft habe mit Isma'il, dem Sohn Dscha'far as-Sadiqs, aufgehört, der zum *imam* bestimmt gewesen sei, aber vor seinem Vater starb. Entsprechend anerkannten sie die Legitimität von Dscha'fars zweitem Sohn, Musa al-Kazim, nicht, den die Zwölfer als Siebten Imam verehrten.[5] Sie entwickelten eine esoterische Spiritualität, die nach einer verborgenen (*batin*) Bedeutung der Schrift suchte, aber statt sich aus dem öffentlichen Leben zurückzuziehen, versuchten sie ein anderes politisches System zu entwickeln und waren oft Aktivisten. 909 konnte ein Isma'iliten-Führer die Kontrolle über die Provinz Ifriqija an sich reißen, er verlieh sich daraufhin den messianischen Titel

»al-Mahdi« (der Rechtgeleitete). 983 rangen Isma'iliten Ägypten den Abbasiden ab und begründeten ein eigenes rivalisierendes Kalifat in Kairo, das sich fast zweihundert Jahre lang hielt. Auch in Syrien, Irak, Iran und Jemen gab es geheime Isma'iliten-Zellen. Die Mitglieder wurden allmählich durch einen örtlichen *da'i* (»Agenten«) in die Sekte eingeführt. Die Religion, die in den unteren Graden praktiziert wurde, unterschied sich kaum vom sunnitischen Islam, aber wenn der Adept Fortschritte machte, wurde er in die esoterischere Philosophie und Spiritualität eingeführt, die Mathematik und Wissenschaft nutzte, um ein Gefühl transzendenten Erstaunens zu erzeugen. Die Meditationen der Isma'iliten über den Koran vermittelten ihnen eine zyklische Schau der Geschichte; sie gingen davon aus, dass diese sich seit Satans Rebellion gegen Gott im steten Niedergang befand. Es hatte sechs große Propheten gegeben (Adam, Noah, Abraham, Moses, Jesus und Muhammad), von denen ein jeder diesen Niedergang umgekehrt hatte. Jeder dieser Propheten hatte einen eigenen »Exekutor«, der die geheime Bedeutung seiner Botschaft an diejenigen vermittelte, die zu ihrem Verständnis befähigt waren. Aron war etwa der »Exekutor« von Moses gewesen und Ali derjenige Muhammads. Dadurch, dass sich die Gläubigen bemühten, ihre Lehre praktisch umzusetzen, bereiteten sie die Welt für den endgültigen Sieg der Gerechtigkeit vor, die durch den siebten Propheten, den Mahdi, eingeleitet werden würde.

Es war eine attraktive Bewegung. Da der sunnitische Protest gegen den Hof die Sunniten in Bezug auf Kunst und Wissenschaft misstrauisch machte, bot das Isma'ilitentum intellektuelleren Muslimen die Möglichkeit, die neue Theologie mit philosophischen Methoden zu studieren. Ihre spirituelle Exegese wurde als *ta'wil* (»Auslegung«) bezeichnet, ein Prozess, bei dem die Aufmerksamkeit des Gläubigen jenseits der wörtlichen Bedeutung der Schrift auf die verborgene, göttliche Realität verwiesen wird, deren ursprüngliche Quelle sie gewesen war. Der Koran besteht darauf, dass Gott mit den Gläubigen mittels »Symbolen« (*ajat*) kommuniziert, da sich das Göttliche nie in einem ganz rationalen oder logischen Diskurs ausdrücken lässt. Isma'iliten bezeichneten Gott stets mit der Formel: »ER, den die Kühnheit des Gedankens nicht fassen kann.« Ihrer Ansicht nach konnte keine Offenbarung oder kein theologisches System je definitiv sein, da Gott stets größer war als der menschliche Gedanke. Auch für Isma'iliten war Muhammad der letzte und wichtigste der sechs großen Propheten, aber sie bestanden zugleich darauf, dass die eigentliche Bedeutung der Offenbarung, die er nach Arabien gebracht hatte, erst klar werden würde, wenn der Mahdi erschien. Deswegen standen sie der Möglichkeit einer neuen Wahrheit offen gegenüber, was auf die konservativeren Elemente der *ulama* alarmierend wirkte. Aber die Isma'iliten waren nicht einfach eine kontemplative Sekte. Wie alle wahrhaften Muslime war ihnen am Schicksal der *umma* gelegen, und ein Glaube, der nicht mit politischem Aktivismus verbunden war, erschien ihnen wertlos. Dadurch, dass sie sich für eine gerechte und anständige Gesellschaft einsetzten, bahnten sie der Ankunft des Mahdi den Weg. Dass die Isma'iliten ein bleibendes Kalifat zu gründen vermochten, zeigt, dass ihr Ideal politisches Potenzial hatte, aber sie konnten nie die Mehrheit für sich gewinnen. Die isma'ilitische Vision war zu hierarchisch und elitär, als dass sie auf mehr als einige wenige intellektuelle Muslime hätte anziehend wirken können.

Die Isma'iliten hatten einen Gutteil ihrer kosmologischen Symbole aus der Philosophie übernommen, in die damals neuplatonisches Ideengut seinen Einzug hielt. Dies entsprang der kulturellen Renaissance, die die Abbasiden herbeigeführt hatten, insbesondere der Entdeckung der griechischen Philosophie, Wissenschaft und Medizin, die den Muslimen nun auf Arabisch zur Verfügung stand. Die Philosophen waren vom hellenistischen Kult der Vernunft fasziniert; sie empfanden den Rationalismus als höchste Form der Religion und wollten dessen höhere Einsichten zu den Offenbarungen des Koran in Bezug setzen. Eine äußerst schwierige Aufgabe. Die Höchste Gottheit von Aristoteles oder Plotin unterschied sich wesentlich von der monotheistischen islamischen Gottesauffassung. Der aristotelische Gott befasste sich nicht mit irdischen Vorgängen, hatte die Welt nicht geschaffen und würde sie am Ende der Zeiten auch nicht richten. Während Monotheisten Gott in den historischen Ereignissen dieser Welt erfuhren, pflichteten die Philosophen den Griechen bei, dass Geschichte eine Illusion war; da das Universum ewig aus seiner Ersten Ursache emanierte, hatte sie keinen Anfang, keine Mitte und kein Ende. Die Philosophen wollten jenseits des vergänglichen Fluxus der Geschichte die dahinter liegende unveränderliche, ideale Welt des Göttlichen wahrnehmen. Sie betrachteten menschliche Vernunft als Reflexion der absoluten Vernunft, die Gott gleichkommt. Indem wir unseren Intellekt von all dem reinigen, das nicht rational ist, und lernen, völlig vernünftig zu denken und zu leben, vermögen wir Menschen den Prozess der ewigen Abkehr vom Göttlichen umzukehren und aus der Vielfalt und Komplexität irdischen Lebens zur Einfachheit und Einzigkeit des Einen emporzusteigen. Diesen kathartischen Prozess betrachteten die Philosophen als Urreligion der Gesamtmenschheit. Alle anderen Kulte waren bloß unzureichende Versionen des wahren Glaubens der Vernunft.

Und doch waren diese Philosophen in der Regel fromme

Männer, die sich für gute Muslime hielten. Ihr Rationalismus war selbst eine Art Glaube, denn der Glaube, dass die Welt rational geordnet ist, erfordert sehr viel Mut und Vertrauen. Ein Philosoph strebte danach, das ganze Leben auf vernünftige Weise zuzubringen; er sollte alle seine Erfahrungen und Werte in einen Zusammenhang stellen, damit sie eine konsistente, umfassende und logische Weltanschauung bildeten. Dies war, möglicherweise, eine philosophische Form des *tauhid.* Auch bezüglich ihres sozialen Anliegens waren die Philosophen gute Muslime; sie verachteten die luxuriöse Gesellschaft des Hofes und den Despotismus der Kalifen. Einige wollten die Gesellschaft ihrem Ideal entsprechend umformen. Sie waren als Astrologen und als Ärzte bei Hofe und anderen großen Häusern tätig, was eine merkliche, wenn auch marginale, Auswirkung auf die Kultur hatte. Keiner der Philosophen versuchte jedoch eine derartig umfassende Reform wie die *ulama*, und sie schufen nichts, das dem populären Appell der *schari'a* gleichgekommen wäre.

Ja'qub ibn Ishaq al-Kindi (gest. 870) war der erste bedeutende Philosoph der islamischen Welt. In al-Kufa geboren und in al-Basra ausgebildet, ließ er sich zuletzt in Bagdad nieder, wo er von al-Ma'mun protegiert wurde. In der Hauptstadt arbeitete er eng mit den Mu'taziliten zusammen, die versuchten, die Theologie (*kalam*) vom Anthropomorphismus zu befreien, aber im Gegensatz zu ihnen beschränkte er sich nicht auf muslimische Quellen, sondern suchte auch Weisheit bei griechischen Philosophen. So wandte er Aristoteles' Beweis für die Existenz einer Ersten Ursache auf den Gott des Koran an. Wie alle späteren Philosophen meinte er, dass Muslime die Wahrheit überall suchen sollten, wo sie zu finden war, selbst bei fremden Völkern, deren Religion sich von der ihren unterschied. Die im

Koran offenbarten Lehren über Gott und die Seele waren Parabeln abstrakter philosophischer Wahrheiten, die dadurch den Massen, die zu rationalem Denken nicht fähig waren, zugänglich wurden. Eine Offenbarungsreligion war gleichsam »die *Philosophie* des armen Mannes«. Ein Philosoph wie al-Kindi versuchte nicht, die Offenbarung der Vernunft zu unterwerfen, sondern vielmehr das innere Wesen der Schrift zu erkennen, wie die Schiiten die verborgene (*batin*) Wahrheit des Koran zu begreifen versuchten.

Doch war es einem Musiker türkischer Abstammung vorbehalten, die islamische Tradition rationalistischer Philosophie zu ihrem krönenden Abschluss zu bringen. Abu Nasr al-Farabi (gest. 950) stellte die Philosophie noch höher über die Offenbarungsreligion als al-Kindi; denn er betrachtete letztere als bloßes Mittel zum Zweck und als eine naturgegebene soziale Notwendigkeit. Al-Farabi unterschied sich von den griechischen Rationalisten wie von den christlichen Philosophen aber in der Bedeutung, die er der Politik zumaß. Er ging offenbar davon aus, dass der Triumph des Islam schließlich die rationale Gesellschaft möglich machen würde, von der Platon und Aristoteles nur hatten träumen können. Der Islam war eine vernünftigere Religion als seine Vorläufer. Er hatte keine unlogische Doktrin wie die Dreieinigkeit und betonte die Bedeutung von Ge- und Verboten. Al-Farabi war der Meinung, der schiitische Islam mit seinem Kult des *imam* als Führer könne den einfachen Muslim darauf vorbereiten, in einer von einem Philosophenkönig nach rationalen Prinzipien regierten Gesellschaft zu leben. Platon zufolge benötigte eine wohl geordnete Gesellschaft eine Doktrin, die die Massen für göttlich inspiriert hielten. Muhammad hatte Normen vermittelt, die von göttlichen Strafen wie der Hölle sanktioniert wurden, was die Unwissenden eher überzeugte als einfache logische Argumente. Daher war Religion Teil der politischen Wissenschaft und wurde von einem guten Philosophen selbst dann studiert und befolgt, wenn er den Sinn des Glaubens genauer erkannte als der einfache Muslim.

Umso bezeichnender, dass al-Farabi ein praktizierender Sufi war. Die Vertreter der verschiedenen Weltauffassungen pflegten sich zu überlappen und mehr miteinander gemein zu haben als mit den konservativen *ulama*. Zur Mystik neigende Schiiten und Philosophen taten sich gern zusammen, ebenso wie Schiiten und Sufis, die zwar verschiedene politische Ansichten haben mochten, aber eine verwandte Geisteshaltung. Der Sufismus, die Mystik des sunnitischen Islam, unterschied sich von den anderen Lehren, mit denen wir uns befasst haben, darin, dass er keine offensichtliche politische Philosophie entwickelt hat. Er scheint sich geradezu von der Geschichte abgewendet zu haben; Sufis suchten Gott in den Tiefen ihres Seins und nicht in Ereignissen der Zeitgeschichte. Aber beinahe alle religiösen Bewegungen im Islam gehen zumindest von einer politischen Perspektive aus, und der Sufismus macht hierin auch keine Ausnahme. Er hatte seine Wurzeln in der Askese (*zuhd*), die sich während der Umaijaden-Zeit als Reaktion auf die wachsende Verweltlichung und den zunehmenden Luxus der islamischen Gesellschaft entwickelt hatte. Er war ein Versuch, zur primitiven Einfachheit der *umma* zurückzukehren, in der alle Muslime gleichgestellt gelebt hatten. Die Asketen trugen, wie einst der Prophet, oft das Gewand aus grober Wolle (*suf*) der Armen, wovon der Begriff *sufi* abgeleitet wird. Anfang des 9. Jahrhunderts bürgerte sich die Bezeichnung *tasawwuf* (sozusagen »das sich in Wolle kleiden«) für die mystische Bewegung des Sufismus ein, die sich langsam in der Abbasiden-Gesellschaft entwickelte.

Der Sufismus stellte wahrscheinlich auch eine Reaktion auf das Überhandnehmen der Rechtswissenschaft dar, bei der es manchem Muslim scheinen wollte, sie würde den Islam auf eine Reihe äußerlicher Regeln reduzieren. Sufis suchten in sich den Geisteszustand zu erzeugen, der Muhammad erlaubt hatte, die Offenbarungen des Koran zu empfangen. Muhammads innerer *islam* war das eigentliche Fundament des Glaubens, und nicht die *usul al-fiqh* der Juristen. Während der etablierte Islam weniger tolerant wurde, indem er den Koran als einzige zutreffende Schrift und Muhammads Religion als den einzigen wahren Glauben betrachtete, gingen die Sufis in ihrer Wertschätzung anderer religiöser Traditionen auf den Geist des Koran zurück. Einige etwa waren vor allem Jesus ergeben, den sie als idealen Sufi betrachteten, da er ein Evangelium der Liebe gepredigt hatte. Andere behaupteten, dass selbst ein Heide, der sich vor einem Stein niederwarf, die Wahrheit (*al-haqq*) anbetete, die im Herzen aller Dinge zu finden war. Wo die *ulama* und die Juristen die Offenbarung als abgeschlossen und vollendet betrachteten, waren die Sufis wie die Schiiten ständig für die Möglichkeit neuer Wahrheiten offen, die überall entdeckt werden konnten, sogar in anderen religiösen Traditionen. Wo der Koran einen Gott der strengen Gerechtigkeit beschrieb, sprachen Sufis, wie die große Asketin Rabi'a (gest. 801), von einem Gott der Liebe.

Überall auf der Welt und in jeder größeren Glaubenstradition haben Männer und Frauen, die für eine solche Innenschau begabt sind, Techniken entwickelt, die ihnen erlaubten, weit ins Unterbewusste einzudringen und in den Tiefen ihres Bewusstseins so etwas wie die Erfahrung einer göttlichen Präsenz zu machen. Sufis lernten, sich bei tiefem und rhythmischem Atmen zu konzentrieren; sie fasteten, hielten Nachtwachen und sangen als Mantra die Gottesnamen, die der Koran Gott zuschreibt. Manchmal führte das zu einer wilden, ungezügelten Ekstase, und solche Mystiker wurden als »Trunkene Sufis« bekannt. Einer der frühesten war Abu Jazid al-Bistami (gest. 874), der Gott wie einen Liebhaber umwarb. Aber er lernte auch die Disziplin des *fana* (»Auslöschung«): Indem er allmählich die Schichten der Selbstbezogenheit durchdrang (die uns, wie alle sachkundigen Autoren übereinstimmend erklären, von der Erfahrung des Göttlichen fern hält), fand al-Bistami auf dem Grunde des eigenen Seins ein gesteigertes Ich, das letztlich Gott selber war, der al-Bistami erklärte: »Ich bin durch dich; es gibt keinen anderen Gott als dich.« Diese potenziell schockierende Umformulierung der *schahada* drückt die tiefe Wahrheit aus, die von vielen Mystikern in vielen unterschiedlichen Glaubenstraditionen entdeckt worden ist. Wenn die *schahada* verkündet, dass es keinen Gott, keine Wirklichkeit außer Gott gibt, müssen alle Menschen potenziell göttlich sein, wenn das eigene Ich in einem Akt des vollkommenen *islam* ausgelöscht wird. Al-Husain ibn Mansur al-Halladsch (gest. 922), sein Beiname bedeutet »Baumwollentkörner«, soll ähnlich argumentiert haben, indem er ausrief: »*Ana l-haqq!*« (»Ich bin die Wahrheit!« oder »Ich bin das Wahre!«), wobei einige Gelehrte meinen, man müsse die Stelle als »Ich *sehe* die Wahrheit!« interpretieren.

Al-Halladsch wurde von den *ulama* hingerichtet, weil er behauptet hatte, es sei möglich, einen gültigen *hadschdsch* im Geiste zu machen, während man daheim blieb. Sein Tod zeigt die Feindschaft, die sich zwischen den Sufis und den *ulama* entwickelt hatte. Dschunaid von Bagdad (gest. 910), der erste »Nüchterne Sufi«, lehnte diese Art von Extremismus ab. Er meinte, dass die Trunkenheit, die al-Bistami erfahren hatte, nur eine Phase war, die der Mystiker durchschreiten musste, um ein gesteigertes Empfinden des eigenen Ich und eine vollkommenere Selbstbeherrschung zu erlangen. Wenn ein Sufi den ersten göttlichen Ruf vernahm, wurde er oder sie sich der schmerzhaften Trennung vom Ursprung aller Wesen bewusst. Die mystische Reise war einfach die Rückkehr zu allem, was der Menschheit wahrhaft natürlich ist; das entspricht im Wesentlichen auch der Doktrin der Buddhisten. Sufismus blieb während der ersten Abbasiden-Periode eine Außenseiterbewegung, spätere Sufi-Meister bauten auf Dschunaids System auf und begründeten eine esoterische Bewegung, die, anders als die bisher betrachteten, die Mehrheit der Muslime für sich einnahm.

Auch wenn die Esoteriker alle behaupteten, fromme und ergebene Muslime zu sein, hatten sie gleichwohl die Religion des Propheten verändert. Muhammad wäre ob der Lehren der Philosophen verblüfft gewesen, und Ali hätte die Ideen und Mythen der Schiiten, die sich als seine Anhänger bezeichneten, gewiss nicht anerkannt. Aber obwohl zahlreiche Gläubige aller Traditionen überzeugt sind, dass sich ihre Religion nie verändert und dass ihr Glaube und ihre Praktiken denen der Gründer ihres Glaubens entsprechen, muss sich eine Religion verändern, um zu überleben. Wiederholt haben muslimische Reformer die esoterischen Formen des Islam als nicht authentisch empfunden und wollten zur Reinheit der ersten *umma* zurückkehren, die noch nicht durch die späteren Zusätze verdorben worden war. Aber man kann niemals in der Zeit zurückschreiten. Jede »Reform«, so konservativ ihre Absichten auch sein mögen, kommt einem neuen Aufbruch gleich und einer Anpassung des Glaubens an die besonderen Herausforderungen der Zeitepoche des Reformers. Wenn eine Tradition nicht flexibel genug ist, nicht wachsen und sich entwickeln kann, stirbt sie aus. Der Islam hat bewiesen, dass er diese kreative Fähigkeit hat. Er konnte Menschen auf eine tiefe Weise berühren, die unter Umständen lebten, die von der verzweifelten, brutalen Epoche des Propheten sehr verschieden waren. Sie vermochten im Koran eine Bedeutung zu erkennen, die weit über die wörtliche Bedeutung der Buchstaben und über die Umstände der ursprünglichen Offenbarung hinausging. Der Koran wurde eine Kraft in ihrem Leben, die ihnen eine Ahnung des Heiligen vermittelte und ihnen ermöglichte, neue geistige Weltauffassungen von großer Potenz und Einsichtsfähigkeit zu finden.

Die Muslime des 9. und 10. Jahrhunderts hatten sich weit von der ersten kleinen bedrohten *umma* in Medina entfernt. Ihre Philosophie, ihr *fiqh* und ihre mystischen Disziplinen wurzelten im Koran und in der geliebten Gestalt des Propheten, aber weil die Schrift Gottes Wort war, wurde sie als unendlich und vielfach auslegbar betrachtet. Damit konnte die Offenbarung auch Muslime erreichen, die in einer Welt lebten, die sich der Prophet und die Raschidun nicht hätten vorstellen können. Eines allerdings blieb konstant: Ebenso wie die Religion der ersten *umma* waren die Philosophie, das Recht und die Spiritualität des Islam zutiefst politisch. Muslime waren sich – auf eine bewundernswerte Weise – deutlich bewusst, dass das von ihnen geschaffene Reich, all seinen blendenden kulturellen Errungenschaften zum Trotz, nicht den Vorgaben des Koran entsprach. Der Kalif war zwar der Führer der *umma*, aber er lebte und herrschte auf eine Art und Weise, die den Propheten entsetzt haben würde. Wann immer es zu einer bedeutenden Diskrepanz zwischen dem Ideal des Koran und der gegenwärtigen Politik kam, empfanden die Muslime dies als Verletzung ihrer heiligsten Ideale; die politische Gesundheit der *umma* berührte den innersten Kern ihres Wesens. Im 10. Jahrhundert konnten die scharfsichtigeren Muslime erkennen, dass das Kalifat in Schwierigkeiten steckte, es war aber dem Geist des Islam derart fremd, dass die Muslime seinen Niedergang als Befreiung empfanden.

III. HÖHEPUNKT

1. Eine neue Ordnung (935–1258)

Im 10. Jahrhundert wurde klar, dass die islamische Welt nicht länger als politische Einheit funktionieren konnte. Der Kalif blieb zwar nomineller Führer der *umma* und behielt eine symbolische, religiöse Funktion bei, doch die verschiedenen Teile des Reiches wurden praktisch unabhängig voneinander verwaltet. In Ägypten beherrschte das abtrünnige Kalifat der isma'ilitischen Fatimiden[1] Nordafrika, Syrien, einen guten Teil Arabiens und Palästinas; im Irak, in Iran und Zentralasien ergriffen Militärführer, Emire (von arabisch: *amir* – Befehlshaber), die Macht und gründeten letztlich unabhängige Staaten, die militärische Konflikte miteinander austrugen. Das 10. Jahrhundert wird als »Schiitisches Jahrhundert« bezeichnet, weil viele dieser Dynastien einen unbestimmten Hang zum Schiismus hatten. Aber das Ideal der absoluten Monarchie war so tief verwurzelt, dass alle Emire nach wie vor den Abbasiden-Kalifen als obersten Führer der *umma* anerkannten. Die Lokaldynastien hatten durchaus politischen Erfolg. Eine vermochte im frühen 11. Jahrhundert eine permanente muslimische Basis in Nordwestindien aufzubauen. Aber keine konnte sich lange halten, bis dann die seldschukischen Türken aus der unteren Syr-Darja-Region 1055 in Bagdad die Macht ergriffen und eine besondere Abmachung mit dem Kalifen trafen, durch die sie im ganzen Dar al-Islam zu seinen Stellvertretern ernannt wurden. In den Jahren vor dem seldschukischen Sieg schien das Reich vom sicheren und allmählichen Zerfall bedroht. Da eine Dynastie die andere ablöste und sich die Grenzen laufend verschoben, hätte ein außenstehender Beobachter zu Recht vermuten müs-

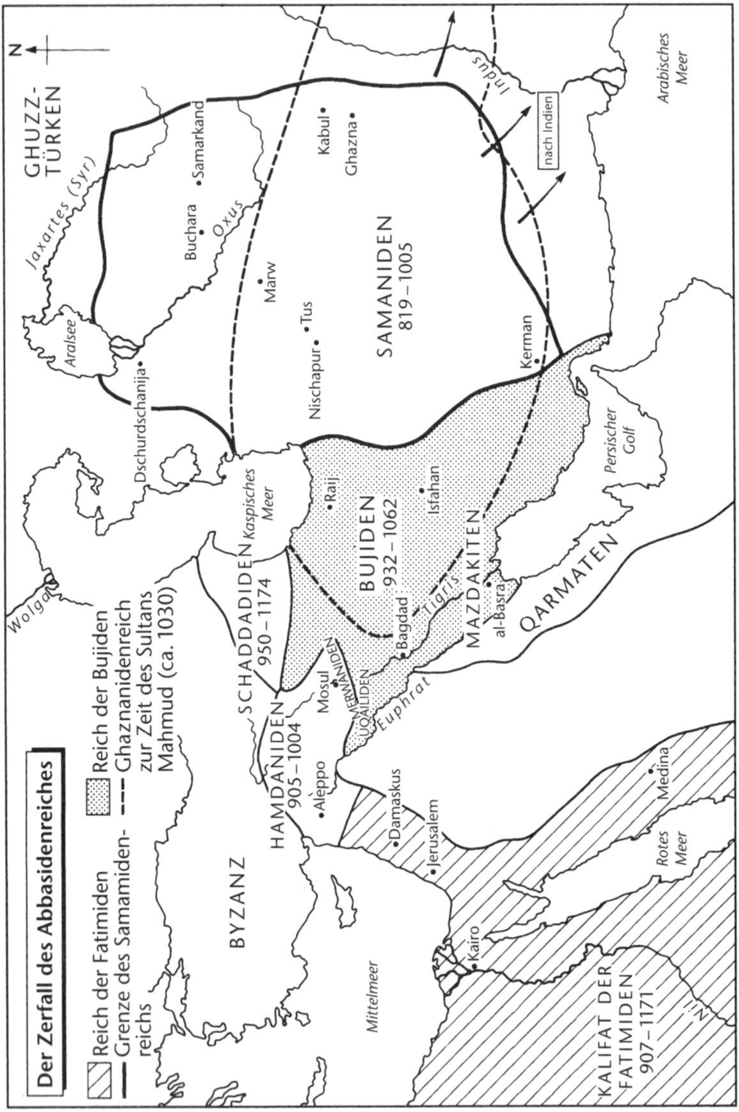
Der Zerfall des Abbasidenreiches
Reich der Fatimiden
Grenze des Samamiden-reichs
Reich der Bujiden
Ghaznanidenreich zur Zeit des Sultans Mahmud (ca. 1030)
N
GHUZZ-TÜRKEN
Jaxartes (Syr)
Samarkand
Buchara
Oxus
Aralsee
Dschurdschanija
Marw
Tus
Nischapur
Kabul
Ghazna
SAMANIDEN 819–1005
Indus
nach Indien
Arabisches Meer
Kerman
Persischer Golf
Kaspisches Meer
Raij
Isfahan
BUJIDEN 932–1062
Wolga
SCHADDADIDEN 950–1174
HAMDANIDEN 905–1004
Mosul
MERWANIDEN
UQAILIDEN
Bagdad
Tigris
MAZDAKITEN
al-Basra
QARMATEN
Euphrat
Aleppo
Damaskus
Jerusalem
Medina
BYZANZ
Mittelmeer
Rotes Meer
Kairo
KALIFAT DER FATIMIDEN 907–1171
Nil

sen, dass das islamische Reich nach anfänglichem Erfolg nun zum Untergang verurteilt war.

Aber er hätte sich geirrt. Denn beinahe zufällig bildete sich eine neue Ordnung heraus, die dem muslimischen Geist weit kongenialer war. Den politischen Turbulenzen zum Trotz erstarkte die islamische Religion immer mehr. Jede Region hatte ihre eigene Hauptstadt, was bedeutete, dass es statt des einen kulturellen Mittelpunkts von Bagdad mehrere Zentren gab. Kairo wurde unter den Fatimiden zur blühenden Stadt der Kunst und der Gelehrsamkeit. Die Philosophie florierte, und im 10. Jahrhundert gründeten die Fatimiden-Kalifen die Lehranstalt von al-Azhar, die eine der wichtigsten islamischen Universitäten der Welt werden sollte. Samarkand erlebte eine Renaissance der persischen Literatur. Eine ihrer Leuchten war der Philosoph Abu Ali ibn Sina (980–1037), der im Westen als Avicenna bekannt wurde. Ibn Sina war ein Schüler von al-Farabi, allerdings nahm er die Religion weit ernster. Aus seiner Sicht war ein Prophet ein idealer Philosoph und nicht nur der Vermittler abstrakten rationalen Wissens an die Massen, da er zu Einsichten Zugang hatte, die weiter reichten als das diskursive Denken. Ibn Sina war am Sufismus interessiert und meinte, dass Mystiker das Göttliche auf eine Art und Weise erfahren, die sich durch rationale Prozesse nicht erreichen lässt, die aber mit den Vorstellungen der Philosophen übereinstimmt. Die Philosophie, der Glaube der Mystiker und der der einfachen Frommen ergänzen einander harmonisch.

Auch Cordoba erlebte eine kulturelle Blüte, obgleich das Umaijaden-Kalifat in Spanien 1010 untergegangen und in eine Reihe rivalisierender, unabhängiger Höfe auseinander gebrochen war. Die spanische Renaissance war insbesondere für ihre Dichtung berühmt, die einen Ausdruck in der französischen

Troubadour-Tradition fand. Der muslimische Dichter Ibn Hazm (994–1064) entwickelte eine einfachere Form der Frömmigkeit, die einzig auf dem *hadith* beruhte und auf den komplexen *fiqh* und metaphysische Philosophie verzichtete. Gleichwohl sollte der Philosoph Abu l-Walid Ahmad ibn Ruschd (1126–1198) zu einer der intellektuellen Leuchten Spaniens werden. Ibn Ruschd (im Westen als Averroes bekannt) wurde zwar in der muslimischen Welt für weniger bedeutend gehalten als der eher zur Mystik neigende Ibn Sina, aber er hat mit seinem rationalistischen Denken jüdische und christliche Philosophen wie Maimonides, Thomas von Aquin und Albertus Magnus beeinflusst. Im 19. Jahrhundert pries ihn der Philologe Ernest Renan als einen freien Geist, als frühen Vorkämpfer des Rationalismus gegen den blinden Glauben. Allerdings war Ibn Ruschd ein frommer Muslim und versah den Posten eines *qadi.* Wie Ibn Sina sah er keinen Widerspruch zwischen Religion und Philosophie, doch anders als die Religion, die für alle da war, sollte Philosophie nur von einer intellektuellen Elite betrieben werden.

Es scheint, dass der Islam neue Lebensimpulse erhielt, sobald sich das Kalifat – zumindest in praktischer Hinsicht – erledigt hatte. Zwischen den Idealen der absoluten Monarchie und dem Koran war es ständig zu Spannungen gekommen. Die neuen Gesellschaften, die sich in der islamischen Welt in empirischen Versuchen heranbildeten, standen der islamischen Vision näher. Nicht dass alle neuen Herrscher fromme Muslime gewesen wären – weit davon entfernt –, aber das System unabhängiger Höfe und Herrscher, die sich ebenbürtig, aber einer losen nationalen Einheit zugehörig gegenüberstanden, entsprach eher dem egalitären Geist des Koran. Das galt auch für die Kunst, die um diese Zeit in der muslimischen Welt geschaffen wurde. Die Arabeske gibt keinem Buchstaben mehr Gewicht als dem anderen; jeder Charakter hat seinen Platz und leistet seinen eigenen Beitrag zum Ganzen. Muslimische Historiker wie Ibn Ishaq und Abu Dscha'far at-Tabari (gest. 923) versuchten nicht, die manchmal widersprüchlichen Traditionen über das Leben des Propheten miteinander abzugleichen, sie stellten vielmehr die rivalisierenden Versionen nebeneinander und behandelten eine jede als gleichwertig. Muslime hatten das alte Kalifat akzeptiert, weil es die Einheit der *umma* garantierte, aber sobald die Kalifen gezeigt hatten, dass sie das Reich nicht länger einigen konnten, begnügten sie sich damit, dem Kalifen einen symbolischen Status zu verleihen. Auch die islamische Frömmigkeit veränderte sich. Bisher waren Theologie und Spiritualität fast durchweg von politischen Reaktionen auf die historischen Umstände der muslimischen Gemeinschaft ausgegangen. Aber jetzt, da die Muslime ein kongenialeres politisches System besaßen, wurden muslimisches Denken und muslimische Frömmigkeit weniger durch Gegenwartsereignisse bestimmt. Bezeichnenderweise äußerte sich der Islam in der Moderne wieder politischer, als sich die Muslime neuen Bedrohungen gegenübersahen, die ihrer Empfindung nach das moralische, kulturelle und religiöse Wohlbefinden der *umma* gefährdeten und sogar deren Überleben bedrohten.

Es waren die seldschukischen Türken, die, eher durch Zufall als durch Absicht, der neuen Ordnung im fruchtbaren Halbmond, wo die Dezentralisation besonders fortgeschritten war, den vollkommensten Ausdruck gaben. Die Seldschuken waren Sunniten, mit einer starken Tendenz zum Sufismus. Ihr Reich wurde 1063–1092 von dem hoch begabten persischen Wesir Nizam ul-Mulk regiert, der mit Hilfe der Türken die Einheit des Reiches erneut herstellen und die alte Bürokratie der Abbasiden wieder einrichten wollte. Aber für eine Renaissance Bagdads war es zu spät, denn das Landwirtschaftsgebiet des Sawad, die Basis seiner Wirtschaft, befand sich in unaufhaltsamem Niedergang. Und Nizam ul-Mulk war nicht in der Lage, die seldschukische Armee zu kontrollieren, eine Kavallerie-Truppe nomadischer Stämme, die gänzlich selbstbestimmt waren und mit ihren Herden hinzogen, wo es ihnen gerade passte. Aber mit Hilfe eines neuen Sklavenkorps baute Nizam ul-Mulk ein Reich auf, das sich im Süden bis nach Jemen, im Osten bis zur Syr-Darja-Oxus-Region und im Westen bis Syrien erstreckte. Das neue seldschukische Reich besaß kaum formelle politische Institutionen, und für die Ordnung waren die Emire und *ulama* vor Ort verantwortlich, die eine improvisierte Partnerschaft eingingen. Die Emire, die die verschiedenen Bezirke kommandierten, unterliefen Nizam ul-Mulks Zentralisierungspläne, indem sie sich praktisch unabhängig machten, ihre eigenen Gebiete verwalteten und die Landwirtschaftsabgaben direkt von den Einwohnern statt über Bagdad bezogen. Dies war kein Feudalsystem, denn, was immer der Wesir beabsichtigte, die Emire waren keine Vasallen des Kalifen oder des damals regierenden seldschukischen Sultans Malikschah. Die Emire waren Nomaden, die kein Interesse hatten, ihr Territorium zu bestellen, und entsprechend keine dem Land verbundene Feudalaristokratie bildeten. Sie waren Soldaten und nicht übermäßig am Zivilleben ihrer Untertanen interessiert, das damit zum Sachgebiet der *ulama* wurde.

Es waren die *ulama*, die die disparaten Militärregimes zusammenhielten. Sie waren im 10. Jahrhundert mit ihrer Ausbildung immer unzufriedener geworden und hatten die ersten *madrasas* gegründet, Lehrstätten zum Studium der islamischen Wissenschaften. Dadurch wurde ihre Ausbildung systematischer, ihr Wissen einheitlicher und der Status der Geistlichkeit erhöht. Nizam ul-Mulk ermutigte die Errichtung von *madrasas* im ganzen seldschukischen Reich, er setzte Fächer auf den Lehrplan, die die *ulama* befähigen würden, sich an den örtlichen Regierungsgeschäften zu beteiligen. In Bagdad gründete er 1067 die prestigereiche Nizamija-*madrasa*. Jetzt, da sie ihre eigenen Institutionen hatten, besaßen die *ulama* eine von den Militärgerichtshöfen der Emire unabhängige, aber gleichwertige Machtbasis. Die standardisierten *madrasas* kamen ebenfalls der homogenen Lebensweise zugute, die die *schari'a* in den seldschukischen Gebieten herbeiführte. Die *ulama* modernisierten auch das Rechtssystem der *schari'a*-Gerichtshöfe. Damit war eine De-facto-Trennung der politischen Macht vom Zivilleben erfolgt. Keiner der von Emiren betriebenen Ministaaten blieb lange bestehen; sie hatten keine politische Ideologie. Die Amtsdauer der Emire war äußerst knapp bemessen, und die Ideale des islamischen Reiches wurden von der *ulama* und den Sufi-Meistern (*schaich, pir*) geprägt, die ihre eigene separate Sphäre hatten. Gebildete *ulama* pflegten von einer *madrasa* zur anderen zu reisen; die Sufi-Scheiche waren notorisch mobil und wanderten von einem städtischen Zentrum ins andere. Die disparate Gesellschaft wurde durch ihr religiöses Personal zusammengehalten.

Entsprechend wurde das Reich nach dem praktischen Niedergang des Kalifats immer islamischer. Statt sich einem der kurzfristigen Staatsgebilde der Emire zugehörig zu empfinden, begannen die Muslime, sich als Mitglieder einer internationalen Gesellschaft zu betrachten, die durch die *ulama* repräsentiert wurde, und die sich über den ganzen Dar al-Islam erstreckte. Die *ulama* passten die *schari'a* den neuen Umständen an. Statt mittels islamischer Rechtsnormen eine Gegenkultur aufzubauen, stellte die *schari'a* den Kalifen als symbolischen Wächter der Glaubenssätze hin. Während die Emire kamen und gingen, wurden die *ulama*, mittels der *schari'a*, zur einzig stabilen Autorität, und mit dem immer populärer werdenden Sufismus vertiefte sich die Frömmigkeit der Bevölkerung und nahm eine innerliche Dimension an.

Der sunnitische Islam schien fast überall auf dem Vormarsch. Einige der radikaleren Isma'iliten, die über das Fatimiden-Reich enttäuscht waren, das so offensichtlich nicht in der Lage war, der *umma* den wahren Glauben aufzuzwingen, bauten ein Untergrund-Guerilla-Netzwerk auf, das den Sturz der Seldschuken und die Vernichtung der Sunniten herbeiführen sollte. Von 1090 an führten sie von ihrer Bergfestung Alamut, nördlich von Qazwin, Überfälle durch, bei denen sie seldschukische Stützpunkte angriffen und führende Emire ermordeten. Um 1092 war daraus eine richtiggehende Revolte geworden. Die Rebellen wurden von ihren Feinden als *haschischijin* bezeichnet (woraus der englische Begriff »assassin«, Mörder, Attentäter, abgeleitet ist), weil sie sich vor ihren manchmal selbstmörderischen Angriffen angeblich mit Haschisch berauschten. Diese Isma'iliten betrachteten sich als Vorkämpfer der einfachen Leute, die oft selber von den Emiren gepeinigt wurden; aber ihre Terrorkampagne hatte bloß zur Folge, dass sich die meisten Muslime von den Isma'iliten abwandten. Die *ulama* verbreiteten wilde und oft ungenaue Gerüchte über sie (darunter die Haschischlegende), des Isma'ilitentums Verdächtige wurden festgenommen und umgebracht, das führte wiederum zu neuen isma'ilitischen Angriffen. Aber allem Widerstand zum Trotz gelang es den Isma'iliten, um Alamut einen Staat zu errichten, der 150 Jahre Bestand hatte und erst von den mongolischen Invasoren zerstört wurde. Doch die unmittelbare Auswirkung ihres *dschihad* war nicht, wie sie hofften, die Ankunft des Mahdi, sondern die Diskreditierung der Schiiten insgesamt. Die Zwölfer, die an der isma'ilitischen Revolte nicht teilgenommen hatten, bemühten sich ausdrücklich, die sunnitischen Autoritäten zu beruhigen, und hielten sich aus jedem politischen Engagement heraus. Die Sunniten wiederum waren in der Lage, auf einen Theologen zu reagieren, der eine maßgebliche Definition ihres Glaubens zu geben vermochte und als wichtigster Muslim seit dem Propheten Muhammad bezeichnet worden ist.

Abu Hamid al-Ghazzali (gest. 1111), ein Protegé des Wesirs Nizam ul-Mulk, Professor an der *madrasa* Nizamija in Bagdad und Experte für islamisches Recht, hatte um 1095 einen Nervenzusammenbruch erlitten. Die isma'ilitische Revolte war gerade auf ihrem Höhepunkt, aber al-Ghazzali war bedrückt, weil er fürchtete, seinen Glauben zu verlieren. Er war gelähmt und konnte nicht sprechen; seine Ärzte diagnostizierten einen tief sitzenden emotionalen Konflikt, und später erklärte al-Ghazzali, ihn habe die Vorstellung belastet, dass er, der so viel *über* Gott wusste, Gott selbst nicht kannte. Deswegen reiste er nach Jerusalem, praktizierte Sufi-Übungen und kehrte zehn Jahre später in den Irak zurück, wo er sein Meisterwerk *Ihja ulum ad-din* (»Wiederbelebung der Religionswissenschaft«) schrieb. Dies wurde der meistzitierte muslimische Text nach dem Koran und *hadith*. Er beruhte auf der entscheidenden Einsicht, dass Menschen nur mittels Ritual und Gebet direktes Wissen über Gott erlangen können; die Theologie (*kalam*) und Philosophie hingegen können keine sichere Erkenntnis über das Göttliche vermitteln. Der *Ihja* gibt den Muslimen täglich geistige und praktische Anleitungen, um sie auf eine solche religiöse Erfahrung vorzubereiten. Alle *schari'a*-Regeln über Essen, Schlafen,

Waschen, Hygiene und Gebet erhielten damit einen devotionalen und ethischen Überbau, womit sie nicht länger schlichte äußerliche Anweisungen waren, sondern einem Muslim ermöglichten, sich, der Mahnung des Koran entsprechend, Gott ständig ins Bewusstsein zu rufen. Die *schari'a* geriet darum zu mehr als einem Instrument zur Schaffung sozialer Konformität und sklavischer Nachahmung des Propheten und seiner *sunna*: Sie verhalf dem Gläubigen zum inneren *islam*. Al-Ghazzali schrieb nicht für Religionsexperten, sondern für die Frommen. Seiner Ansicht nach gab es drei Arten von Menschen: die, die die Wahrheiten der Religion akzeptierten, ohne sie zu hinterfragen; die, die die Rechtfertigung ihres Glaubens in den scholastischen Methoden des *kalam* suchen; und die Sufis, die die religiöse Wahrheit direkt erfahren.

Al-Ghazzali war sich bewusst, dass die Menschen unter den neuen politischen Gegebenheiten anderer religiöser Lösungen bedurften. Die isma'ilitische Form der Unterwerfung unter einen unfehlbaren *imam* lehnte er ab: Wo war dieser *imam*? Wie konnten normale Menschen ihn finden? Eine solche Abhängigkeit von einer Autoritätsfigur schien dem Egalitarismus des Koran zu widersprechen. Philosophie, räumte er ein, war für Disziplinen wie Mathematik oder Medizin unverzichtbar, aber sie konnte keine zuverlässigen Antworten auf geistige Fragen erteilen, die jenseits der Vernunft liegen. Al-Ghazzali zufolge fand sich die Antwort im Sufismus, weil dessen Lehren eine direkte Erfahrung des Göttlichen zu vermitteln vermochten. Anfangs waren die *ulama* ob des Sufismus bestürzt und betrachteten ihn als gefährliche Randerscheinung. Jetzt drängte al-Ghazzali die Religionsgelehrten, die von den Sufi-Mystikern entwickelten kontemplativen Rituale zu praktizieren und innere Spiritualität ebenso zu propagieren wie das äußerliche

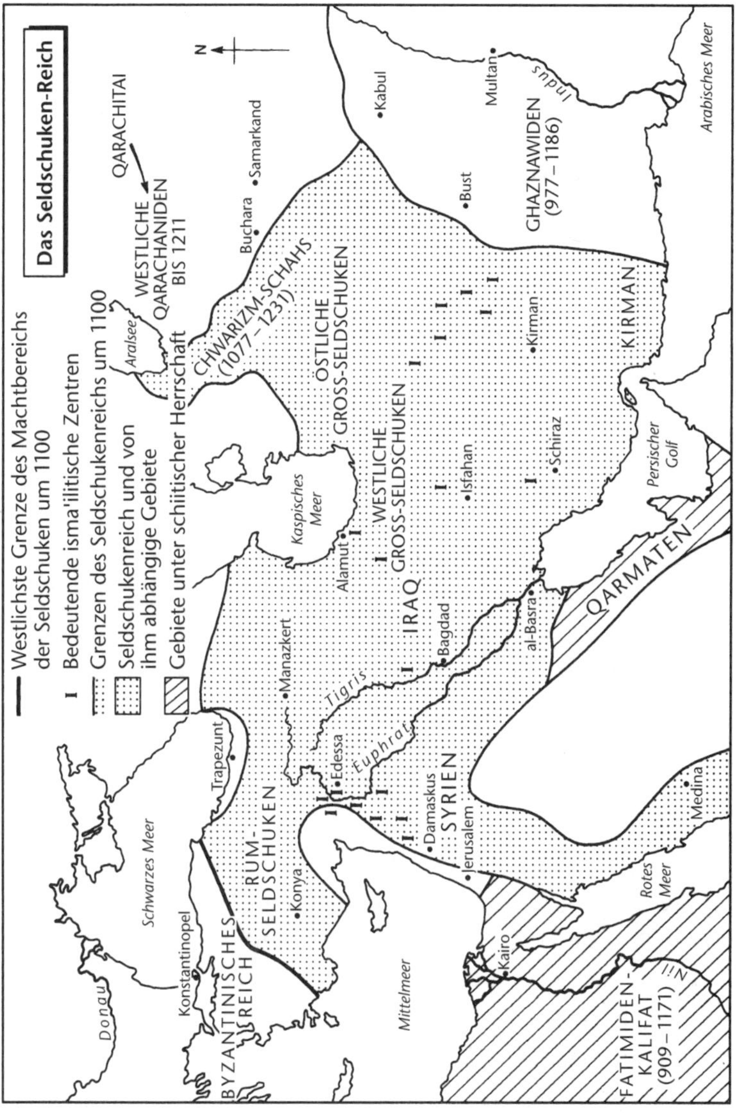
Das Seldschuken-Reich
Westlichste Grenze des Machtbereichs der Seldschuken um 1100
Bedeutende isma'ilitische Zentren
Grenzen des Seldschukenreichs um 1100
Seldschukenreich und von ihm abhängige Gebiete
Gebiete unter schiitischer Herrschaft
N
QARACHITAI
WESTLICHE QARACHANIDEN BIS 1211
Aralsee
Buchara
Samarkand
Kabul
Multan
Indus
GHAZNAWIDEN (977–1186)
Bust
Arabisches Meer
CHWARIZM-SCHAHS (1077–1231)
ÖSTLICHE GROSS-SELDSCHUKEN
Kirman
KIRMAN
Schiraz
Persischer Golf
Isfahan
WESTLICHE GROSS-SELDSCHUKEN
Kaspisches Meer
Alamut
IRAQ
Bagdad
al-Basra
QARMATEN
Manazkert
Tigris
Euphrat
Edessa
Trapezunt
Schwarzes Meer
RUM-SELDSCHUKEN
Konya
Damaskus
SYRIEN
Jerusalem
Medina
Rotes Meer
Kairo
Mittelmeer
FATIMIDEN-KALIFAT (909–1171)
Konstantinopel
Donau
BYZANTINISCHES REICH

Regelwerk der *schari'a*. Beides war für den Islam entscheidend. Al-Ghazzali hatte die Mystik nachdrücklich befürwortet und seine Autorität und sein Prestige eingebracht, damit dieselbe in die Hauptströmung des muslimischen Lebens integriert wurde.

Al-Ghazzali wurde schon zu Lebzeiten als oberste religiöse Autorität anerkannt. In dieser Periode gestaltete sich der Sufismus zu einer populären Bewegung und war nicht länger auf eine Randgruppe begrenzt. Jetzt, wo sich die Frömmigkeit der Menschen, anders als in der Frühzeit, nicht mehr mit der Politik der *umma* befassen musste, waren sie für die ahistorische, mythische Innenschau des Mystikers bereit. Statt einer einsamen Übung esoterischer Muslime wurde *dhikr* (lautes Absingen der Gottesnamen) zur Gruppenaktivität, die Muslime unter der Leitung ihres *pir* in einen anderen Bewusstseinszustand führte. Um ihr Bewusstsein für Transzendenz zu steigern, hörten Sufis Musik. Sie sammelten sich um ihre Scheiche, wie einst die Schiiten um ihre *imame*, und betrachteten sie als ihre Führer zu Gott. Wenn ein Scheich starb, wurde er gleichsam zum »Heiligen«, zu einem Sammelpunkt der Heiligkeit, und die Leute pflegten an seinem Grab zu beten und *dhikrs* zu singen. Jede Stadt hatte jetzt neben einer Moschee ihren *chanaqah* (Konvent) oder eine *madrasa*, wo der örtliche Scheich seine Schüler unterrichtete. Es kam zur Gründung neuer Sufi-Orden (*tariqas*), die keiner bestimmten Gegend angehörten, sondern international waren, mit Ablegern im ganzen Dar al-Islam. Damit wurden solche *tariqas* zu einer weiteren Stütze der Einheit im dezentralisierten Reich. Das galt auch für die neuen städtischen Bünde und Zünfte (*futuwa*) von jungen Männern oder Handwerkern und Kaufleuten, die stark von Sufi-Idealen beeinflusst waren. Das Reich wurde immer mehr von religiös ausgerichteten Institutionen zusammengehalten, wobei nun auch der Glaube des ungelehrtesten Muslims eine innere Tiefe gewann, die einst das Vorrecht einer gebildeten und esoterischen Elite gewesen war.

Von da an war jeder theologische oder philosophische Diskurs im Islam zutiefst von Spiritualität erfüllt. Die neue muslimische Synthese wurde von neuen scheinbaren »Theosophen« erforscht. In Aleppo gründete Jahja as-Suhrawardi (gest. 1191) eine Schule der Erleuchtung (*al-ischraq*), die der seinerzeit vorherrschenden aristotelischen Position, dass die empirisch zu gewinnenden Gesetze der Wissenschaft notwendig, wahr und universal sind, das wissenschaftliche Prinzip einer zukünftigen Eventualität oder Zufälligkeit entgegensetzte, und folglich argumentierte, dass die Gesetze der Wissenschaft nicht universal sein können. Wahrhafte Philosophie ergab sich für ihn durch ein diszipliniertes Training des Intellekts mittels philosophischer Methoden, verbunden mit Techniken objektiver und nicht wie im Sufismus subjektiver Perzeption, Anschauung und Wesensschau. Vernunft und Intuition hatten Hand in Hand zu gehen; beide waren für den Menschen entscheidend, und beide suchten die Wahrheit. Die Vision der Mystiker und der Symbole des Koran (wie Himmel, Hölle und das Jüngste Gericht) ließen sich nicht empirisch beweisen, sondern nur dem Vernehmen nach erahnen.

Außerhalb ihrer mystischen Dimensionen haben die Mythen der Religion keinen Sinn, da sie nicht auf gleiche Weise »real« erscheinen wie irdische Phänomene, die wir mit dem normalen wachen Bewusstsein erfahren. Ein Mystiker oder eine Mystikerin übte sich darin, die innere Dimension des Erdendaseins mittels Sufi-Übungen zu erkennen. Muslime mussten einen Sinn für die *alam al-mithal*, die »Welt der Allegorien«, entwickeln, die zwischen unserer gewöhnlichen Welt und der Welt Gottes liegt. Auch wer kein geübter Mystiker war, war schon im Schlaf, in den hypnogogischen Vorstellungen beim Einschlafen, oder wenn er in Trance fiel, auf solche Ahnungen gestoßen. Ein Prophet oder ein Mystiker, der eine Vision hatte, wurde sich, wie as-Suhrawardi glaubte, eines inneren Bereichs bewusst, der etwa dem entsprach, was wir heute als Unterbewusstes bezeichnen.

Dies war ein Islam, den Hasan al-Basri oder asch-Schafi'i nicht erkannt hätten. As-Suhrawardi mag wegen seiner Ansichten hingerichtet worden sein, aber er war ein frommer Muslim, der den Koran eingehender zitierte als jeder Philosoph vor ihm. Seine Werke werden immer noch als Klassiker gelesen. Ebenso die Bücher des bedeutenden und einflussreichen spanischen Theosophen Muhji d-Din ibn al-Arabi (gest. 1240), der die Muslime drängte, die *alam al-mithal* in sich zu entdecken, und sie lehrte, dass der Weg zu Gott durch die kreative Fantasie führte. Ibn al-Arabis Bücher waren nicht leicht verständlich und eher für die intellektuelleren Muslime von Interesse, aber er meinte, dass jedermann ein Sufi werden konnte und dass sich alle für die symbolische, verborgene Bedeutung der Schrift interessieren sollten. Muslime hatten die Pflicht, ihre eigenen Theophanien zu schaffen, ihre Fantasie zu üben, hinter den Augenschein zu blicken und die Gegenwart des Heiligen zu erkennen, die allem und jedem innewohnt. Jeder einzelne Mensch stellt eine einmalige und unwiederholbare Offenbarung einer der verborgenen Eigenschaften Gottes dar, und die einzige Gotteserfahrung, die uns je zukommen kann, ist die des göttlichen Namens, der unserem innersten Ich eingeschrieben ist. Dabei ist eine solche persönliche Gotteserfahrung durch die Glaubenstradition definiert, in die der jeweilige Mensch geboren wird. Daher hatte ein Mystiker alle Glaubensrichtungen als gleich zutreffend zu betrachten und in einer Synagoge, einer Moschee, einem Tempel oder in einer Kirche gleich heimisch zu sein, denn, wie Gott im Koran sagt: »Wohin ihr euch wenden möget, da habt ihr Gottes Antlitz vor euch.«[2]

Nach dem Niedergang des Kalifats erfolgte damit eine religiöse Revolution, die den einfachen Handwerker ebenso ergriff wie den gebildeten Intellektuellen. Eine wahrhaft muslimische Bevölkerung war entstanden, die gelernt hatte, ihren Glauben in sehr tiefer Weise in sich zu bestärken. Auf eine potenzielle politische Katastrophe hatten Muslime mit einer gewaltigen geistigen Erneuerungsbewegung reagiert, die den Glauben neu interpretierte, um ihn an die neuen Gegebenheiten anzupassen. Der Islam blühte ohne Regierungshilfe. In dieser Welt des politischen Fluxus erwies er sich als einzige Konstante.

2. Die Kreuzzüge

Die neue Ordnung der politisch autonomen Emire, die sich unter den seldschukischen Türken herausgebildet hatte, blieb bestehen, nachdem deren Reich Ende des 11. Jahrhunderts auseinander gefallen war. Das System hatte offensichtliche Nachteile. Die Emire lagen ständig miteinander im Kampf und taten sich sehr schwer, einem äußeren Feind geeint entgegenzutreten. Das wurde im Juli 1099 auf tragische Weise deutlich, als christliche Kreuzfahrer aus Westeuropa Jerusalem, die nach Mekka und Medina drittheiligste Stadt der islamischen Welt, angriffen, deren Einwohner massakrierten und in Palästina, dem Libanon und Anatolien eigene Staaten gründeten. Die Emire dieser Gebiete, die sich nach dem Untergang des Seldschukischen Reiches

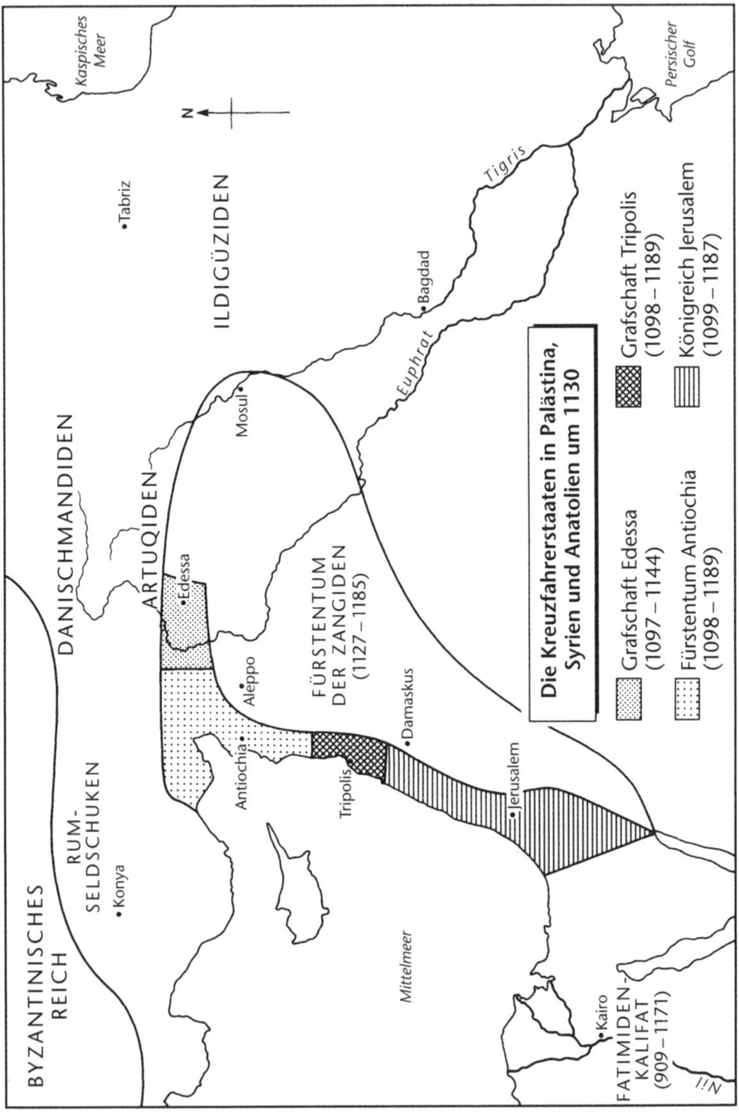
Die Kreuzfahrerstaaten in Palästina, Syrien und Anatolien um 1130
Grafschaft Edessa (1097–1144)
Fürstentum Antiochia (1098–1189)
Grafschaft Tripolis (1098–1189)
Königreich Jerusalem (1099–1187)
BYZANTINISCHES REICH
RUM-SELDSCHUKEN
DANISCHMANDIDEN
ARTUQIDEN
ILDIGÜZIDEN
FÜRSTENTUM DER ZANGIDEN (1127–1185)
FATIMIDEN-KALIFAT (909–1171)
Kaspisches Meer
Persischer Golf
Mittelmeer
Tigris
Euphrat
Nil
N
Tabriz
Konya
Edessa
Mosul
Bagdad
Aleppo
Antiochia
Tripolis
Damaskus
Jerusalem
Kairo

gegenseitig bekämpften, konnten keinen geeinten Gegenschlag führen und schienen dem aggressiven westlichen Einfall machtlos gegenüberzustehen. Es dauerte fünfzig Jahre, bis Imad ud-Din Zangi, der Emir von Mosul und Aleppo, 1144 die Kreuzfahrer aus Armenien vertreiben konnte, und fast ein weiteres halbes Jahrhundert, bis Jusuf ibn Aijub Salah ud-Din, der kurdische General, der im Westen als Saladin bekannt ist, Jerusalem 1187 den Kreuzfahrern entriss, die jedoch bis Ende des 13. Jahrhunderts an der Küste Stützpunkte im Nahen Osten halten konnten. Wegen dieser äußeren Bedrohung blieb die von Saladin begründete aijubidische Dynastie weit länger an der Macht als die kurzlebigen Staaten der Emire im fruchtbaren Halbmond. Gleich zu Anfang seiner Kampagne hatte Saladin die Dynastie der Fatimiden in Ägypten besiegt, deren Territorium in sein wachsendes Reich integriert und dessen Einwohner wieder dem sunnitischen Islam zugeführt.

Die Kreuzzüge waren schändliche, aber entscheidende Ereignisse der westlichen Geschichte; sie hatten katastrophale Auswirkungen auf die Muslime des Nahen Ostens, aber die große Mehrheit der Muslime im Irak, in Iran, Zentralasien, Malaysia, Afghanistan und Indien empfand sie als weit entfernte Grenzzwischenfälle. Erst im 20. Jahrhundert, als der Westen mächtiger und bedrohlicher geworden war, sollten die Kreuzzüge zu einem zentralen Thema muslimischer Historiker werden, die voller Nostalgie auf den siegreichen Saladin zurückblickten und sich nach einem Führer sehnten, der dem Neo-Kreuzzug des westlichen Imperialismus Einhalt gebieten konnte.

3. Expansion

Die unmittelbare Ursache der Kreuzzüge war die 1070 erfolgte seldschukische Eroberung Syriens von den Fatimiden gewesen. Während ihres Feldzugs waren sie auch mit dem kränkelnden Byzantinischen Reich in Konflikt geraten, dessen Grenzen nur schwach verteidigt wurden. Als die seldschukische Kavallerie die Grenzen überschritt und in Anatolien einfiel, brachten sie den Byzantinern 1071 in der Schlacht von Manazkert eine vernichtende Niederlage bei. In den nächsten zehn Jahren begannen türkische Nomaden frei mit ihren Herden durch Anatolien zu streifen, und Emire gründeten dort kleine Staaten, die von Muslimen geführt wurden, die Anatolien als neue Herausforderung mit viel versprechenden Möglichkeiten betrachteten. Der byzantinische Herrscher Alexius Comnenus I bat 1091 den Papst um Hilfe, daraufhin rief Papst Urban II. zum Ersten Kreuzzug auf. Die Besetzung von Teilen Anatoliens durch Kreuzfahrer vermochte der türkischen Eroberung des Gebiets nicht lange Einhalt zu gebieten. Ende des 13. Jahrhunderts hatten die Türken das Mittelmeer erreicht, im 14. Jahrhundert die Ägäis überquert, sich im Balkan niedergelassen und waren bis zur Donau vorgestoßen. Noch nie hatte ein islamischer Herrscher Byzanz, das über das Prestige des alten Römischen Reiches verfügte, eine derartige Niederlage zufügen können. Entsprechend nannten die Türken ihren neuen Staat in Anatolien voller Stolz »Rum« oder Rom. Trotz des Niedergangs des Kalifats hatten sich die Muslime nun auf zwei Gebiete ausgedehnt, die nie Teil des Dar al-Islam gewesen waren – Osteuropa und ein Teil von Nordwestindien, die sich beide in naher Zukunft als besonders kreativ erweisen sollten.

Der Abbasiden-Kalif an-Nasir (1180–1225) versuchte das

Kalifat in Bagdad und Umgebung zu restaurieren. Angesichts der Macht der religiösen Erneuerungsbewegung versuchte er, sich dabei auf den Islam zu beziehen. Ursprünglich war die *schari'a* als Protest gegen die Herrschaft der Kalifen entwickelt worden, aber jetzt versuchte an-Nasir, selber ein Religionsgelehrter aller vier sunnitischer Rechtsschulen zu werden. Er wurde auch in eine der zunftartigen *futuwa*-Bünde initiiert und plante, sich zum Großmeister der ganzen *futuwa* in Bagdad zu machen. Eine Politik, die an-Nasirs Nachfolger fortsetzten. Zu spät. Bald war die islamische Welt in eine Katastrophe verwickelt, die dem Kalifat der Abbasiden gewaltsam und tragisch ein Ende setzte.

4. Die Mongolen (1220–1500)

Im Fernen Osten begann der Mongolen-Führer Dschingis Khan sich ein Weltreich zu erobern, was zu einem zwangsläufigen Konflikt mit dem Islam führen musste. Anders als die Seldschuken war er in der Lage, seine nomadischen Horden zu kontrollieren und zu disziplinieren, und sie in eine Kampfmaschine zu verwandeln, der eine Zerstörungsgewalt innewohnte, wie die Welt sie noch nie gesehen hatte. Ein Herrscher, der nicht bereit war, sich augenblicklich den Mongolen-Führern zu ergeben, musste damit rechnen, dass seine wichtigsten Städte grausam verwüstet wurden und seine Bevölkerung massakriert wurde. Die Wildheit der Mongolen war kriegstechnische Absicht, doch sie drückte ebenso den aufgestauten Hass des Nomaden auf die städtische Kultur aus. Als Muhammad, der Schah der chwarizmischen Türken (1200–1220), versuchte, im Iran und in der Gegend um den Oxus ein eigenes islamisches Kalifat aufzubauen, betrachtete das der mongolische General Hülegü als einen Akt dreister Hybris. Von 1219 bis 1229 verfolgten die mongolischen Armeen Muhammad und dann seinen Sohn Dschalal ud-Din durch den Iran, durch Aserbaidschan bis nach Syrien und hinterließen eine Spur des Todes und der Vernichtung. 1231 begann eine neue Serie von Überfällen. Eine große islamische Stadt nach der anderen wurde vernichtet. Buchara wurde in Schutt und Asche gelegt, Bagdad fiel nach einer einzigen Schlacht und zog das moribunde Kalifat mit sich: Die Straßen waren von Leichen übersät und die Flüchtlinge retteten sich nach Syrien, Ägypten oder Indien. Die Isma'iliten von Alamut wurden massakriert, die seldschukische Dynastie von Rum, die sich gleich den Mongolen ergeben hatte, sollte sich nie ganz von ihrer Niederlage erholen. Baibars, Sultan des neuen ägyptischen Staates, der von einem türkischen Sklavenheer beherrscht wurde, war der erste muslimische Herrscher, der den Mongolen Einhalt gebieten konnte. Die Mamluken (Sklaven) hatten die Armee des von Saladin geschaffenen aijubidischen Reiches beherrscht; 1250 führten die Mamluken-Emire einen erfolgreichen Putsch gegen die Aijubiden-Herrschaft durch und gründeten ihr eigenes Reich im Nahen Osten. 1260 schlug Baibars in Ain Dschalut in Nordpalästina die Mongolen-Armee. Nachdem der Mongolen-Einfall nach Indien durch das neue Sultanat von Delhi abgewehrt worden war, ließen sie sich nieder, um die Früchte des Sieges zu genießen, und gründeten im Kerngebiet des Islam Reiche, die Qubilai, dem Mongolen-Chan von China, untertan waren.

Die Mongolen schufen vier große Staaten. Anfangs weigerten sich die Nachkommen Hülegüs, die als Ilchane bekannt waren (Repräsentanten des Obersten Chan), anzuerkennen, dass ihre Niederlage endgültig war, und zerstörten Damaskus, bevor sie sich in ihr Schicksal ergaben und sich auf ihr Reich im Tigris-Euphrat-Tal und die Berggegend von Iran zurückzogen. Die Tschaghatai-Mongolen gründeten einen Staat in Transoxanien, die Weiße Horde ließ sich in der Irtysch-Region nieder, die Goldene Horde am Wolga-Fluss. Dies war die größte politische Umwälzung des Mittleren Ostens seit den arabischen Invasionen des 7. Jahrhunderts, aber anders als die arabischen Muslime brachten die Mongolen keinerlei Spiritualität mit. Sie waren jedoch gegenüber allen Religionen tolerant, sie selbst tendierten zum Buddhismus.

Ihr Gesetzeskodex, der Dschingis Khan persönlich zugeschriebene *jasa*, war ein reines Militärgesetz, das Zivilisten gar nicht betraf. Sobald sie ein Gebiet unterworfen hatten, pflegten die Mongolen sich auf lokale Traditionen zu stützen, daher waren Ende des 13., Anfang des 14. Jahrhunderts alle vier mongolischen Reiche zum Islam konvertiert.

Dadurch wurde aus den Mongolen die bedeutendste muslimische Macht im Zentrum des islamischen Kernlands. Aber wie immer es um ihr offizielles Bekenntnis zum Islam stehen mochte, die eigentliche Ideologie ihrer Staaten war der »Mongolismus«, der die Reichs- und Militärmacht der Mongolen pries und von Welteroberung träumte. Der ganze Staat war nach militärischen Richtlinien organisiert. Der Monarch war der oberste Befehlshaber, von dem erwartet wurde, dass er seine Männer selbst in die Schlacht führte und Feldzüge nicht seinen Vertretern überließ. Daher gab es in der Anfangszeit keine Hauptstadt. Die Hauptstadt war, wo der *chan* und seine Armee gerade ihr Lager aufgeschlagen hatten. Der ganze Staatsapparat wurde wie eine Armee betrieben, und die Verwaltung begleitete die Soldaten auf dem Marsch. Die gesamte komplexe Lagerkultur wurde bemerkenswert effizient gestaltet. Es gab zwei

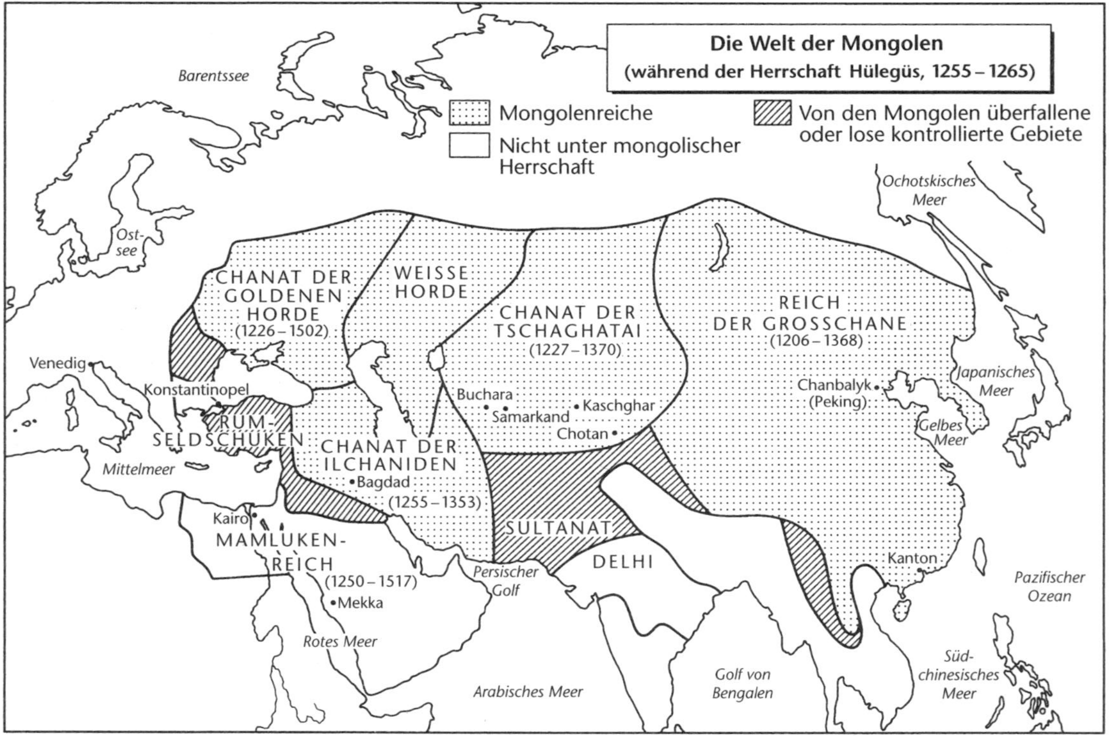
Die Welt der Mongolen
(während der Herrschaft Hülegüs, 1255 – 1265)
Mongolenreiche
Nicht unter mongolischer Herrschaft
Von den Mongolen überfallene oder lose kontrollierte Gebiete
Barentssee
Ostsee
Ochotskisches Meer
Japanisches Meer
Gelbes Meer
Pazifischer Ozean
Südchinesisches Meer
Golf von Bengalen
Arabisches Meer
Persischer Golf
Rotes Meer
Mittelmeer
CHANAT DER GOLDENEN HORDE (1226 – 1502)
WEISSE HORDE
CHANAT DER TSCHAGHATAI (1227 – 1370)
REICH DER GROSSCHANE (1206 – 1368)
CHANAT DER ILCHANIDEN (1255 – 1353)
RUM-SELDSCHUKEN
MAMLUKEN-REICH (1250 – 1517)
SULTANAT DELHI
Venedig
Konstantinopel
Buchara
Samarkand
Kaschghar
Chotan
Chanbalyk (Peking)
Kanton
Bagdad
Kairo
Mekka

politische Ziele: die Weltherrschaft und die Fortdauer der herrschenden Dynastie, die beide jegliche Grausamkeit rechtfertigten. Eine Ideologie, die der alten absolutistischen Gesellschaft entsprach, die davon ausgegangen war, dass der Staat umso friedlicher und sicherer war, je mehr Macht der Herrscher hatte. Die Entscheidungen aller Monarchen einer Dynastie blieben so lange in Kraft, wie die Familie an der Macht war, was alle anderen Rechtssysteme marginalisierte. Die Spitzenpositionen der Regierung wurden Angehörigen der regierenden Familie und ihren örtlichen Klienten und Protegés zugesprochen, die alle Teil des Hofstaates der großen Nomadenarmee im Herzen des Staates wurden.

Der Gegensatz zum Egalitarismus des Islam hätte nicht größer sein können, bedeutete aber in gewissem Sinne nur die Fortsetzung der Militarisierung der Gesellschaft, die in den letzten Jahren des Abbasiden-Kalifats eingesetzt hatte, wo die Emire von Garnisonsstädten aus regierten und die Zivilisten und die *ulama* sich selbst überließen. Die Möglichkeit, dass sich die Militärmacht eingehender in Zivilangelegenheiten einmischte, hatte immer dann bestanden, wenn ein Emir ein annähernd stabiles Regime errichtet hatte. Dazu kam es in gewisser Hinsicht unter den Mongolen-Herrschern, die mächtig genug waren, den *ulama* neue Beschränkungen aufzuerlegen. Man gestattete ihnen nicht mehr, die *schari'a* als potenziell subversives Rechtskorpus einzusetzen. Im 15. Jahrhundert kam man überein, dass die *ulama* nicht länger ihr eigenes unabhängiges Urteil (*idschtihad*) zur Ausarbeitung neuer Rechtsvorschriften einsetzen durften; man erklärte »die Tore des *idschtihad*« für geschlossen. Muslime wurden gezwungen, sich den Entscheidungen älterer Autoritäten zu unterwerfen. Die *schari'a* war damit zu einem System etablierter Regeln geworden, die die dynamischere Rechtsprechung des jeweiligen Herrscherhauses nicht mehr in Frage stellen konnte.

Die Mongolen hatten das muslimische Leben auf traumatische Weise gestört. Sie hatten serienweise ruinierte Städte und zerstörte Bibliotheken sowie eine wirtschaftliche Rezession hinterlassen. Aber nachdem sie einmal ihren Sieg errungen hatten, bauten die Mongolen die von ihnen zerstörten Städte prächtig wieder auf. Auch gründeten sie glanzvolle Höfe, die die Wissenschaften, die Künste, die Geschichtsschreibung und die Mystik förderten. So entsetzlich die Mongolen-Geißel gewesen war, die muslimischen Untertanen empfanden ihre mongolischen Herrscher als faszinierend. Deren politische Strukturen erwiesen sich auf eine subtile Weise als dauerhaft und beeinflussten, wie wir sehen werden, spätere islamische Reiche. Die Macht der Mongolen verwies auf neue Horizonte. Sie schienen im Begriff die Welt zu erobern und traten als Träger einer neuen Art von Imperialismus auf, der die Möglichkeit von Universalherrschaft mit massiver Zerstörung verband. Sie verfügten über glänzende Staatsgebilde, die zugleich vorgeprägte muslimische Geisteshaltungen untergruben. Die Gräuel, die die Muslime hatten durchleben müssen, hatten sie nicht gelähmt, ebenso wenig wie die politische Niederlage, die sich in der Mongolen-Herrschaft ausdrückte. Der Islam ist ein widerstandsfähiger Glaube. Immer wieder in ihrer Geschichte haben Muslime positiv auf eine Katastrophe reagiert und sie konstruktiv genutzt, um zu neuen religiösen Einsichten zu gelangen. So auch nach der Mongolen-Invasion, wo die Menschen offensichtlich das Gefühl hatten, dass die ihnen bekannte Welt zu Ende ging, während zugleich eine ganz neue Weltordnung möglich wurde.

Dies zeigte sich in der Vision des Sufi-Mystikers Dschalal ud-Din Rumi (1207–1273), der selber ein Opfer der Mongolen war, dessen Lehren jedoch dem von ihnen vermittelten Empfinden grenzenloser Möglichkeiten Ausdruck verliehen. Rumi war in Churasan geboren; sein Vater war ein *alim* und ein Sufi-Meister und Rumi selbst ein *fiqh*-Gelehrter, ein Theologe und ein Kenner der arabischen und persischen Literatur. Die sich nähernden Mongolen-Horden hatten die Familie zur Flucht gezwungen. Sie gelangten als Flüchtlinge nach Konya in Anatolien, der Hauptstadt des Sultanats von Rum. Rumis Geistigkeit wird von einem Gefühl kosmischer Heimatlosigkeit und des Getrenntseins von Gott, der göttlichen Quelle, gekennzeichnet. Das größte Unglück, das einen Menschen treffen konnte, war, Rumi zufolge, dass ihm sein Empfinden für den Trennungsschmerz abhanden kam, der ihn oder sie zur religiösen Suche treibt. Wir müssen unsere Unvollkommenheit begreifen, einsehen, dass unser Ichgefühl bloß illusorisch ist. Unser Ego enthält uns diese Wahrheit vor, und wenn wir uns von Ich- und Selbstsucht befreien, werden wir entdecken, dass Gott das einzig Bleibende ist.

Rumi war ein »Trunkener Sufi«. Sein spirituelles und persönliches Leben schwankte von einem Extrem ins andere; er suchte Ekstase im Tanz, Gesang, in der Dichtung und in der Musik, und die Mitglieder des von ihm gegründeten Ordens werden wegen ihres stattlichen Drehtanzes, der zu einer Trance mit transzendentem Bewusstsein führt, »Tanzende Derwische« genannt. Trotz seiner offensichtlichen Labilität wurde Rumi zu Lebzeiten von seinen Schülern als Maulana (»unser Herr«) bezeichnet, und sein Maulawi-Orden blieb in der Türkei bis heute äußerst einflussreich. Das *Mathnawi*, sein Hauptwerk, gilt als eine wichtige Schrift des Sufismus. Während Ibn al-Arabi für die Intellektuellen schrieb, forderte Rumi alle Menschen auf, über sich hinauszugehen und die Routinen ihres Alltags zu transzendieren. Das *Mathnawi* feierte den Sufi-Lebensstil, durch den ein jeder zum unbesiegbaren Helden einer Schlacht wird, die sich ständig im Kosmos und innerhalb der Seele abspielt. Die Mongolen-Invasionen hatten eine mystische Bewegung ausgelöst, die den Menschen bei der Bewältigung der Katastrophe half, die sie in den Tiefenschichten ihrer Psyche getroffen hatte. Rumi war deren bedeutendster und glanzvollster Vertreter. Die neuen Sufi-*tariqas*, die damals gegründet wurden, betonten die grenzenlosen Möglichkeiten menschlichen Lebens. Sufis konnten im Geistigen erfahren, was den Mongolen in der irdischen Politik beinahe gelungen wäre.

Andere reagierten auf die epochalen Umwälzungen in sehr unterschiedlicher Weise. Die Zerstörung der Invasionen, währenddessen so viel verloren worden war, vertiefte den Konservatismus, der Agrargesellschaften immer innewohnte. Waren die Ressourcen beschränkt, durfte man Erfindungsgeist und Originalität nicht in einer Art und Weise fördern, wie wir das im heutigen modernen Westen betreiben, wo wir davon ausgehen, dass wir mehr wissen als unsere Elterngeneration und dass unsere Kinder noch weiter kommen werden. Wir sind die erste Gesellschaft, die sich die ständige Umschulung von Personal und die Umgestaltung der Infrastruktur leisten kann, die Innovationen in dieser Größenordnung erforderlich machen. Entsprechend war in allen vormodernen Gesellschaften, einschließlich des agrarischen Europa, die Ausbildung dazu bestimmt, einmal Erreichtes zu erhalten, was dem Einfallsreichtum und der Neugier des Einzelnen Grenzen setzte, denn diese hätten die Stabilität der Gemeinschaft gefährden können, die keine Mittel hatte, neue Einsichten zu integrieren oder zu nutzen. In den *madrasas* lernten die Studenten alte Texte und Kommentare auswendig, und in der Schule wurde ein Standardtextbuch Wort um Wort durchgegangen. Öffentliche Disputationen zwischen Gelehrten gingen ganz selbstverständlich davon aus, dass einer der Standpunkte zwangsläufig richtig und der andere zwangsläufig falsch war. In diesem Frage-und-Antwort-Studium gab es keinen Platz für die Vorstellung, dass aus dem Zusammenprall zweier gegensätzlicher Positionen eine Synthese entstehen könnte. Damit förderten die *madrasas* die allgemeine Akzeptanz von Vorstellungen, die Muslime in der ganzen Welt vereinen konnten, und kämpften gegen heterodoxe Ideen an, die Dissens provozierten und Menschen verlockten, den vorgeschriebenen Pfad zu verlassen und einen eigenen Weg zu gehen.

Im 14. Jahrhundert waren das Studium und die Einhaltung der *schari'a* die einzige Frömmigkeit, die von allen Muslimen, Sunniten, Schiiten und Philosophen gleichermaßen akzeptiert wurde. Um diese Zeit gingen die *ulama* gerne davon aus, dass dieser allmählich entstandene Rechtskorpus seit dem Beginn der islamischen Geschichte in Kraft gewesen war. Während also einige Sufis wie Rumi anfingen, neue Horizonte zu entdecken, glaubten viele der *ulama*, dass sich nie etwas änderte. Daher waren sie zufrieden, dass »die Tore der *idschtihad*« für geschlossen galten. Nachdem so viel Wissen der Vergangenheit verloren gegangen war, nach der Vernichtung von Manuskripten und der Hinschlachtung von Gelehrten, war es wichtiger, das Verlorene wieder zu finden, als weitere Änderungen einzuführen. Da das mongolische Militärgesetz keine Vorschriften für die Zivilgesellschaft hatte, bestimmten die *ulama* weiter die Lebensführung der Gläubigen, und ihr Einfluss pflegte konservativ zu sein. Wo Sufis wie Rumi glaubten, dass alle Religionen gültig waren, hatten die *ulama* des 14. Jahrhunderts den Pluralismus des Koran in einen starren Kommunalismus verwandelt, der andere Traditionen als irrelevante Relikte der Vergangenheit betrachtete. Nicht-Muslime durften nicht mehr die heiligen Städte von Mekka und Medina betreten, und herabsetzende Äußerungen über den Propheten Muhammad wurden zum Kapitalvergehen erklärt. Das Trauma der Invasion hatte die Muslime, wie kaum überraschen wird, verunsichert. Ausländer waren nicht bloß suspekt, sie konnten sich als so gefährlich erweisen wie die Mongolen.

Aber es gab auch *ulama*, die sich weigerten, hinzunehmen, dass »die Tore der *idschtihad*« geschlossen waren. In der islamischen Geschichte stand zu Zeiten großer politischer Krisen – insbesondere während einer Epoche ausländischer Besetzung – immer wieder ein Reformer (*mudschaddid*, wörtlich: Neuerer) auf, um den Glauben im Sinne der neuen Gegebenheiten zu erneuern. Diese Reformer folgten normalerweise einem ähnlichen Muster. Sie waren konservativ, indem sie eher versuchten, sich auf die ursprünglichen Grundlagen zu berufen, als eine neue Lösung zu finden. Aber in ihrer Sehnsucht, zum reinen Islam des Koran und der *sunna* zurückzukehren, erwiesen sie sich oft als ikonoklastisch, indem sie sich späteren mittelalterlichen Entwicklungen entgegenstellten, die inzwischen als heilig betrachtet wurden. Ebenso misstrauisch standen sie ausländischen Einflüssen und fremden Zusätzen gegenüber, die aus ihrer Sicht die Reinheit des Glaubens verdorben hatten. Solche Reformer traten regelmäßig in der muslimischen Gemeinschaft auf. Viele der heutigen »Muslim-Fundamentalisten« entsprechen weitgehend den von den *mudschaddids* vorgegebenen alten Mustern.

In der post-mongolischen Welt war dies Ahmad ibn Taimija (1263–1328), ein *alim* aus Damaskus, das so schrecklich unter den Mongolen gelitten hatte. Ibn Taimija stammte aus einer alten *ulama*-Familie, die dem *madhhab* der Hanbaliten anhing, der die Werte der *schari'a* am Herzen lagen. Er behauptete, dass die Mongolen trotz ihrer Konversion zum Islam Ungläubige und Apostaten waren, da sie die *jasa* statt der *schari'a* propagierten. Als typischer Reformer wandte er sich gegen islamische Entwicklungen, die nach dem Propheten und den Raschidun erfolgt waren, und bezeichnete sie als inauthentisch: Schiismus, Sufismus und Philosophie. Aber er hatte auch ein positives Programm. Angesichts der veränderten Zeiten musste die *schari'a* weiterentwickelt werden, um sich den jeweils aktuellen Umständen der Muslime anzupassen, selbst wenn man dabei eines Großteils des *fiqh*, den man im Laufe der Jahrhunderte entwickelt hatte, verlustig ging. Er forderte, dass die Juristen mittels *idschtihad* legale Lösungen fanden, die dem wahren Geist der *schari'a* entsprachen, auch wenn dies dem Geist des Rechts, wie man es in jüngster Zeit verstanden hatte, widersprach. Ibn Taimija erschien dem Establishment als bedrohliche Figur. Auch wenn die von ihm angestrebte Rückkehr zu den Fundamenten des Koran und der *sunna* und seine Ablehnung eines guten Teils der reichen Spiritualität und Philosophie des Islam reaktionär erschien, war sie revolutionär. Er brachte die konservativen *ulama*, die sich an die Textbuchantworten klammerten, gegen sich auf und kritisierte überdies die Mamluken-Regierung von Syrien, wegen Praktiken, die aus seiner Sicht dem islamischen Gesetz widersprachen, als unislamisch. Ibn Taimija wurde festgenommen und soll vor Kummer gestorben sein, als die Kerkermeister ihm das Schreiben verboten. Aber die einfachen Leute von Damaskus liebten ihn, weil sie seine Reformen als liberal empfanden und weil sie spürten, dass ihm ihr Interesse am Herzen lag. Sein Begräbnis wurde zu einer gewaltigen populären Demonstration für seine Ideen.

Veränderung konnte aufregend sein, aber genauso verstörend. In Tunis sah Abd ur-Rahman ibn Chaldun (1322–1406) zu, wie im Maghrib, dem westlichen Teil der islamischen Welt, eine Dynastie nach der anderen unterging. Ganze Ortschaften wurden von der Pest vernichtet. Nomadenstämme wanderten aus Ägypten nach Nordafrika ein und verursachten große Verwüstungen und einen entsprechenden Niedergang der traditionellen Berber-Gesellschaft. Ibn Chaldun war ursprünglich aus Spanien nach Tunis emigriert, wo die Christen eine erfolgreiche Rekonquista muslimischer Gebiete durchgeführt und 1236 Cordoba und 1248 Sevilla erobert hatten. Alles, was vom blühenden Königreich al-Andalus übrig blieb, war der Stadtstaat Granada, der 1492 von den Christen besiegt werden sollte, aber nicht, bevor er Mitte des 14. Jahrhunderts den herrlichen Alhambra-Palast errichtet hatte. Der Islam befand sich offensichtlich in der Krise. »Wenn die Bedingungen sich völlig verändern«, hatte Ibn Chaldun überlegt, »kommt das einer Veränderung der ganzen Schöpfung und einer Umstellung der ganzen Welt gleich, als ob die Schöpfung von neuem beginnt und die Welt wieder geboren wird.«[3]

Ibn Chaldun wollte die tieferen Ursachen dieser Veränderung entdecken. Er war wahrscheinlich der letzte große arabische Philosoph; seine bedeutende Innovation bestand darin, die Prinzipien des philosophischen Rationalismus auf das Studium der Geschichte anzuwenden, die bis dahin als unter der Würde eines Philosophen stehend betrachtet wurde, da sie sich bloß mit vergänglichen, flüchtigen Ereignissen befasste, statt mit ewigen Wahrheiten. Aber Ibn Chaldun glaubte, dass jenseits des Fluxus der historischen Ereignisse die Geschicke einer Gesellschaft von Universalgesetzen bestimmt wurden. Er entschied, dass das Überleben der Menschen durch ein starkes

Gefühl der Gruppensolidarität (*asabija*) ermöglicht wurde, das ihnen unter entsprechenden Bedingungen sogar erlaubte, andere Menschen zu unterwerfen. Die Eroberung bedeutete, dass die herrschende Gruppe sich die Ressourcen der unterworfenen Völker zu Eigen machte und eine Kultur und ein komplexes städtisches Leben entwickeln konnte. Aber während sich die herrschende Klasse an den luxuriösen Lebensstil gewöhnte, begann sie bequem zu werden und ihre Schlagkraft zu verlieren. Sie nahm sich nicht mehr richtig vor den eigenen Untertanen in Acht, es kam zu Eifersüchteleien und inneren Zwistigkeiten und zum wirtschaftlichen Niedergang. Dadurch wurde der Staat für neue Stämme oder Nomaden angreifbar, die sich in der ersten Blüte ihrer eigenen *asabija* befanden, und der Kreislauf begann von neuem. Ibn Chalduns Meisterwerk *al-Muqaddima fi t-ta'rich* (Eine Einführung in die Geschichte) bezog diese Theorie auf die Geschichte des Islam und sollte von muslimischen Reichsgründern in den kommenden Jahren sorgfältig gelesen werden, ebenso wie von westlichen Historikern des 19. Jahrhunderts, die Ibn Chaldun als Pionier ihrer wissenschaftlichen Geschichtsforschung betrachteten.

Ibn Chaldun war in der Lage, den Niedergang der Mongolen-Staaten in der zweiten Hälfte des 14. Jahrhunderts zu beobachten, der seine Theorie offensichtlich bestätigte. Die ursprüngliche *asabija* hatte ihren Gipfel erreicht, man war träge geworden, und damit war die Bühne für die Herrschaft anderer dominanter Gruppen frei. Wahrscheinlich würden die neuen Führer nicht aus dem islamischen Kernland, sondern von den Rändern der muslimischen Welt kommen, die nicht der Mongolen-Herrschaft unterworfen gewesen waren. Da hatte bereits der Niedergang des Mamluken-Reichs in Ägypten und Syrien eingesetzt. Die Mamluken hatten auf ihrem Höhepunkt eine vitale Gesellschaft gebildet, mit starkem Korpsgeist und blühender Kultur. Aber im 15. Jahrhundert hatte das Reich seine Ressourcen erschöpft und begann wie jeder Agrarstaat auseinander zu fallen.

Der Herrscher, der den Zeitgeist am vollkommensten ausdrückte, war ein Türke aus der Syr-Darja-Region, der im mongolischen Tschagatai-Staat in Samarkand aufgewachsen war und dem das mongolische Ideal leidenschaftlich am Herzen lag. Timur (1336–1406), wegen eines ausgeprägten Hinkens Timur-i lang (»Timur der Lahme«) genannt, im Westen »Tamerlan«, riss im niedergehenden Tschagatai-Reich die Macht an sich, behauptete, von Dschingis Khan abzustammen, und begann das alte Mongolen-Reich mit einer Wildheit zu erobern, die die ursprünglichen Invasionen gekennzeichnet hatte. Timur verband brennenden Ehrgeiz und Freude an der Zerstörung mit einer Leidenschaft für den Islam, und weil er so genau den Enthusiasmus seiner Zeit verkörperte, wurde er zum Volkshelden. Er errichtete in Samarkand, wo er einen glänzenden Hof hielt, prächtige Bauwerke. Seine Version des Islam – bigott, grausam und gewalttätig – hatte wenig Ähnlichkeit mit der konservativen Frömmigkeit der *ulama* oder der Sufi-Doktrin der Liebe. Er empfand sich als Geisel Gottes, ausgeschickt, um ungerechte Emire für ihre verwerflichen Praktiken zu strafen. Ihm lag vor allem daran, Ordnung herzustellen und die Korruption zu bekämpfen, und obwohl Timurs Untertanen seine Brutalität fürchteten, wussten sie nach den Auflösungserscheinungen der letzten Jahre seine starke Regierung zu schätzen. Wie die Mongolen vor ihm, schien auch Timur nichts zu stoppen, und eine Zeit lang sah es so aus, als ob er tatsächlich die Welt erobern würde. 1387 hatte er das ganze iranische Hochland und die Ebenen von Mesopotamien unterworfen, 1395 die

Goldene Horde in Russland geschlagen, 1398 fiel er über Indien her, wo er Tausende von Hindu-Gefangenen massakrierte und Delhi verwüstete. Zwei Jahre später hatte er Anatolien in seine Gewalt gebracht, Damaskus geplündert und in Bagdad ein Massaker angerichtet. 1404 endlich brach er nach China auf, dort wurde er im Jahr darauf getötet.

Niemand konnte Timurs Reich zusammenhalten. Welteroberung war offensichtlich nach wie vor ein unerfüllbarer Traum, aber die Entdeckung der Feuerwaffen im 15. Jahrhundert sollte neuen Herrschern erlauben, im späten 15. und frühen 16. Jahrhundert substanzielle, aber beherrschbarere Reiche in Form einer Verknüpfung mongolischer Ideale mit denen des Islam zu gründen. Diese neuen Reiche sollten in Indien, Aserbaidschan und Anatolien Wurzeln schlagen.

Das Sultanat von Delhi war im 13. Jahrhundert gegründet worden, und Anfang des 14. Jahrhunderts war der Islam im Ganges-Becken bis nach Bengalen hinein fest etabliert. Einige Hindu-Radschputs, die herrschende Klasse Indiens, hielten in den Bergregionen durch, aber die muslimische Herrschaft wurde von den meisten Hindus akzeptiert. Das war weniger überraschend, als zunächst scheinen mag. Das Kastensystem reduzierte die Ausübung der politischen Autorität auf eine beschränkte Anzahl von Familien, und waren diese erschöpft, waren Hindus bereit, irgendwen an ihrer Stelle zu akzeptieren, vorausgesetzt, dass er sich nicht in ihr Kastensystem einmischte. Die Muslime waren als Außenseiter nicht durch solche Einschränkungen gebunden und hatten die Macht einer starken internationalen Gemeinschaft hinter sich. Die Muslime blieben in Indien eine Minderheit. Einige niedere Kasten und Handwerksgruppen, darunter einige »Unberührbare«, konvertierten zum Islam, oft als Ergebnis von predigenden Sufi-*pirs*

(Scheichen). Aber die Mehrheit behielt ihren Hindu-, Buddhisten- oder Dschaina-Glauben bei. Im Gegensatz zur oft verbreiteten Behauptung haben die Muslime den Buddhismus in Indien nicht zerstört. Hinweise liegen nur von einem Angriff auf ein Kloster vor, sonst gibt es keine konkreten Daten, die ein umfassendes Massaker als wahrscheinlich erscheinen lassen. Um 1330 anerkannte ein Großteil des Subkontinents die Autorität des Sultanats von Delhi, aber die unweise Regierungsführung der Sultane zog Rebellionen von Emiren nach sich, es zeigte sich, dass das Sultanat zu groß war, um von einer Person regiert zu werden. Die Zentralmacht zerfiel wie üblich und die Emire regierten ihre eigenen Staaten mit Hilfe der *ulama*. Bis zum Aufkommen des Schießpulvers blieb das Sultanat von Delhi im muslimischen Indien eine Macht von vielen.

Am Rande der Mongolen-Staaten hatte man den *ghazi*-Kriegern ihre eigenen Emirate überlassen, und sie erkannten die mongolischen Herrscher als ihre Oberherren an. Die *ghazi*-Staaten waren üblicherweise religiös, mit einer starken Tendenz zum Sufismus. In Aserbaidschan und Anatolien bildeten sich *tariqas*, die einige wildere Ausdrucksformen des Sufismus dem revolutionären Ethos der alten *schi'a* anpassten. Sie nahmen die »extremistische« Theologie der *ghulat* wieder auf, die die frühen Schiiten inspiriert hatte, die Ali als Inkarnation des Göttlichen verehrten, indem sie glaubten, dass ihre toten Emire in »Okkultation« gingen, und indem sie ihre Führer oft als den Mahdi verehrten, der zurückgekehrt war, um die Endzeit der Gerechtigkeit einzuleiten. Die Bektaschi-Derwische in Anatolien hatten eine breite Anhängerschaft und predigten die unmittelbar bevorstehende Ankunft einer neuen Ordnung, die die alten religiösen Normen hinwegfegen würde. Ähnlich ikonoklastisch verhielten sich die Anhänger des Qizilbasch-Ordens in Aserbaidschan, die als sunnitische *tariqa* begonnen hatten, sich aber im 15. Jahrhundert von der Idee der *ghulat* angezogen fühlten und sich als Zwölfer-Schiiten bekannten. Sie hielten ihren Führer für einen Nachkommen des Siebten Imam und damit für den einzigen legitimen Führer der muslimischen *umma*. Anfang des 16. Jahrhunderts sollte Isma'il, der *pir* (Scheich) des Ordens, der sich als Reinkarnation des Verborgenen Imam betrachtete, das schiitische Reich der Safawiden in Iran gründen.

Als die Mongolen-Staaten zusammenbrachen, wurde ganz Anatolien in kleine, unabhängige *ghazi*-Staaten aufgeteilt, die seit dem späten 13. Jahrhundert dem niedergehenden Byzantinischen Reich Städte und Dörfer entrissen. Einer der kleinsten Staaten wurde von der Osmanli-Familie regiert, die Anfang des 14. Jahrhunderts immer mächtiger geworden war. 1326 hatten die »Osmanlis« oder »Osmanen« Bursa erobert, das sie zu ihrer Hauptstadt machten; 1329 besaßen sie Iznik, 1372 den Großteil des byzantinischen Gebiets. Sie errichteten eine neue Hauptstadt in Edirne (Adrianopel) und reduzierten den Kaiser von Byzanz auf den Status eines abhängigen Verbündeten. Das Geheimnis des osmanischen Erfolgs lag in der Disziplin ihrer gut ausgebildeten Infanterie, der »Neuen Truppe« (*jeni tscheri* oder Janitscharen), eines Sklavenkorps. Murad I (1360–1389) war der mächtigste Muslim-Herrscher im Westen geworden, und um 1372 war er bereit, in den Balkan vorzudringen; dabei griff er die unabhängigen Königreiche von Bulgar und Serbien an, die größte Macht auf der Balkanhalbinsel. 1389 schlugen die Osmanen die serbische Armee auf dem Amselfeld in Zentralserbien. Murad kam zu Tode, aber der serbische Fürst Hrelbeljanovic Lazar wurde gefangen genommen und hingerichtet. Das war das Ende der serbischen Unabhängigkeit, und die Serben verehren Fürst Lazar bis heute als Märtyrer und Nationalhelden und hegen einen tief sitzenden Hass auf den Islam. Aber der osmanische Vormarsch ging weiter und war bei der Mehrheit der byzantinischen Untertanen keineswegs unpopulär. Das alte Reich war in Auflösung begriffen; die Osmanen brachten Ordnung und belebten die Wirtschaft neu, und ein großer Teil der Bevölkerung fühlte sich zum Islam hingezogen. 1402, als Timur ihre Armee bei Ankara schlug, erlitten die Osmanen einen bedeutenden Rückschlag, konnten aber ihre Macht nach Timurs Tod erneut konsolidieren, und 1453 vermochte Mehmed II (1451–1481) endlich, Konstantinopel einzunehmen, unter Zuhilfenahme der neuen Schusswaffentechnik.

Jahrhundertelang hatte das Byzantinische Reich, das die Muslime »Rum« (Rom) nannten, den Islam in Schach gehalten. Ein Kalif nach dem anderen hatte seine Niederlage einräumen müssen. Jetzt hatte Mehmed »der Eroberer« den alten Traum erfüllt. Die Muslime befanden sich am Rande eines neuen Zeitalters. Sie hatten das Mongolen-Trauma überstanden und neue Kräfte gesammelt. Ende des 15. Jahrhunderts war der Islam der größte Machtblock der Welt. Er war bis nach Osteuropa vorgedrungen, hatte die eurasischen Steppen erreicht und war im Gefolge der Muslim-Händler bis ins Subsaharische Afrika gelangt. Im 13. Jahrhundert hatten sich Muslim-Händler der Küste des Südmeers in Ostafrika entlang etabliert, in Südarabien und an der Westküste des indischen Subkontinents. Muslim-Kaufleute, ein jeder ein Missionar des Glaubens, hatten sich in Malaysia niedergelassen, als gerade der buddhistische Handel zusammenbrach, und genossen bald ungeheures Prestige. Den Geschäftsleuten folgten Sufi-Prediger, und im 14. und 15. Jahrhundert war Malaysia mehrheitlich muslimisch. Die ganze Welt schien islamisch zu werden: Selbst wer nicht unter muslimischer Herrschaft lebte, entdeckte, dass die Muslime die See beherrschten, und sah sich, wenn er sein eigenes Land verließ, mit dem Reich des Islam konfrontiert. Auch als europäische Seefahrer im späten 15. und frühen 16. Jahrhundert ihre erstaunlichen Entdeckungen machten, konnten sie die Muslime nicht von den Seewegen vertreiben. Der Islam schien unbesiegbar, und die Muslime waren bereit, neue Reiche zu gründen, die zu den mächtigsten und modernsten der Welt werden sollten.

IV. DER TRIUMPHALE ISLAM

1. Der imperiale Islam (1500–1700)

Die Entdeckung und die Auswirkungen des Schießpulvers ließen eine Militärtechnologie entstehen, die den Herrschern mehr Macht über ihre Untertanen gab als je zuvor. Sie konnten größere Gebiete wirksamer kontrollieren, vorausgesetzt, sie bauten auch eine effiziente, rationalisierte Verwaltung auf. Der Militärstaat, eine Eigenheit islamischer Politik seit dem Niedergang der Abbasiden, trat nun voll in Erscheinung. Auch in Europa bauten Monarchen große zentralisierte Staaten und absolute Monarchien mit effizienterem Machtapparat auf. Drei bedeutende islamische Reiche wurden im späten 15. und frühen 16. Jahrhundert gegründet: Das Reich der Safawiden im Iran, das Moghul-Reich in Indien und das Osmanische Reich in Anatolien, Syrien, Nordafrika und Arabien. Weitere beeindruckende Staatsgebilde entstanden. In Zentralasien bildeten die Uzbeken einen großen muslimischen Staat; ein anderer Staat mit schiitischen Tendenzen entwickelte sich in Marokko, und obwohl die Muslime mit chinesischen, japanischen, hinduistischen und buddhistischen Händlern um die Kontrolle des malaiischen Archipels wetteifern mussten, trugen im 16. Jahrhundert die Muslime den Sieg davon.

Dies war also eine Periode des Triumphs. Doch die drei bedeutendsten Reiche schienen sich alle von den egalitären Traditionen des Islam abzuwenden und absolutistische Monarchien zu gründen. Fast jede Einzelheit des öffentlichen Lebens wurde mit systematischer und bürokratischer Präzision betrieben, wobei die Reiche ein raffiniertes Verwaltungssystem entwickelten. Sie waren alle von der mongolischen Idee des Militärstaates beeinflusst, bezogen aber Zivilisten in ihre imperiale Politik mit ein, was dazu führte, dass diese sich hinter die Dynastien stellten. Aber in einer Hinsicht unterschieden sich diese Reiche entscheidend von den alten Abbasiden-Staaten. Die Abbasiden-Kalifen und ihr Hof waren niemals wirklich islamische Institutionen gewesen; sie waren den Rechtsnormen der *schari'a* nicht unterworfen und hatten ihr eigenes weltliches Ethos entwickelt. Die neuen Reiche dagegen wiesen eine deutlich islamische Orientierung auf, die von den Herrschern selbst betrieben wurde. Im Iran der Safawiden wurde der Schiismus zur Staatsreligion, für die Moghul-Politik waren Philosophie und Sufismus von entscheidender Bedeutung, während das Osmanische Reich ausschließlich gemäß der *schari'a* regiert wurde.

Aber die alten Probleme blieben. Wie fromm ein absolutistischer Monarch erscheinen mochte, seine Autokratie stand dem Geist des Koran fundamental entgegen. Die meisten Menschen lebten nach wie vor in Armut und mussten die Ungerechtigkeit erdulden, die einer agrarischen Gesellschaft stets innewohnt. Dann gab es neue Schwierigkeiten. In Moghul-Indien und Anatolien, dem Kernland des Osmanischen Reiches, waren die Muslime vergleichsweise Neuankömmlinge. Beide mussten lernen, mit ihren nicht-muslimischen Untertanen auszukommen, die die Mehrheit der Bevölkerung bildeten. Die Gründung eines Schiiten-Reiches führte zu einer neuerlichen und entscheidenden Spaltung zwischen Sunniten und Schiiten, was ein intolerantes und aggressives Sektierertum entstehen ließ, das in der islamischen Welt völlig neu war, vergleichbar den erbitterten Konflikten zwischen Katholiken und Protestanten, die gleichzeitig in Europa ausbrachen. Dann war da die Herausforderung von Europa selbst, das bis dahin als hinterwäldlerisch empfunden worden war und für Muslime ziemlich uninteressant blieb. Doch in Europa begann sich gerade eine völlig neue Zivilisation zu entwickeln, frei von den Einengungen der Agrargesellschaft, was zu guter Letzt den Westen nicht nur befähigen sollte, die islamische Welt zu überflügeln, sondern sie zu unterjochen. Das neue Europa begann zwar seine Muskeln spielen zu lassen, stellte aber im 16. Jahrhundert noch keine wirkliche Bedrohung dar. Als die Russen ins muslimische Kazan und Astrachan einfielen (1551–1556) und dort das Christentum durchsetzten, nutzten die Muslime diese Niederlage, um neue Handelsrouten nach Nordeuropa zu eröffnen. Die iberischen Navigatoren, die 1492 die Amerikas entdeckten und neue Seewege um den Globus erschlossen, hatten den portugiesischen Händlern zu großer Mobilität verholfen. In der zweiten Hälfte des 16. Jahrhunderts versuchten sie den islamischen Handel in der Südsee zu ruinieren, indem sie am Roten Meer einen Neo-Kreuzzug betrieben. Diese Unternehmungen der Portugiesen waren für den Westen von großer Bedeutung, hatten aber auf die islamische Welt kaum Auswirkungen. Für die Muslime war die Gründung eines schiitischen Reiches im Iran von weit größerem Interesse; der spektakuläre Erfolg der Safawiden bedeutete für die sunnitischen Hoffnungen einen schweren Rückschlag. Zum ersten Mal seit Jahrhunderten war ein stabiler, mächtiger und dauerhafter Schiiten-Staat genau ins Herz der islamischen Welt gepflanzt worden.

2. Das Safawiden-Reich

Der Sufi-Orden der Qizilbasch in Aserbaidschan, der sich zum Zwölfer-Schiismus bekehrt hatte, hatte schon lange Raubzüge gegen die Christen von Georgien und dem Kaukasus unternommen, sich aber zugleich den Zorn der Emire von Mesopotamien und Westiran zugezogen. 1500 erbte der sechzehnjährige Isma'il die Scheich-Würde des Ordens und schickte sich an, seinen Vater zu rächen, der durch die Emire zu Tode gekommen war. 1501 eroberte Isma'il Tabriz, in den folgenden zehn Jahren den übrigen Iran. Er erklärte den Zwölfer-Schiismus zur Staatsreligion des neuen Reiches.

Eine verblüffende Entwicklung. Bis dahin waren die meisten Schiiten Araber gewesen. Es gab schiitische Zentren im Iran, in Raij, Kaschan und Churasan, ebenso wie in der alten Garnisonsstadt Qom, aber die meisten Iraner waren Sunniten. Isma'il machte sich entsprechend daran, den Sunnismus im Iran auszurotten: Die Sufi-*tariqas* wurden unterdrückt, und die *ulama* entweder hingerichtet oder deportiert. Mitglieder der Verwaltung wurden aufgefordert, die drei ersten Raschidun zu verfluchen, die die eigentlich Ali zustehende Macht »usurpiert« hatten. Kein schiitischer Herrscher hatte dergleichen je in diesem Maßstab angestrebt; moderne Waffen gaben dem religiösen Establishment ein neues Zwangsmittel an die Hand. Zweihundert Jahre lang war das Verhältnis zwischen Schiiten und Sunniten entspannt gewesen. Der Zwölfer-Schiismus war eine esoterische, mystische Sekte gewesen, die sich aus der Politik zurückgezogen hatte, da er keine Regierung als legitim empfand, solange der Verborgene Imam abwesend war. Wie sollte es da einen »Staats-Schiismus« geben? Schah Isma'il ließ sich durch solche Überlegungen nicht anfechten. Er wusste wahrscheinlich kaum etwas über die Zwölfer-Orthodoxie, da er selber dem volkstümlichen extremistischen Schiismus der *ghulat* anhing, der davon ausging, dass die messianische Erlösung kurz bevorstand. Möglicherweise hat er seinen Anhängern gesagt, er sei selber der Verborgene Imam und gekommen, die Schlachten des Jüngsten Gerichts zu schlagen. Sein *dschihad* gegen den sunnitischen Islam blieb nicht auf den Iran begrenzt. 1510 vertrieb er die sunnitischen Uzbeken aus Churasan und trieb sie nördlich über den Oxus; er griff auch die sunnitischen Osmanen an, wurde aber 1514 von Sultan Selim I in der Schlacht von Tschaldiran besiegt. Sein Versuch, die Sunniten außerhalb seines Gebiets zu vernichten, schlug fehl, aber innerhalb des Iran war Isma'ils Offensive erfolgreich. Ende des 17. Jahrhunderts waren die meisten Iraner überzeugte Schiiten und sind dies bis zum heutigen Tag geblieben.

Schah Isma'il gründete einen Militärstaat, stützte sich aber stark auf Zivilisten, die die Verwaltung übernahmen. Wie die alten Sasaniden- und Abbasiden-Monarchen wurde der *schah* als »Schatten Gottes auf Erden« betrachtet, aber die Legitimität der Safawiden beruhte auf Isma'ils Anspruch, ein Nachkomme der *imame* zu sein. Doch dauerte es nicht lange, bis die Safawiden begriffen, dass die extremistische Ideologie, die in der Opposition ihren revolutionären Eifer befeuert hatte, ihnen wenig zustatten kam, wenn sie selber das Establishment bildeten. Schah Abbas I (1588–1629) säuberte seine Bürokratie von Ansichten der *ghulat* und importierte schiitische arabische *ulama* aus dem Ausland, um die Bevölkerung eine orthodoxere Form des Zwölfer-Schiismus zu lehren, indem er *madrasas* baute, die er großzügig unterstützte. Unter Abbas erreichte das Reich seinen Zenit. Ihm glückten wichtige territoriale Siege gegen die Osmanen, und seine Hauptstadt in Isfahan durchlebte eine kulturelle Renaissance, die sich, wie die eben erst erfolgte italienische Renaissance in Europa, von der heidnischen Vergangenheit des Ortes inspirieren ließ; im Falle Irans von der alten vorislamischen persischen Kultur. Dies war die Epoche großer Maler wie Bihzad (gest. 1535) und Riza-ji Abbari (gest. 1635),

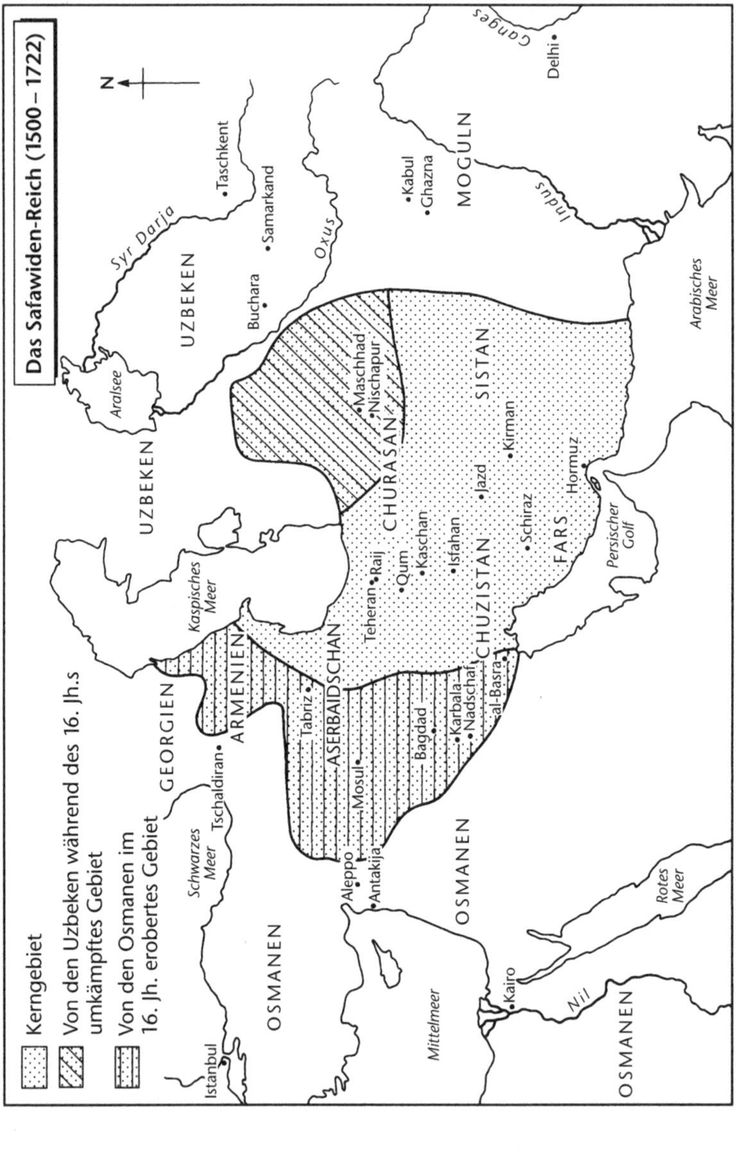
Das Safawiden-Reich (1500 – 1722)
Kerngebiet
Von den Uzbeken während des 16. Jh.s umkämpftes Gebiet
Von den Osmanen im 16. Jh. erobertes Gebiet
N
Aralsee
Syr Darja
Taschkent
Samarkand
Buchara
UZBEKEN
Oxus
Kabul
Ghazna
MOGULN
Delhi
Ganges
Indus
Arabisches Meer
UZBEKEN
Maschhad
Nischapur
CHURASAN
SISTAN
Kirman
Hormuz
Jazd
Persischer Golf
Schiraz
FARS
Kaspisches Meer
Raij
Teheran
Qum
Kaschan
Isfahan
CHUZISTAN
ASERBAIDSCHAN
ARMENIEN
GEORGIEN
Tabriz
Tschaldiran
Mosul
Bagdad
Karbala
Nadschaf
al-Basra
Schwarzes Meer
Aleppo
Antakija
OSMANEN
OSMANEN
Istanbul
Mittelmeer
Kairo
Nil
Rotes Meer
OSMANEN

die traumhaft leuchtende Miniaturen schufen. Isfahan wurde eine prächtige Stadt mit Parks, Palästen und großen offenen Plätzen, mit beeindruckenden Moscheen und *madrasas.*

Die neuen *ulama*-Immigranten befanden sich in einer eigenartigen Lage. Als private Gruppe hatten sie noch nie über eigene schiitische *madrasas* verfügt, sondern sich gegenseitig zum Studium und Gespräch besucht. Sie hatten sich aus Prinzip stets von der Regierung fern gehalten und wurden nun aufgefordert, das Ausbildungs- und Justizsystem des Iran und die religiösen Regierungsgeschäfte zu übernehmen. Die Schahs gaben ihnen generöse Geschenke und Stipendien, die sie finanziell unabhängig machten. Sie erkannten, dass sie die einmalige Gelegenheit zur Propagierung ihres Glaubens nicht ablehnen durften, blieben dem Staat gegenüber dennoch misstrauisch, indem sie offizielle Regierungsposten ablehnten und vorzogen, als einfache Untertanen zu gelten. In ihrer Stellung hatten sie potenziell sehr viel Macht. Der Zwölfer-Orthodoxie zufolge waren die *ulama* und nicht die Schahs die einzig legitimen Repräsentanten des Verborgenen Imam. Aber bis auf weiteres konnten die Safawiden die *ulama* bestimmen; diese vermochten ihre Stellung erst dann wirklich nutzen, wenn die gesamte iranische Bevölkerung zum Schiismus übergetreten war. Aber die neue Macht des Zwölfer-Schiismus bewirkte, dass einige von dessen attraktiveren Eigenschaften verloren gingen. Statt sich der tiefen mystischen Exegese zu widmen, nahmen manche Religionsgelehrte eine ziemlich buchstabengetreue Haltung ein. Muhammad Baqir Madschlisi (gest. 1700), einer der einflussreichsten *ulama* aller Zeiten, legte eine neue schiitische Bigotterie an den Tag. Er versuchte das Studium der Philosophie und der Mystik (*irfan*) in Isfahan völlig zu unterdrücken und ließ alle übrig gebliebenen Sufis gnadenlos verfolgen. Von nun an sollten sich die *ulama* ausschließlich mit dem *fiqh* befassen. Madschlisi erweckte im iranischen Schiismus ein Misstrauen gegenüber der Mystik und der Philosophie, das bis heute angehalten hat.

Um die alten Sufi-Riten wie den gemeinsamen *dhikr* und den Kult der Sufi-Heiligen zu ersetzen, propagierte Madschlisi das Trauerritual für Husain, den Märtyrer von Karbala, das der Bevölkerung die Werte und Frömmigkeit des Schiismus vermitteln sollte. Es gab umfangreiche Prozessionen, bei denen hochemotionale Trauerlieder gesungen wurden, während die Menschen lautstark klagten und weinten. Im Laufe des 18. Jahrhunderts entstand die *ta'zija*, ein Passionsspiel, das die Tragödie von Karbala nachspielte; dabei war der Zuschauer nicht passives Publikum, sondern reagierte emotional, indem er weinte und sich auf die Brust schlug und das Leiden von Imam Husain mit den eigenen Nöten verband. Die Rituale erwiesen sich als wichtiges Sicherheitsventil. Während die Zuschauer jammerten, sich auf die Stirn schlugen und haltlos weinten, erweckten sie in sich die Sehnsucht nach Gerechtigkeit, die im Zentrum der schiitischen Frömmigkeit steht, verbunden mit der Frage, *warum* es immer die Guten sind, die leiden, während die Schurken ständig gewinnen. Aber Madschlisi und die Schahs achteten sorgfältig darauf, das revolutionäre Potenzial der Riten zu unterdrücken. Statt die Tyrannei im eigenen Land anzugreifen, sollte man gegen den sunnitischen Islam angehen. Statt zu schwören, sich im Kampf wider die Ungerechtigkeit Husain zum Beispiel zu nehmen, sollte man in ihm einen Schutzheiligen sehen, der dem Beter ins Paradies verhalf. Damit wurde der Ritus neutralisiert und zur Sicherung des Status quo eingesetzt. Die Gläubigen wurden dazu gebracht, die Herrschaft der Machthaber zu billigen und sich ausschließlich um die eigenen Angelegenheiten zu kümmern. Erst in der Iranischen Revolution von 1978/1979 trat der Kult wieder in seine ursprüngliche Funktion ein, indem die Unterdrückten darin ihren Anklagen gegen eine korrupte Regierung Ausdruck verliehen.

Aber einige der *ulama* blieben den älteren schiitischen Traditionen treu, und ihre Überlegungen haben Reformer und Revolutionäre bis heute inspiriert, nicht nur in Iran, sondern in der ganzen muslimischen Welt. Mir Dimad (gest. 1631) und sein Schüler Mulla Sadra (gest. 1640) gründeten in Isfahan eine Schule der mystischen Philosophie und Spiritualität, die von Madschlisi nach Möglichkeit unterdrückt wurde. Sie knüpften an die Tradition an, Philosophie und Spiritualität miteinander zu verbinden, und lehrten ihre Schüler mystische Disziplinen, die ihnen erlaubten, ein Gefühl für die *alam al-mithal* und die spirituelle Welt zu entwickeln. Beide bestanden darauf, dass ein Philosoph rational und wissenschaftlich wie Aristoteles zu sein hat, während er sich der Wahrheit zugleich auf fantasievolle, intuitive Weise nähern muss. Beide lehnten die neue Intoleranz eines Teils der *ulama* ab, die sie als Perversion der Religion empfanden. Wahrheit konnte nicht gewaltsam aufgezwungen werden und intellektueller Konformismus war mit echtem Glauben unvereinbar. Für Mulla Sadra waren politische Reformen unlösbar mit Spiritualität verbunden. In seinem Meisterwerk *al-Asfar al-arba'a* (»Die vier Reisen«) beschrieb er die mystischen Übungen, denen sich ein geistlicher Führer unterziehen muss, bevor er beginnen kann, den Alltag zu verändern. Er muss sich als Erstes seines Egos entledigen und sich göttliche Erleuchtung und eine mystische Ahnung Gottes aneignen. Dies konnte ihn zu vergleichbaren geistigen Einsichten führen wie die schiitischen *imame*, wenn auch nicht auf gleicher Ebene.

Ajatollah Chomeini (1902–1989) wurde durch die Lehren von Mulla Sadra tief beeinflusst, und in der letzten Rede vor seinem Tod flehte er das iranische Volk an, mit dem Studium und der Praxis des *irfan* fortzufahren, da es ohne spirituelle Reformation keine wahrhaft islamische Revolution geben könne.

Was Mulla Sadra sehr verstörte, war ein völlig neuer Gedanke, der unter den *ulama* von Iran allmählich immer mehr Anhänger gewann und der bis in unsere Tage hinein schwer wiegende politische Konsequenzen haben sollte. Eine Gruppe, die sich als *usulis* bezeichnete, meinte, dass gewöhnliche Muslime unfähig seien, die fundamentalen Glaubensprinzipien (*usul*) selber zu interpretieren. Deshalb sollten sie *ulama* aufsuchen und sich an deren juristische Entscheidungen halten, weil diese als Einzige über die Autorität des Verborgenen Imam verfügten. Anders als die Sunniten hatten sich die schiitischen *ulama* nie einverstanden erklärt, »die Tore des *idschtihad*« für geschlossen zu erklären. Vielmehr hieß ein führender Jurist bei ihnen *mudschtahid*, einer, der das Recht hat, in der islamischen Rechtsprechung »selbstständige Überlegungen« zu formulieren. Die *usulis* lehrten, dass selbst der Schah die *fatwas* des *mudschtahid*, den er sich zum Mentor gewählt hat, befolgen muss, da er auf dessen Rechtskenntnis angewiesen ist. Im Laufe des 17. Jahrhunderts gewannen die *usulis* kaum Anhänger, aber Ende des Jahrhunderts, als klar wurde, dass sich das Safawiden-Reich im Niedergang befand, wurde ihre Haltung populär. Eine starke Rechtsautorität, die die Schwäche des Staates kompensieren konnte, war nun dringend vonnöten.

Das Reich der Safawiden, dem Schicksal einer jeden Agrarwirtschaft erliegend, konnte seine Aufgaben nicht länger wahrnehmen. Der Handel lag darnieder, die Wirtschaft war geschwächt und die späteren Schahs inkompetent. Als afghanische Stämme 1722 Isfahan angriffen, wurde die Stadt auf schändliche Weise übergeben. Einer der Safawiden-Prinzen entging dem Massaker und konnte mit Hilfe des brillanten, aber ruchlosen Armeeführers Nadir Chan die Invasoren vertreiben. Nadir Chan, der sich seines Safawiden-Mitstreiters entledigte und sich selbst zum Schah ernannte, hielt den Iran zwanzig Jahre zusammen und erkämpfte bemerkenswerte militärische Siege. Aber er war ein grausamer, brutaler Mann und fiel 1748 einem Attentat zum Opfer. In dieser Epoche verliehen zwei entscheidende Entwicklungen den *ulama* in Iran eine Macht, die Rechtsgelehrte sonst nirgendwo in der islamischen Welt besaßen. Als Nadir Chan erfolglos versuchte, im Iran den sunnitischen Islam wieder einzuführen, hatten die führenden *ulama* das Reich verlassen und sich in den heiligen Schiiten-Städten Nadschaf und Karbala niedergelassen (die Ali und Husain geweiht waren). Dies erschien zunächst als großes Unglück, doch verfügten sie mit Nadschaf und Karbala im osmanischen Irak über eine Basis zur Beeinflussung der Bevölkerung, die der Macht der weltlichen iranischen Herrscher entzogen war. Und es waren die *ulama*, die das Machtvakuum ausfüllten, das entstand, als der Iran im düsteren Interregnum nach Nadir Chans Tod ohne zentrale Staatsgewalt war, bis 1779 Agha Muhammad vom Stamm der turkmenischen Qadschar die Macht an sich riss und die Dynastie der Qadscharen gründete. Die *usuli*-Interpretation wurde nun offizielle Lehrmeinung, und die *ulama* konnten die Frömmigkeit und den Gehorsam der iranischen Bevölkerung offensichtlich weit wirksamer beherrschen als irgendein Schah.

3. Das Moghul-Reich

Die Unruhen im Gefolge von Schah Isma'ils *dschihad* gegen den sunnitischen Islam sollten, teilweise jedenfalls, zur Gründung eines neuen muslimischen Reiches in Indien führen. Dessen Gründer Babur (gest. 1530) war ein Verbündeter von Isma'il gewesen und im Krieg zwischen den Safawiden und den Uzbeken nach Kabul in die afghanischen Berge geflüchtet, wo er die Macht über die Reste des Staates übernahm, den einst Timur gegründet hatte. Von dort aus konnte er kurzzeitig eine Machtbasis in Nordindien aufbauen, die er gemäß den von Timur vorgegebenen mongolischen Richtlinien führen wollte. Der Staat hatte nicht lange Bestand, es kam zu Streitigkeiten unter den turko-mongolischen Emiren, bis sich 1555 Humajun, der Fähigste von Baburs Nachkommen, des Throns bemächtigte, worauf nach seinem Tod ein talentierter Regent die »Mongolische« (oder »Moghul«)-Macht sicherte, bis Humajuns Sohn Akbar (1542–1605) 1560 volljährig wurde. Akbar konnte in Nordindien einen geeinten Staat begründen, in welchem er als unangefochtener Herrscher anerkannt wurde. Er führte die Zentralregierung gemäß altem mongolischem Brauch als Armee, die unter dem direkten Kommando des Sultans stand. Er baute eine effiziente Bürokratie auf, und mit Hilfe der Feuerkraft seiner Schusswaffen expandierte das Moghul-Reich auf Kosten anderer muslimischer Herrscher, bis Akbar Hindustan, den Pandschab, Malwa und das Deccan beherrschte.

Im Gegensatz zu Isma'il unterdrückte oder verfolgte Akbar seine Untertanen nicht, ebenso wenig versuchte er, sie zu seinem Glauben zu konvertieren. Hätte er das versucht, hätte sein Reich nicht überlebt. Die Muslime waren eine kleine Minderheit, die über ein Land herrschten, dem man noch nie eine religiöse Konformität aufzuzwingen versucht hatte. Jede Hindu-Kaste besaß ihre eigenen religiösen Praktiken, und Buddhisten, Malabar-Christen, Juden, Dschaina-Anhänger, europäische Christen, Parsen, sunnitische Muslime und Isma'iliten durften ungehindert ihrem Glauben nachgehen. Im 14. und 15. Jahrhundert hatten Hindus aller Kasten und sogar einige Muslime sich zusammengetan, um eine geistige, kontemplative Form des Monotheismus zu gründen, der der sektiererischen Intoleranz abschwor. Die Sikh-Religion, die von Guru Nanak (gest. 1469) gegründet wurde, entstand in diesen Kreisen und propagierte die Einheit und Zusammengehörigkeit von Hinduismus und Islam. Dennoch war die Möglichkeit einer aggressiven Konfrontation stets gegeben. Universalismus war in Indien fest etabliert, und ein intolerantes Staatsgebilde hätte dem Charakter der indischen Kultur völlig widersprochen. Die muslimischen Herrscher waren sich dessen lange bewusst gewesen und hatten Hindus in ihren Armeen und in ihrer Verwaltung eingesetzt. Akbar unterstrich diese Tradition. Er schaffte die *dschizja*-Steuer ab, die die *schari'a* für *dhimmis* vorschreibt, wurde Vegetarier, um die Gefühle der Hindus nicht zu verletzen, und gab die Jagd auf (ein Sport, den er sehr genoss). Akbar verhielt sich allen Glaubensrichtungen gegenüber respektvoll. Er erbaute Tempel für Hindus und gründete 1575 ein »Gebetshaus«, in welchem Gelehrte aller Religionen sich zu Diskussionen treffen konnten. Er gründete auch seinen eigenen Sufi-Orden, den er dem »Monotheismus« (*tauhid-i ilahi*) widmete, der auf dem koranischen Glauben beruhte, dass der eine Gott sich in jeder rechtgeleiteten Religion offenbaren konnte.

Obwohl gewiss in Übereinstimmung mit dem Geist des Koran, unterschied sich Akbars Pluralismus entscheidend von dem strengen Kommunalismus, der sich in einigen *ulama*-

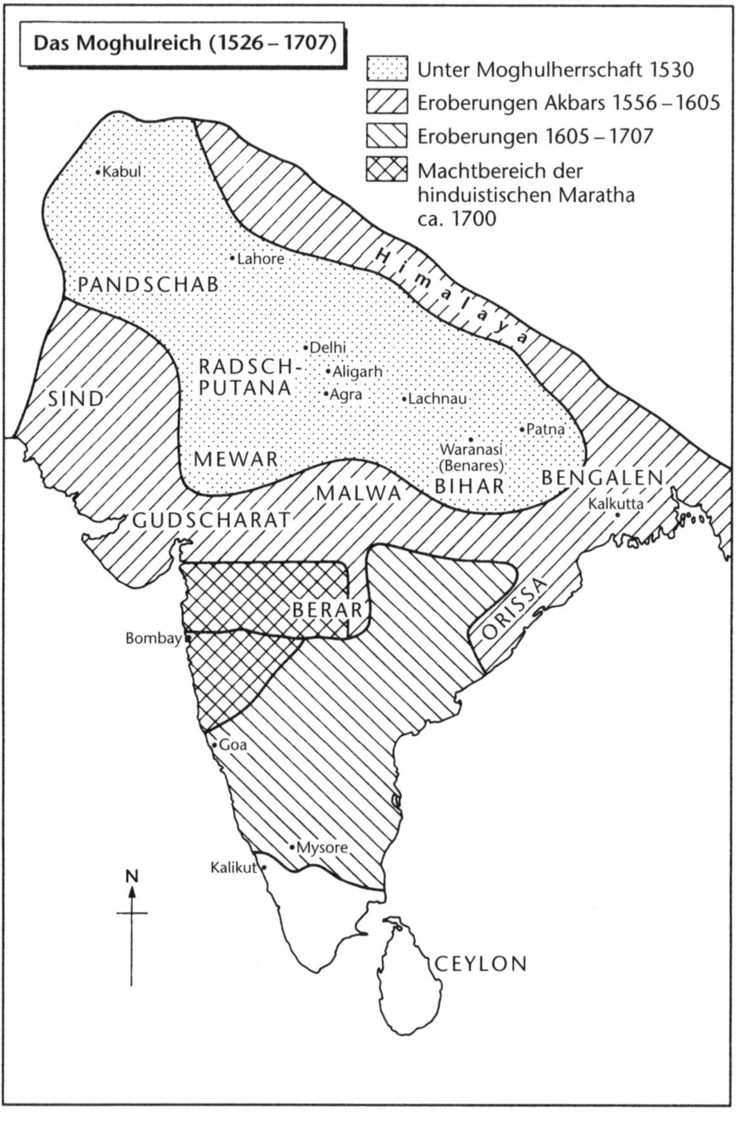
Das Moghulreich (1526 – 1707)
Unter Moghulherrschaft 1530
Eroberungen Akbars 1556 – 1605
Eroberungen 1605 – 1707
Machtbereich der hinduistischen Maratha ca. 1700
Kabul
Lahore
PANDSCHAB
Himalaya
Delhi
Aligarh
Agra
Lachnau
RADSCH-PUTANA
SIND
MEWAR
Patna
Waranasi (Benares)
BIHAR
BENGALEN
MALWA
Kalkutta
GUDSCHARAT
BERAR
ORISSA
Bombay
Goa
Mysore
Kalikut
N
CEYLON

Kreisen entwickelt hatte, und war Lichtjahre von der Bigotterie des jüngsten Konflikts zwischen Sunniten und Schiiten entfernt. Aber jede andere Politik hätte in Indien katastrophale Auswirkungen gehabt. Akbar hatte die *ulama* zu Beginn seiner Regierung umworben, aber an einer Einführung der *schari'a* war er nie besonders interessiert. Er selbst neigte zum Sufismus und zur Philosophie, die beide zu einer universalistischen Vision tendierten. Akbar wollte die vorbildliche Gesellschaft errichten, die von den Philosophen beschrieben worden war. Sein Biograf, der Sufi-Historiker Abd ul-Fazl Allami (1551–1602), betrachtete Akbar als den idealen Philosophenkönig. Er hielt ihn auch für den »Vollkommenen Menschen«, der den Sufis zufolge jeder Generation geschenkt wird, um der *umma* göttliche Weisung zu erteilen. Akbar gründete eine Zivilisation, die, wie Allami ausführte, den Menschen dazu verhalf, eine geistige Generosität zu entwickeln, die Konflikte unmöglich machte. Ein Staatsgebilde, das das Sufi-Ideal des *sulh-i kull* (»Universalfriedens«) ausdrückte und nur die Vorstufe zur *mahabbat-i kull*, der »Universalliebe«, war, mittels derer man sich aktiv um das materielle und geistige Wohl aller Menschen bemühen würde. So gesehen war Bigotterie Unsinn; der ideale Philosophenkönig war, wie Akbar, über die kleinlichen Vorurteile engherzigen Sektierertums erhaben.

Einige Muslime empfanden Akbars religiösen Pluralismus als Provokation. Ahmad Sirhindi (gest. 1625), der auch ein Sufi war, erklärte einen solchen Universalismus (an dem er Ibn al-Arabi Schuld gab) für gefährlich. Sirhindi behauptete, dass er und nicht Akbar der »Vollkommene Mensch« seines Zeitalters sei. Einheit mit Gott konnte nur erreicht werden, wenn die Muslime fromm die Rechtsnormen der *schari'a* befolgten, deren Standpunkt damals immer sektiererischer wurde. Anfang des 17. Jahrhunderts hatten nur wenige Muslime in Indien sich Sirhindis Ansichten angeschlossen. Schah Dschahan, Akbars Enkelsohn, der von 1627 bis 1658 herrschte, hielt sich im Wesentlichen an die Richtlinien Akbars. Sein Tadsch Mahall führte die Tradition des Großvaters fort, indem er den muslimischen und den hinduistischen Architekturstil miteinander verband. An seinem Hof förderte er Hindu-Dichter und ließ wissenschaftliche muslimische Werke ins Sanskrit übersetzen. Aber Schah Dschahan verhielt sich dem Sufismus gegenüber feindlich und seine Frömmigkeit war strenger von der *schari'a* bestimmt als die Akbars.

Er erwies sich als Übergangsfigur. Ende des Jahrhunderts war klar, dass der Niedergang des Moghul-Reiches eingesetzt hatte. Die Armee und der Hof waren zu teuer geworden, die Kaiser investierten in kulturelle Aktivitäten, während sie die Landwirtschaft vernachlässigten, von der ihr Reichtum abhing. Vollends brach die Wirtschaft während der Regierung von Aurangzab (1658–1707) zusammen, der glaubte, dass die richtige Reaktion in einer schärferen Disziplinierung der muslimischen Gemeinschaft bestehe. Seine Unsicherheit zeigte sich in seinem mörderischen Hass auf muslimische »Häretiker« und Anhänger anderer Glaubensrichtungen. In seiner sektiererischen Politik wurde er von den Muslimen unterstützt, die, wie Sirhindi, mit dem alten Pluralismus unglücklich gewesen waren. Schiitische Feiern zu Ehren von Husain wurden in Indien unterdrückt, Wein gesetzlich verboten (was den sozialen Umgang mit Hindus schwierig machte) und die Anzahl von Hindu-Feiern, die der Kaiser besuchte, drastisch reduziert. Die *dschizja* wurde wieder eingeführt und die Besteuerung von Hindu-Händlern verdoppelt. Schlimmer noch, im ganzen Reich wurden Hindu-Tempel zerstört. Die Reaktion zeigte, wie weise die vorige Toleranz gewesen war. Es gab ernste Revolten unter der Leitung von Hindu-Führern und Sikhs, die eine Kampagne für einen eigenen Staat im Pandschab begannen. Als Aurangzab starb, befand sich das Reich in einer gefährlichen Schieflage, von der es sich nie ganz erholte. Seine Nachfolger gaben die kommunalistische Politik auf, aber der Schaden war da. Selbst Muslime waren abgestoßen: Sie empfanden Aurangzabs Eifer für die *schari'a*, die doch Gerechtigkeit für alle, einschließlich der *dhimmis*, verkündet, als absolut unislamisch. Das Reich begann zu zerfallen und örtliche muslimische Statthalter pflegten ihre Regionen als autonome Einheiten zu verwalten.

Die Moghulen vermochten jedoch bis 1739 an der Macht zu bleiben, und im Laufe des 18. Jahrhunderts kam es bei Hofe zu einer Wiederannäherung von Hindus und Muslimen; sie lernten die Sprache des anderen zu sprechen und lasen und übersetzten gemeinsam Bücher aus Europa. Aber die Sikhs und die Hindu-Führer in den Bergen kämpften nach wie vor gegen das Regime an, und im Nordwesten versuchten die afghanischen Stämme, die einst das Safawiden-Reich in Iran gestürzt hatten, erfolglos, in Indien ein neues muslimisches Reich zu gründen. Indische Muslime fühlten sich verunsichert, und ihre Probleme sollten viele der Schwierigkeiten und Debatten der Muslime der Moderne vorwegnehmen. Sie empfanden sich nun als belagerte Minderheit an einem Ort, und zwar, anders als im anatolischen Kernland des Osmanischen Reiches, nicht an der Peripherie, sondern inmitten einer der Hochkulturen der zivilisierten Welt. Sie lagen nicht nur im Wettstreit mit Hindus und Sikhs, sondern auch mit den Briten, die im Subkontinent eine starke Handelspräsenz aufbauten, die immer politischer wurde. Zum ersten Mal sahen sich Muslime mit der Möglichkeit konfrontiert, von Ungläubigen regiert zu werden, was ihnen, angesichts der Bedeutung der *umma* für die islamische Frömmigkeit, äußerst verstörend erschien. Dies war nicht einfach eine Sache der Politik, hier waren die tiefsten Bereiche ihres Daseins betroffen. Das führte zu einer neuen Unsicherheit, die zum Charakteristikum muslimischen Lebens in Indien wurde. Sollte der Islam einfach zu einer weiteren Hindu-Kaste werden? Sollten die Muslime ihre kulturelle und religiöse Identität verlieren und von ausländischen Traditionen überrollt werden, die ganz anders waren als die des Mittleren Ostens, wo der Islam entstanden war? War die Verbindung zu ihren Wurzeln abgebrochen?

Der Sufi-Denker Schah Walijullah (1703–1762) sah den Ausweg in der Haltung Sirhindis, und seine Ansichten sollten die indischen Muslime bis weit ins 20. Jahrhundert hinein beeinflussen. Er drückte eine neue Abwehrhaltung aus, und als den Muslimen in anderen Teilen der Welt die Macht zu entgleiten schien und sie eine ähnliche Angst ums Überleben des Islam empfanden, kamen andere Denker und Reformer zu ähnlichen Schlüssen. Die Muslime hatten zusammenzustehen, ihre sektiererischen Zwistigkeiten zu begraben und dem Feind geeint entgegenzutreten. Die *schari'a* musste den speziellen Bedingungen des Subkontinents angepasst und zum Mittel gegen Hinduisierung werden. Dass Muslime militärisch wie politisch die Oberhand behielten, war von entscheidender Bedeutung. Schah Walijullah war derart besorgt, dass er selbst den katastrophalen afghanischen Feldzug zur Wiederbelebung der muslimischen Macht unterstützte. Das muslimische Denken hatte einen defensiven Zug angenommen, der die islamische Frömmigkeit bis heute charakterisiert.

4. Das Osmanische Reich

Als die Osmanen 1453 (das von nun an Istanbul genannte) Konstantinopel erobert hatten, begründeten sie ein Reich, das, gerade weil es sich so allmählich hatte bilden können, über sicherere Grundlagen verfügte als die anderen muslimischen Reiche und größeren und dauerhafteren Erfolg aufweisen sollte. Die ersten osmanischen Führer waren typische *ghazi*-Herrscher gewesen, aber in Istanbul errichteten die Sultane eine absolute Monarchie nach byzantinischem Vorbild, mit einer hoch entwickelten Hofetikette. Der Staat basierte vor allem auf dem alten mongolischen Ideal, die Zentralmacht wurde als große Armee empfunden, die dem Sultan zu Gebote stand. Entscheidend für Mehmed den Eroberer war die Unterstützung der balkanischen Adligen, von denen viele zum Islam übertraten, und die Infanterie, die »neue Truppe« (*jeni tscheri*), die seit der Erfindung des Schießpulvers an Bedeutung gewonnen hatte. Die Janitscharen, konvertierte Sklaven, Außenseiter ohne regionale Interessen, wurden zur unabhängigen Macht, die fest hinter dem Sultanat stand. Auch die Osmanen blieben dem Ethos ihres ursprünglichen Ideals treu, indem sie sich als Leiter eines Grenzstaates empfanden, dessen Daseinszweck im *dschihad* gegen die Feinde des Islam bestand: im Westen gegen das Christentum, im Osten gegen die schiitischen Safawiden. Die Osmanen wurden auf ebenso mörderische Weise sektiererisch wie die Safawiden, und es kam zu Massakern von Schiiten, die im Gebiet der Osmanen wohnten.

Ihr *dschihad* war unglaublich erfolgreich. Aus der Kampagne von Selim I (1467–1520) gegen die Safawiden, die dem iranischen Vormarsch Einhalt geboten hatte, wurde ein siegreicher Eroberungskrieg, der ganz Syrien und Ägypten unter

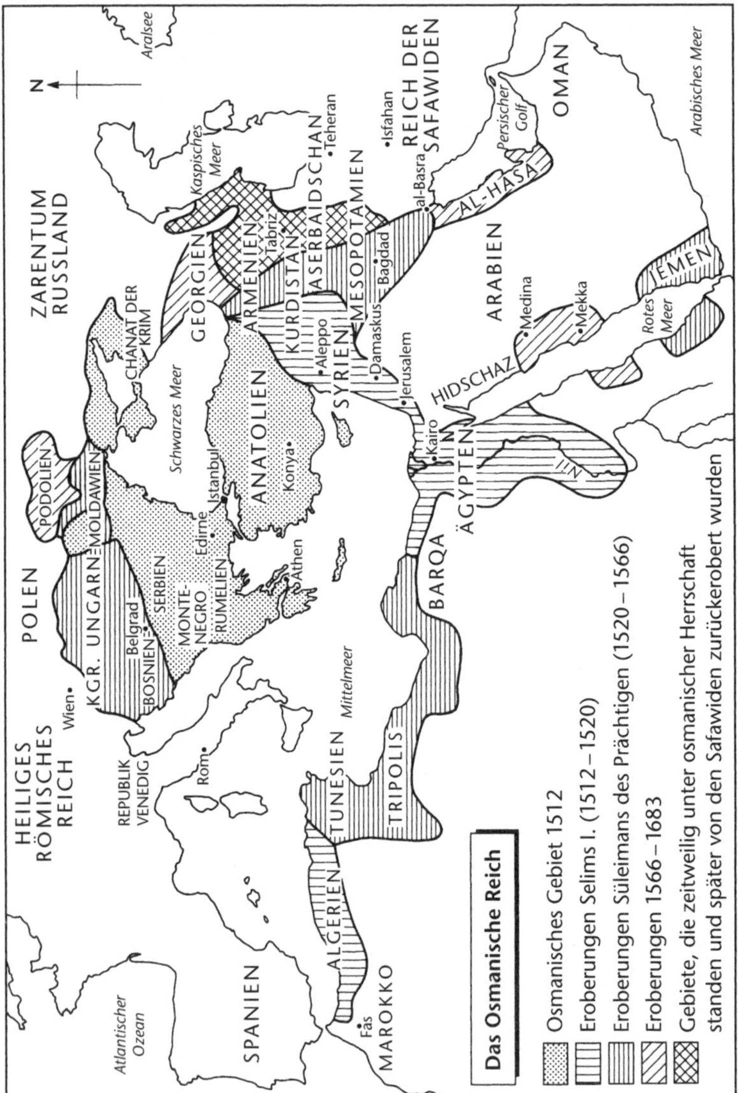
Das Osmanische Reich
Osmanisches Gebiet 1512
Eroberungen Selims I. (1512–1520)
Eroberungen Süleimans des Prächtigen (1520–1566)
Eroberungen 1566–1683
Gebiete, die zeitweilig unter osmanischer Herrschaft standen und später von den Safawiden zurückerobert wurden
N
HEILIGES RÖMISCHES REICH
POLEN
ZARENTUM RUSSLAND
Aralsee
Wien
KGR. UNGARN
PODOLIEN
MOLDAWIEN
CHANAT DER KRIM
Schwarzes Meer
Kaspisches Meer
GEORGIEN
ARMENIEN
Tabriz
KURDISTAN
ASERBAIDSCHAN
Teheran
Isfahan
REICH DER SAFAWIDEN
MESOPOTAMIEN
Bagdad
al-Basra
Persischer Golf
OMAN
AL-HASA
Arabisches Meer
ARABIEN
Medina
Mekka
HIDSCHAZ
JEMEN
Rotes Meer
SYRIEN
Aleppo
Damaskus
Jerusalem
ANATOLIEN
Konya
Istanbul
Edirne
RUMELIEN
SERBIEN
MONTE-NEGRO
Belgrad
BOSNIEN
Athen
REPUBLIK VENEDIG
Rom
Mittelmeer
Kairo
ÄGYPTEN
N
BARQA
TRIPOLIS
TUNESIEN
ALGERIEN
MAROKKO
Fâs
SPANIEN
Atlantischer Ozean

osmanische Herrschaft brachte. Nordafrika und Arabien wurden ebenfalls ans Reich angeschlossen. Im Westen führten die osmanischen Armeen ihre Eroberung Europas fort und standen nach 1530 vor den Toren von Wien. Der Sultan herrschte nun, mittels einer effizienten Bürokratie, über ein fest gegründetes Reich, dem kein anderer Staat der Epoche gleichkam. Er zwang seinen Untertanen keine Einheitlichkeit auf und versuchte auch nicht, die disparaten Teile seines Reiches zu einer Einheit zu verschmelzen. Vielmehr bot die Regierung einen Rahmen, in dem die verschiedenen Gruppen – Christen, Juden, Araber, Türken, Berber, Kaufleute, *ulama*, *tariqas* und Handwerksgilden – friedlich zusammenleben konnten, ein jeder leistete seinen Beitrag und hing seinen Überzeugungen und Bräuchen an. Damit gestaltete sich das Reich als Ansammlung von Gruppierungen, von denen eine jede die unmittelbare Loyalität ihrer Mitglieder forderte. Das Reich wurde in Provinzen eingeteilt, die jeweils von einem Gouverneur (*pascha*) regiert wurden, der Istanbul unmittelbar unterstellt war.

Das Reich erreichte seinen Höhepunkt unter Süleiman al-Qanuni (1520–1566), im Westen als »Süleiman der Prächtige« bekannt. Unter seiner Regierung erreichte das Reich seine größte Expansion, und Istanbul genoss eine kulturelle Renaissance, die sich vor allem in einer hervorragenden Architektur ausdrückte, besonders den Bauten des Hofarchitekten Sinan Pascha (gest. 1578). Die osmanischen Moscheen, die überall im Reich entstanden, hatten einen einheitlichen Stil: Sie waren geräumig, lichterfüllt, mit niederen Kuppeln und hohen Minaretten. Auch Malerei, Geschichte und Medizin wurden sehr angelegentlich gefördert, 1579 wurde ein Observatorium errichtet, und man war von den neuen europäischen Entdeckungen in Navigation und Geographie fasziniert. In diesen Jahren der Expansion, als der osmanische Staat, bei allen Leistungen Europas, der mächtigste der Welt war, erfolgte ein eifriger Informationsaustausch mit dem Westen.

Wie die anderen beiden Reiche erhielt auch der Staat der Osmanen eine besondere islamische Ausrichtung. Unter Süleiman wurde der *schari'a* ein höherer Status zuerkannt als in allen bisherigen Muslim-Staaten. Sie wurde zu einem für alle Muslime verbindlichen Staatsgesetz gestaltet, und die Osmanen waren die ersten, die Regeln für *schari'a*-Gerichtshöfe ausstellten. Die Rechtsexperten – die *qudat*, die an ihren Gerichtshöfen Recht sprachen, deren Berater (*muftis*), die das Gesetz interpretierten, und die Lehrer in den *madrasas* – bildeten ein Beamtenkorps, das die moralische und religiöse Bindung zwischen dem Sultan und seinen Untertanen garantierte. Dies erwies sich insbesondere in den arabischen Provinzen als vorteilhaft, da diese Partnerschaft zwischen Staat und den *ulama* den Einwohnern ermöglichte, die Türkenherrschaft zu akzeptieren. Nicht nur, dass die *ulama* sich auf das religiöse Recht berufen konnten, was wiederum das Regime legitimierte, *ulama*, die aus einer bestimmten Provinz stammten, konnten oft als entscheidende Vermittler zwischen der eingeborenen Bevölkerung und dem türkischen Gouverneur auftreten.

Osmanische Untertanen waren stolz darauf, einem *schari'a*-Staat anzugehören. Der Koran lehrt, dass eine *umma*, die dem Willen Gottes entsprechend lebt, gedeiht, weil sie sich in Übereinstimmung mit den fundamentalen Daseinsgesetzen befindet. Der spektakuläre Erfolg der frühen Osmanen, deren Legitimität vor allem auf ihrer Ergebenheit in Gottes offenbartem Recht beruhte, schien einen solchen Glauben zu bestärken. Die *ulama* konnten das Reich als *ihren* Staat empfinden und den Osmanen die einmalige Integration öffentlicher Politik mit islamischem Bewusstsein bescheinigen. Doch hatte eine solche Partnerschaft – so fruchtbar sie war – auch eine negative Seite, da die *ulama* dabei keineswegs an Macht gewannen, sondern mit der Zeit bevormundet und schließlich diskreditiert wurden. Die *schari'a* hatte als Protestbewegung begonnen, die einen Gutteil ihrer Dynamik aus ihrer oppositionellen Haltung bezog. Unter dem osmanischen System musste sie diese zwangsläufig preisgeben. Die *ulama* wurden vom Staat abhängig. Wenn die *ulama* Staatsbeamte waren, konnten der Sultan und seine *paschas* ihnen – wie geschehen – drohen, den Geldhahn zuzudrehen. Abu s-Su'ud Chodscha Tschelebi (1490–1574), der die Prinzipien der Allianz zwischen Osmanen und *ulama* ausarbeitete, stellte klar, dass die *qudat* ihre Autorität vom Sultan, dem Hüter der *schari'a*, bezogen, und damit das Recht seinen Weisungen entsprechend anzuwenden hatten. So wurde die *schari'a* zu einer Stütze der absoluten Monarchie umfunktioniert (die mächtiger war als je zuvor), eines Systems, dem sie, von ihrer Anlage her, eigentlich hätte Widerstand leisten sollen.

Die schiitischen *ulama* von Iran hatten sich vom Staat gelöst und die Unterstützung der Bevölkerung gewonnen. Viele iranische *ulama* wurden überzeugte Reformer und konnten den Menschen gegen despotische Schahs wirksam beistehen. Eine beträchtliche Anzahl öffnete sich den demokratischen und liberalen Ideen der Moderne. Aber im Osmanischen Reich verloren die *ulama* ihren politischen Biss; sie wurden konservativ und widersetzten sich jeder Änderung. Nach Süleimans Herrschaftszeit wurde der Lehrplan der *madrasas* engstirniger: Das Studium der Philosophie wurde zu Gunsten eingehender Studien des *fiqh* aufgegeben. Die islamische Haltung des Osmanischen Reiches, eines großen *ghazi*-Staates, war kommunalistisch und sektiererisch. Muslime empfanden sich als Vorkämpfer der

Orthodoxie gegen die Ungläubigen, die sie von allen Seiten bedrängten. Ein Ethos, das von den *ulama* und von den Sufis übernommen wurde, mit einer Tendenz, die sich noch verschärfte, als das Reich erste Schwächezeichen an den Tag legte. Als der Hof noch den neuen Ideen, die aus Europa kamen, offen gestanden hatte, waren die *madrasas* Zentren des Widerstands gegen alle Experimente, die von den europäischen Ungläubigen ausgingen. Die *ulama* widersetzten sich etwa der Verwendung des Buchdrucks für islamische Literatur. Sie wandten sich von den christlichen Gemeinschaften im Reich ab, von denen viele hoffnungsvoll nach dem neuen Westen schauten. Der Einfluss der *ulama* bei der Bevölkerung färbte auf bedeutende Sektoren der osmanischen Gesellschaft ab und verhärtete sie gegen Neuerungen in einer Zeit, wo Veränderung dringend angebracht war. Die *ulama*, die im alten Ethos stecken blieben, erwiesen sich als unfähig, der Bevölkerung der muslimischen Welt beizustehen, als sie von der westlichen Moderne getroffen wurde, und die Menschen mussten sich anderweitig nach Führung umsehen.

Selbst das mächtige Osmanische Reich unterlag den Begrenzungen einer Agrargesellschaft, die mit ihrer Expansion nicht Schritt halten konnte. Die Militärdisziplin wurde schwächer, und die Sultane mussten feststellen, dass sie ihre Macht nicht länger absolut ausüben konnten. Der Niedergang der Wirtschaft zog Korruption und Steuermissbrauch nach sich. Bei ständig sinkenden Einnahmen pflegte die Oberklasse einen opulenten Lebensstil, und örtliche Gouverneure neigten dazu, die eigenen Taschen zu füllen. Und dennoch brach das Reich nicht zusammen, sondern behielt vielmehr das ganze 17. Jahrhundert über ein vitales Kulturleben bei. Im 18. Jahrhundert jedoch war der Niedergang offensichtlich, vor allem in den Randgebieten. Dort versuchten lokale Reformer durch religiöse Reformen die Ordnung wieder herzustellen.

Auf der arabischen Halbinsel gelang es Muhammad ibn Abd ul-Wahhab (1703–1792), sich von Istanbul zu lösen und einen Staat in Zentralarabien und am Persischen Golf zu gründen. Er war ein typischer Reformer in der Tradition von Ibn Taimija. Er meinte, der gegenwärtigen Krise sei am besten durch eine fundamentalistische Rückkehr zum Koran und der *sunna* zu begegnen und durch eine militante Ablehnung aller späteren Zusätze, einschließlich des mittelalterlichen *fiqh*, der Mystik und der Philosophie, die die meisten Muslime unterdessen als normativ empfanden. Weil die osmanischen Sultane seiner Vision des wahren Islam nicht entsprachen, erklärte sie ibn Abd ul-Wahhab zu Apostaten, die laut Koran den Tod verdienen. Er versuchte eine Enklave des reinen Glaubens zu schaffen, die aus seiner Sicht auf der ersten *umma* des 7. Jahrhunderts beruhte. Seine aggressiven Techniken sollten von einigen Fundamentalisten des 20. Jahrhunderts übernommen werden, einer Epoche, wo noch größere Veränderungen und Unruhen erfolgten. Der Wahhabismus wird noch heute in Saudi-Arabien praktiziert, als puritanische Form der Religion, die auf einer streng wörtlichen Interpretation der Schrift und der frühen islamischen Traditionen beruht.

In Marokko ging der Sufi-Reformator Ahmad ibn Idris (1780–1836) die Probleme anders an. Seine Lösung bestand darin, die Menschen zu erziehen und zu besseren Muslimen zu machen. Er bereiste eingehend Nordafrika und den Jemen, unterwies gewöhnliche Leute in ihrem eigenen Dialekt und brachte ihnen bei, wie sie grundlegende Rituale wie das rituelle Gebet richtig vollziehen sollten. Seiner Ansicht nach hatten die *ulama* versagt, indem sie sich in ihren *madrasas* einschlossen und sich ausschließlich für die Spitzfindigkeiten des *fiqh* interessierten, die Menschen aber sich selbst überließen. Andere Neo-Sufis, wie diese Reformer genannt werden, führten ähnliche Missionen in Algerien und Medina durch. Muhammad ibn Ali as-Sanusi (gest. 1832) gründete die Sanusija-Bewegung, die heute noch die wichtigste Form des Islam in Libyen ist. Die Neo-Sufis hatten kein Interesse am und kein Wissen über den neuen Westen, aber sie entwickelten innerhalb ihrer mystischen Tradition Überlegungen, die den Gedanken der europäischen Aufklärung entsprachen. Sie bestanden darauf, dass die Menschen sich auf die eigenen Einsichten verlassen mussten und nicht auf die *ulama*. Ibn Idris ging so weit, die Autorität jedes islamischen Denkers bis auf den Propheten abzulehnen. Er ermutigte Muslime, die gewohnte Unterwürfigkeit aufzugeben und das Neue zu schätzen, statt sich an eine vergangene Tradition zu klammern. Seine Mystik ging von der Gestalt des Propheten aus, und er lehrte die Menschen, sich eher einen idealen Menschen zum Vorbild zu nehmen, als sich nach einem entfernten Gott zu verzehren, was einer Art religiösem Humanismus gleichkam.

Es gab daher keinen Grund, warum die Muslime das Ethos des neuen Europa zwangsläufig ablehnten mussten. Im Laufe der Jahrhunderte hatten sie Tugenden entwickelt, die sich auch für den modernen Westen als entscheidend erweisen würden: Leidenschaft für soziale Gerechtigkeit, eine egalitäre Gemeinschaft, Redefreiheit und, dem Ideal des *tauhid* zum Trotz, eine de facto (oder im Falle des Schiismus prinzipielle) Trennung von Religion und Politik. Aber Ende des 18. Jahrhunderts sahen sich aufmerksame Muslime zur Einsicht gezwungen, dass sie von Europa überholt worden waren. In der Anfangszeit hatten die Osmanen den europäischen Mächten vernichtende Niederlagen zugefügt, aber im 18. Jahrhundert konnten sie ihnen nicht länger standhalten und nicht mehr von Gleich zu Gleich begegnen. Im 16. Jahrhundert hatte Süleiman den europäischen Händlern diplomatische Immunität gewährt. Diese als Kapitulationen bezeichneten Verträge (weil sie unter einer *capita*, einer Titelbezeichnung, formuliert wurden) besagten, dass europäische Händler, die auf osmanischem Territorium lebten, nicht gezwungen waren, sich ans Landesgesetz zu halten; etwaige Vergehen wurden ihren eigenen Gesetzen entsprechend in ihren eigenen Gerichtshöfen geahndet, denen ihr Konsul vorstand. Süleiman hatte die Verträge als Gleichberechtigter mit den europäischen Nationen ausgehandelt. Aber im 18. Jahrhundert erwies sich, dass die Kapitulationen die osmanische Souveränität schwächten, vor allem, als sie 1740 auf die christlichen *millet* des Reiches ausgedehnt wurden, die nun als »geschützt« galten wie die europäischen Kaufleute und nicht länger der Regierungsgewalt unterstanden.

Ende des 18. Jahrhunderts befand sich das Osmanische Reich in kritischem Zustand. Der Handel hatte weiterhin abgenommen; die Beduinenstämme in den arabischen Provinzen waren außer Kontrolle und die örtlichen *paschas*, die nicht länger ausreichend von Istanbul angeleitet wurden, waren oft korrupt und beuteten die Bevölkerung aus. Der Westen dagegen schritt von einem Triumph zum anderen. Aber die Osmanen waren nicht übertrieben besorgt. Sultan Selim III versuchte dem Beispiel Europas zu folgen und nahm an, dass eine Armeereform gemäß westlichem Vorbild das Gleichgewicht der Mächte wieder herstellen würde. 1789 eröffnete er eine Reihe von Militärschulen mit französischen Ausbildern, an denen die Absolventen europäische Sprachen lernten und neben der modernen Kriegskunst neue westliche Wissenschaften studierten.

Aber damit konnte er der westlichen Bedrohung nicht standhalten. Die Muslime hatten noch nicht begriffen, dass in Europa seit der Gründung des Osmanischen Reiches eine ganz andere Art von Gesellschaft entstanden war, die die islamische Welt unwiderruflich überholt hatte und bald die Weltherrschaft erlangen würde.

Alle drei großen islamischen Herrschaften, die Safawiden in Iran, die Moghul-Dynastie in Indien und das Osmanische Reich waren Ende des 18. Jahrhunderts im Niedergang begriffen. Dies war nicht auf eine wesensverbundene Inkompetenz oder auf den Fatalismus des Islam zurückzuführen, wie die Europäer oft arrogant unterstellten. Jedes Agrarreich hatte eine begrenzte Lebensdauer, und die muslimischen Reiche, die die letzte Blüte des Agrarideals darstellten, waren einfach an ihr natürliches und unvermeidliches Ende gelangt. In der vormodernen Epoche hatten auch westliche und christliche Reiche ihren Niedergang und Fall durchlebt. Islamische Herrschaften waren schon vorher zusammengebrochen; und jedes Mal waren die Muslime fähig gewesen, sich phönixgleich aus der Asche zu noch größeren Errungenschaften emporzuschwingen. Aber diesmal war es anders. Die Schwächung des Islam Ende des 18. Jahrhunderts ging mit dem Aufstieg einer völlig andersartigen Zivilisation im Westen zusammen, eine Herausforderung, der zu begegnen der islamischen Welt weit schwerer fallen sollte.

V. DER LEIDENDE ISLAM

1. Die Ankunft des Westens (1750–2000)

In der Weltgeschichte findet sich kein Vorgang, der dem Aufstieg des Westens vergleichbar wäre. Jahrhundertelang konnten die Länder nördlich der Alpen als hinterwäldlerisches Gebiet gelten, das sich der griechisch-römischen Kultur des Südens angeschlossen und im Laufe der Zeit eine eigene, besondere Ausprägung des Christentums und der Agrarkultur entwickelt hatte. Westeuropa war weit hinter dem christlichen Reich von Byzanz zurückgeblieben, wo das Römische Reich, anders als in Europa, noch nicht zusammengebrochen war. Im 12. und 13. Jahrhundert hatten die westeuropäischen Gebiete in etwa mit den anderen Kernkulturen gleichgezogen. Daraufhin hatte im 16. Jahrhundert ein entscheidender Transformationsprozess eingesetzt, nämlich die Renaissance, die dem Westen gestatten sollte, den Rest der Welt zu dominieren. Ein derartiger Aufstieg einer Außenseitergruppe ist einmalig und allenfalls dem Aufstieg der arabischen Muslime zur Weltmacht im 7. und 8. Jahrhundert vergleichbar; allerdings haben die Muslime nicht die Welthegemonie erlangt und keine neue Art von Zivilisation entwickelt, wie das in Europa vom 16. Jahrhundert an der Fall war. Als die Osmanen, in der Hoffnung, damit die europäische Bedrohung zu neutralisieren, ihre Armee nach westlichen Richtlinien umzuorganisieren versuchten, war ihr Versuch von vornherein zum Scheitern verurteilt, da sie zu oberflächlich vorgingen. Um Europa auf seinem eigenen Gebiet schlagen zu können, hätte sich eine konventionelle Agrargesellschaft von Grund auf umwandeln und ihre gesamten sozialen, wirtschaftlichen, erzieherischen, religiösen, spirituellen, politischen und intellektuellen Strukturen neu gestalten müssen. Und zwar schnell, was unmöglich war, denn der Westen hatte dafür fast dreihundert Jahre gebraucht.

Die neue Gesellschaft Europas und seiner amerikanischen Kolonien stand auf einer anderen wirtschaftlichen Grundlage. Sie beruhte nicht mehr auf einem Überschuss an Agrarproduktion, sondern auf einer Technologie und einer Form der Kapitalinvestition, die den Westen befähigte, seine Ressourcen beliebig neu zu erschaffen, was bedeutete, dass die westliche Gesellschaft nicht länger den Einschränkungen einer Agrarkultur unterworfen war. Diese gewaltige Revolution kam praktisch einem zweiten Axialen Zeitalter gleich. Eine Umwälzung der herkömmlichen Verhältnisse auf mehreren Ebenen war gleichzeitig erforderlich: politisch, sozial und intellektuell. Das war nicht vorgeplant oder vorbedacht, sondern auf Grund eines komplexen Prozesses zu Stande gekommen, der zu demokratischen, weltlichen und sozialen Strukturen führte. Im 16. Jahrhundert hatten die Europäer eine wissenschaftliche Revolution zu Stande gebracht, und dies nicht zuletzt dank der Vermittlung des antiken Erbes durch die islamische Welt, die ihnen eine weitgehendere Beherrschung der Umwelt ermöglichte als je jemandem zuvor. Es erfolgten Innovationen in der Medizin, der Navigation, der Landwirtschaft und der Industrieproduktion. Keine war allein entscheidend, aber ihre kumulative Wirkung war radikal. Nach 1600 erfolgten Innovationen in einem derartigen Maßstab, dass der Fortschritt unumkehrbar schien: Eine Entdeckung in einem Feld zog oft neue Erkenntnisse in einem anderen nach sich. Die Europäer gingen nicht länger davon aus, dass die Welt von unveränderlichen Gesetzen bestimmt wurde, sie hatten entdeckt, dass sie den natürlichen Ablauf verändern konnten. Während sich die konservative Gesellschaft einer Agrarwirtschaft Veränderungen nicht leisten konnte, gewannen die Menschen in Europa und Amerika immer mehr Selbstvertrauen. Sie waren nun bereit, ihr Kapital in sicherer Erwartung anhaltenden Fortschritts und laufend besserer Handelswege immer wieder neu zu investieren. Die Fortschrittsidee war das Entscheidende. Als die Technisierung der Gesellschaft die Industrielle Revolution des 19. Jahrhunderts herbeigeführt hatte, waren die Westler derart selbstsicher, dass sie nicht länger in der Vergangenheit nach Inspiration suchten, wie das in Agrarkulturen und in Religionen üblich war, sondern sich der Zukunft zuwandten.

Die Modernisierung der Gesellschaft berührte soziale und intellektuelle Bereiche. Im Mittelpunkt stand der Begriff der Effizienz: Erfindungen oder Gesellschaften hatten effizient zu funktionieren. Mehr und mehr Leute wurden bei den verschiedenen wissenschaftlichen und industriellen Projekten für einfachere Arbeiten benötigt – als Drucker, Buchhalter, Fabrikarbeiter –, die, um den modernen Standards auch nur im Mindesten Genüge zu tun, eine gewisse Ausbildung erhalten mussten. Die massenproduzierten Güter bedeuteten zahlreichere potenzielle Käufer, und das bedeutete wiederum, dass mehr und mehr Menschen oberhalb der Armutsgrenze leben mussten, um die Wirtschaft in Gang zu halten. Und als mehr Arbeiter lesen und schreiben konnten, verlangten sie auch, bei Regierungsentscheidungen berücksichtigt zu werden. Wollte eine Nation alle ihre menschlichen Ressourcen zur Produktivitätssteigerung einsetzen, war sie auf Gruppen wie die Juden angewiesen, die bis dahin ausgeschlossen und marginalisiert worden waren. Religiöse Unterschiede und geistige Ideale durften dem gesellschaftlichen Fortschritt nicht im Wege stehen, und Wissenschaftler, Monarchen und Regierungsbeamte wollten sich keine Kontrolle seitens der Geistlichkeit mehr gefallen lassen. Die Ideale der Demokratie, des Pluralismus, der Toleranz, der Menschenrechte und des Säkularismus waren damit nicht nur von Gesellschaftswissenschaftlern ausgedachte schöne Ideen, sondern, jedenfalls teilweise, von den Erfordernissen des modernen Staates bedingt. Eine moderne Nation, die effizient und produktiv sein wollte, musste sich nun einmal auf säkularer, demokratischer Basis organisieren. Und Gesellschaften, die alle ihre Institutionen gemäß diesen neuen rationalen und wissenschaftlichen Normen ausrichteten, schien alles möglich, und die konventionellen Agrarstaaten waren ihnen in keiner Weise gewachsen.

Für die islamische Welt hatte das verhängnisvolle Konsequenzen. Die progressive Natur der modernen Gesellschaft und ihrer industriellen Wirtschaft hatte zur Folge, dass sie ständig expandieren musste. Sie war auf neue Märkte angewiesen, die, wenn der Heimatmarkt saturiert war, im Ausland gesucht wurden. Die westlichen Staaten begannen daher, die außerhalb des modernen Europa gelegenen Agrarstaaten auf unterschiedliche Weise zu kolonisieren, um sie ins eigene kommerzielle Netzwerk einzubinden. Auch das war ein komplexer Prozess. Die kolonisierten Länder exportierten das Rohmaterial, das in die europäische Industrie eingebracht wurde. Im Gegenzug erhielten sie billig produzierte westliche Güter, was normalerweise den Ruin des lokalen Handwerks nach sich zog. Die Kolonie musste entsprechend europäischen Richtlinien umgestaltet und modernisiert werden, ihr finanzielles und kommerzielles Leben wurde rationalisiert und ins westliche System eingebunden, was dazu führte, dass zumindest einige »Eingeborene« sich eine gewisse Vertrautheit mit den modernen Ideen und dem modernen Ethos aneigneten.

Die Kolonisierung wurde in den Agrarstaaten als eine Vergewaltigung erfahren, als verstörend und fremd. Die Modernisierung erfolgte zwangsläufig oberflächlich, denn ein Prozess, der in Europa drei Jahrhunderte gebraucht hatte, musste nun in Höchstgeschwindigkeit absolviert werden. Wo moderne Ideen im Laufe der Zeit allmählich alle Klassen der Gesellschaft in Europa erreichen konnten, erhielten in den Kolonien nur wenige Menschen, meist Angehörige der Oberschicht und – bezeichnenderweise – des Militärs, eine westliche Ausbildung und einen Sinn für die Dynamik der Moderne. Die große Mehrheit der Bevölkerung blieb zwangsläufig dem alten Agrarethos überlassen. Die Gesellschaft war entsprechend gespalten, wobei die eine Seite die andere immer weniger verstand. Die vom Modernisierungsprozess Überrollten machten die verstörende Erfahrung, dass ihr Land ihnen völlig fremd wurde, wie ein durch Krankheit zur Unkenntlichkeit entstellter Freund. Sie wurden auf Grund fremder weltlicher Gesetzbücher regiert, für die ihnen jedes Verständnis fehlte. Ihre Städte wurden »modernisiert«, durch westliche Gebäude verwandelt. Dabei blieb oft eine »Altstadt« übrig, als Museumsstück und Touristenfalle und als Relikt einer überwundenen Zeit. Westliche Touristen haben sich in den gewundenen Gässchen und dem scheinbaren Chaos einer orientalischen Stadt oft desorientiert und verloren gefühlt. Ihnen ist oft nur allzu wenig klar, dass der alteingesessenen Bevölkerung die eigene modernisierte Hauptstadt manchmal ebenso fremd erscheint. Mehr noch, Menschen aller Schichten waren empört, dass sie nun nicht mehr ihr eigenes Schicksal bestimmten. Ihnen war, als ob alle Verbindungen zu ihren Wurzeln gekappt worden wären und als ob ihnen die eigene Identität mehr und mehr entglitt.

Wo Europäer und Amerikaner in ihrem eigenen Tempo

modernisieren durften und eigene Prioritäten setzen konnten, mussten die Einwohner der kolonisierten Länder überhastet modernisieren und sich nach den Programmen anderer ausrichten. Aber auch Menschen im Westen empfanden die Verwandlung ihrer Gesellschaft als schmerzhaft. Sie hatten dabei an die vierhundert Jahre politischer und oft blutiger Revolutionen erdulden müssen, Terrorherrschaft, Genozid, gewalttätige Religionskriege, Verwüstung der Landschaft, gewaltige soziale Umwälzungen, Ausbeutung in den Fabriken, geistiges Elend und eine tiefe Haltlosigkeit in den neuen Megastädten. Heute treten vergleichbare Gewalttätigkeiten, Grausamkeiten, Umwälzungen und Desorientierungsprobleme in den Entwicklungsländern auf, die einen noch schwierigeren Übergang zur Moderne zu bewältigen haben. Dazu kommt, dass der Geist der Moderne, der im Westen entwickelt wurde, dort ein fundamental anderer ist. In Europa und Amerika wies er zwei wesentliche Eigenschaften auf: Innovation und Autonomie (der Modernisierungsprozess wurde in Europa wie in Amerika durch Unabhängigkeitserklärungen politischer, intellektueller, religiöser und sozialer Art begleitet). Aber in den Entwicklungsländern ging die Moderne nicht mit Autonomie, sondern vielmehr mit einem Verlust an Unabhängigkeit und nationaler Autonomie einher. Entwicklungsländer können nur modernisieren, indem sie den Westen imitieren, der derart weit fortgeschritten ist, dass sie nie mit ihm Schritt zu halten vermögen. Da der Modernisierungsprozess so anders verlief, dürfte das Endprodukt wahrscheinlich auch nicht das vom Westen für wünschenswert gehaltene sein. Wenn die richtigen Zutaten eines Kuchens nicht zur Hand sind – Reis statt Mehl, getrocknete Eier statt frischer, Gewürze statt Zucker –, fällt der Kuchen anders aus, als das Rezept im Kochbuch vorgesehen hat. In den modernen Kuchen der kolonisierten Länder werden derart extrem andersartige Zutaten verbacken, dass er, anders als im Westen, kaum etwas mit Demokratie, Säkularismus, Pluralismus und so weiter zu tun haben wird.

Die islamische Welt wurde durch den Modernisierungsprozess schwer erschüttert. Sie, die nun nicht mehr an der Spitze der Weltzivilisation stand, wurde von den europäischen Mächten rasch und dauerhaft zu einem abhängigen Block reduziert. Muslime sahen sich einer verächtlichen Behandlung durch die Kolonialherren ausgesetzt, die das moderne Ethos derart verinnerlicht hatten, dass sie immer wieder über die Zurückgebliebenheit, Ineffizienz, den Fatalismus und die Korruption der muslimischen Gesellschaft entsetzt waren. Sie gingen davon aus, die europäische Kultur sei stets progressiv gewesen. Allerdings fehlte ihnen die historische Perspektive, um zu erkennen, dass sie einfach eine vormoderne Agrargesellschaft vor sich hatten und dass Europa ein paar Jahrhunderte zuvor genauso »zurückgeblieben« war. Sie empfanden sich als »Westler« den »Orientalen« wesensmäßig und rassisch überlegen und drückten ihre Verachtung auf vielfältige Weise aus. Und das hatte, wie nicht anders zu erwarten, schreckliche Auswirkungen. Immer wieder stehen Westler der Feindschaft und dem Zorn verständnislos gegenüber, den Muslime ihrer Kultur gegenüber empfinden, die sie selbst aus ihrer völlig anderen Erfahrung heraus als befreiend und bemächtigend empfinden. Aber die muslimische Reaktion ist weder bizarr noch exzentrisch; denn die islamische Welt, die derart groß und strategisch so gut platziert war, fiel dem konzertierten, systematischen Versuch der Kolonisierung als Erste zum Opfer, im Mittleren Osten, in Indien, in Arabien, in Malaysia und in großen Teilen Afrikas, wo Muslime sehr früh die Auswirkung der Modernisierungsattacke zu spüren bekamen. Das heißt, dass ihre Reaktion nicht einfach *eine* Reaktion auf den neuen Westen ist, sondern *die* paradigmatische Reaktion schlechthin. Sie konnten nicht so erfolgreich oder elegant zur Moderne finden wie Japan, das nie kolonisiert wurde, dessen Wirtschaft und Institutionen intakt blieben und dem man keine schwächende Abhängigkeit vom Westen aufgezwungen hatte.

Die europäische Invasion der islamischen Welt war nicht einheitlich, aber gründlich und effektiv. Sie setzte im Indien der Moghul-Herrscher ein. In der zweiten Hälfte des 18. Jahrhunderts hatten sich britische Händler in Bengalen niedergelassen. Die Briten lebten damals, als die Modernisierung eben erst begann, gleichberechtigt mit Hindu- und Muslimhändlern zusammen. Aber schon diese erste Phase der britischen Aktivität wird als »Plünderung Bengalens« bezeichnet, da sie die örtlichen Industrien permanent schädigte und die Landwirtschaft veränderte, weil die Bengalis nicht länger Produkte für den Eigengebrauch anpflanzten, sondern Rohmaterialien für die industrialisierten westlichen Märkte. Bengalen war im Gefüge der Weltwirtschaft auf einen zweitklassigen Status relegiert worden. Als die Briten selber »moderner« und effizienter wurden, verhielten sie sich im Laufe der Zeit immer arroganter und entschlossen sich schließlich, die Inder zu »zivilisieren«; dabei gingen ihnen die protestantischen Missionare zur Hand, die seit 1793 ins Land kamen. Aber nicht dass man die Bengalis ermutigt hätte, selber eine voll industrialisierte Gesellschaft zu entwickeln; die britischen Verwalter führten nur die modernen Technologien ein, die ihre eigene Überlegenheit und die Zuträgerrolle Bengalens sicherten. Die Bengalis profitierten von der britischen Effizienz, durch die die Auswirkung von Katastrophen wie Krankheit, Hungersnot und Wasser minimiert wurden. Aber das führte zu einem größeren Bevölkerungswachstum und das wiederum zu neuen Übervölkerungs- und Armutsproblemen, da die Menschen, anders als im Westen, nicht in die Städte auswandern konnten, sondern alle auf dem Land bleiben mussten.

Die wirtschaftliche Plünderung Bengalens hatte zur politischen Bevormundung geführt. Zwischen 1798 und 1818 geriet – durch Vertrag oder militärische Eroberung – Indien in britischen Besitz, bis auf das Indus-Tal, das erst zwischen 1843 und 1849 unterworfen wurde. Währenddessen hatten die Franzosen versucht, ein eigenes Reich aufzubauen. 1798 hatte Napoleon Bonaparte Ägypten besetzt, in der Hoffnung, bei Suez eine Basis errichten zu können, die den britischen Seeweg nach Indien abschnitt. Er brachte einen Trupp Gelehrte mit, eine Bibliothek moderner europäischer Literatur sowie ein wissenschaftliches Laboratorium und eine Druckerpresse mit arabischen Typen. Die fortschrittliche Kultur Europas wurde, wenn sie wie hier gemeinsam mit einer äußerst effizienten modernen Armee auftrat, im islamischen Mittleren Osten von Anfang an als Vergewaltigung empfunden. Napoleons Expedition nach Ägypten und Syrien schlug fehl. Er hatte mit Hilfe der Russen Britisch-Indien vom Norden her angreifen wollen. Aber das führte dazu, dass der Iran eine ganz neue strategische Bedeutung bekam, woraufhin England im Laufe des nächsten Jahrhunderts eine Basis im Süden Irans errichtete, während die Russen sich die Vorherrschaft über den Norden aneignen wollten. Keine der beide Mächte beabsichtigte, den Iran in eine echte Kolonie oder in ein Protektorat zu verwandeln (ehe Anfang des 20. Jahrhunderts dort Öl gefunden wurde), aber beide Mächte dominierten die neue Dynastie der Qadscharen derart, dass die Schahs nichts zu unternehmen wagten, ohne sich der Unterstützung wenigstens einer dieser europäischen Großmächte versichert zu haben. Wie in Bengalen förderten England und Russland nur die Technologien, die ihren eigenen Interessen dienlich waren, und blockierten Erfindungen wie die Eisenbahn, von denen das iranische Volk hätte profitieren können, weil sie fürchteten, dass dies ihre eigene strategische Position schwächen würde.

Die europäischen Mächte kolonisierten ein islamisches Land nach dem anderen. 1830 besetzte Frankreich Algerien, 1839 England Aden. Tunesien wurde 1881 besetzt, Ägypten 1882, der Sudan 1889 und Libyen und Marokko 1912. 1915 teilte das Sykes-Picot-Abkommen die Territorien des untergehenden Osmanischen Reiches (das im Ersten Weltkrieg an die Seite Deutschlands getreten war) in Erwartung des Sieges zwischen England und Frankreich auf. Nach dem Krieg errichteten England und Frankreich entsprechende Protektorate und Mandatsgebiete in Syrien, Libanon, Palästina, Irak und Transjordanien. Das wurde von den arabischen Provinzen als empörend empfunden, da die europäischen Mächte diesen Provinzen des Osmanischen Reiches Unabhängigkeit versprochen hatten. Im osmanischen Kerngebiet konnte Mustafa Kemal, bekannt als »Atatürk« (1881–1938), die Europäer in Schach halten und den unabhängigen Staat Türkei gründen. Die Muslime des Balkan, Russlands und Zentralasiens gerieten unter die Herrschaft der neuen Sowjetmacht. Selbst nachdem einige dieser Länder in die Unabhängigkeit entlassen worden waren, beherrschte der Westen oft noch ihre Wirtschaft, ihr Öl oder ihre Ressourcen wie den Suezkanal. Als die Briten sich 1947 aus Indien zurückzogen, wurde der indische Subkontinent zwischen dem hinduistischen Indien und dem muslimischen Pakistan geteilt, die sich bis heute als Todfeinde gegenüberstehen und Nuklearwaffen auf die gegnerische Hauptstadt gerichtet halten. 1948 ging die Heimat der Araber Palästinas an die Zionisten verloren, die dort den säkularen Staat Israel gründeten, mit Unterstützung der Vereinten Nationen und der internationalen Gemeinschaft. Der Verlust Palästinas wurde zum gewaltigen Symbol der Demütigung der muslimischen Welt durch die Westmächte, die keine Skrupel zu haben schienen, Hunderttausende Palästinenser zu enteignen und ins dauerhafte Exil zu schicken.

Dennoch waren in der Frühphase einige Muslime dem Westen durchaus wohlgesonnen. Die iranischen Intellektuellen Malkum Chan (1833–1908) und Agha Chan Kirmani (1853–1896) drängten die Iraner, sich eine westliche Ausbildung zuzulegen und die *schari'a* durch ein modernes säkulares Gesetzbuch zu ersetzen, wovon sie sich den Fortschritt ihrer Gesellschaft erhofften. Säkularisten aus ihren Kreisen schlossen sich in der konstitutionellen Revolution von 1906 den liberaleren *ulama* an und zwangen die Qadscharen, eine moderne Verfassung in Kraft zu setzen, die Macht der Monarchie zu beschränken und den Iranern eine parlamentarische Volksvertretung zu gewähren. Die meisten führenden *mudschtahids* in Nadschaf unterstützten die Verfassung. Scheich Muhammad Husain Na'ini drückte dies am umfassendsten in seinem *Mahnschreiben an die Nation* (1909) aus, in dem er ausführte, dass eine derartige Eingrenzung der Tyrannei im Sinne des Schiismus war und dass eine verfassungsmäßige Regierung nach westlichem Vorbild der Rückkehr des Verborgenen Imam am nächsten komme. Der ägyptische Autor Rifa'a at-Tahtawi (1801–1873) war von den Ideen der europäischen Aufklärung hingerissen, deren Vision ihn an die Philosophie erinnerte. Er fand es wunderbar, wie in Paris alles funktionierte, und war von der rationalen Präzision der französischen Kultur beeindruckt, von der Alphabetisiertheit selbst der einfachsten Leute und von der leidenschaftlichen Freude an der Modernisierung. Er sehnte sich danach, Ägypten zum Anschluss an diese schöne neue Welt zu verhelfen. Saijid Ahmad Chan (1817–1898) versuchte in Indien, den Islam dem modernen westlichen Liberalismus anzupassen, er behauptete, dass der Koran den natürlichen Sozialgesetzen, die von der modernen Wissenschaft entdeckt wurden, weitgehend entsprach. Er gründete in Aligarh eine Lehranstalt, wo Muslime neben den üblichen islamischen Fächern Naturwissenschaft und Englisch studieren konnten. Er wollte Muslimen dazu verhelfen, in einer modernisierten Gesellschaft zu leben, ohne zu Abziehbildern der Briten zu werden, unter Beibehaltung der eigenen kulturellen Identität.

Einige muslimische Herrscher hatten versucht, ihr Land in Eigeninitiative zu modernisieren, bevor es zur Kolonisierung kam. Der osmanische Sultan Mahmud II hatte 1826 die *tanzimat* (Bestimmungen) verfügt, die die Janitscharen abschafften, die Armee modernisierten und einige neue Technologien einführten. Sultan Abd ül-Hamid hatte 1839 das Gülhane-Dekret erlassen, das seine Herrschaft auf eine vertragliche Vereinbarung mit seinen Untertanen stützte, und sich weitere bedeutende Reformen der Institutionen des Reiches vorgenommen. Weit dramatischer allerdings fiel das Modernisierungsprogramm des albanischen Pascha von Ägypten, Muhammad Ali (1769–1849), aus, der Ägypten so gut wie unabhängig von Istanbul machte und praktisch im Alleingang seine zurückgebliebene Provinz in die Moderne zerrte. Aber die Brutalität seiner Methoden zeigt die Schwierigkeit einer solchen Modernisierung im Schnellzugtempo. Er massakrierte die politische Opposition; dreiundzwanzigtausend Bauern sollen in den Zwangsarbeitertrupps, die die ägyptischen Bewässerungs- und Wasserwege verbesserten, zu Tode gekommen sein; manche Bauern fürchteten die Rekrutierung in Muhammad Alis Modernisierungsarmee so sehr, dass sie zur Selbstverstümmelung schritten, indem sie sich die eigenen Finger abschnitten oder sich gar blendeten. Um das Land zu säkularisieren, konfiszierte Muhammad Ali einfach viele religiöse Stiftungen und marginalisierte die *ulama* systematisch, indem er ihnen Stück für Stück die Macht entriss. Dies führte dazu, dass die *ulama*, die die Modernität als schockierenden Angriff erlebten, noch insularer wurden und sich der auf ihr Land eindringenden neuen Welt gegenüber noch abwehrender verhielten. Muhammad Alis Enkel Isma'il Pascha (1803–1895) war noch erfolgreicher: Er bezahlte den Bau des Suezkanals, legte mehr als vierzehnhundert Kilometer Schienenwege, bewässerte über 555 000 Hektar bis dahin unkultivierbares Land, gründete moderne Schulen für Jungen und Mädchen und verwandelte Kairo in eine moderne Stadt. Nur, dass die Kosten seines ehrgeizigen Projekts Ägypten in den Bankrott trieben und England 1882 den Vorwand für eine militärische Besetzung boten, um die Interessen der europäischen Aktienbesitzer zu wahren. Muhammad Ali und Isma'il hatten Ägypten in einen modernen, unabhängigen Staat verwandeln wollen; praktisch wurde Ägypten, im Zuge der Modernisierung, zur britischen Kolonie.

Keiner dieser frühen Reformer hatte wirklich Sinn für die Ideen, die der Wandlung Europas zu Grunde lagen. Entsprechend oberflächlich waren ihre Reformen. Auch spätere Reformer bis hin zu Saddam Hussein haben sich stets damit begnügt, sich Militärtechnologie und den Flitter des Westens anzueignen, ohne sich groß Gedanken über Auswirkungen auf die sonstige Gesellschaft zu machen. Doch schon zu einem sehr frühen Zeitpunkt waren sich einige Reformer dieser Gefahren bewusst. Einer der Ersten, der Alarm schlug, war der iranische Aktivist Dschamal ud-Din (1839–1897), der sich al-Afghani (der Afghane) nannte, wohl in der Hoffnung, als afghanischer Sunnit in der muslimischen Welt ein breiteres Publikum finden zu können denn als iranischer Schiit. Er war 1857 in Indien gewesen, zur Zeit der »großen Meuterei« der Hindus und Muslime gegen die Britenherrschaft. Wo immer er auf seinen Reisen hinkam, nach Arabien, Ägypten, in die Türkei, nach Russland oder Europa, überall wurde er sich der allgegenwärtigen Macht des Westens bewusst und war überzeugt, dass sie die islamische Welt bald dominieren und zerstören könnte. Er erkannte die Gefahren, die eine oberflächliche Imitation des westlichen Lebensstils mit sich brachte, und forderte die Menschen in der islamischen Welt auf, sich gegen die europäische Bedrohung zusammenzuschließen; sie mussten sich der wissenschaftlichen Kultur der Neuen Welt zu ihren eigenen Bedingungen annähern. Und das bedeutete, dass sie die eigenen kulturellen Traditionen zu pflegen hatten, eben den Islam. Aber der Islam musste ebenfalls den Gegebenheiten angepasst und rationaler und moderner werden. Muslime mussten gegen die seit langem erklärte Schließung der »Tore der *idschtihad*« aufbegehren und in Übereinstimmung mit den Forderungen des Propheten und des Koran die eigene Vernunft einsetzen.

Durch das Vordringen des Westens rückte einmal mehr die Politik ins Zentrum der islamischen Erfahrung. Seit der Zeit des Propheten Muhammad hatten Muslime die zeitgenössischen Ereignisse als Theophanien wahrgenommen; sie waren einem Gott begegnet, der in der Geschichte gewärtig war, der sie eindringlich mahnte, eine bessere Welt zu errichten. Muslime hatten politischen Ereignissen eine göttliche Bedeutung beigemessen, und selbst Rückschläge und Tragödien führten zu bedeutenden Entwicklungen in Theologie und Spiritualität. Als die Muslime nach dem Niedergang des Abbasiden-Kalifats eine Gesellschaftsordnung entwickelt hatten, die dem Geist des Koran eher entsprach, hatten sie sich weniger schmerzhafte Sorgen um das geistige Wohlbefinden der *umma* machen müssen und sich frei gefühlt, eine innerliche Frömmigkeit zu entwickeln. Aber das Eindringen des Westens in ihr Leben stellte sie vor grundlegende religiöse Fragen. Die Demütigung der *umma* war nicht nur eine politische Katastrophe, sie betraf jeden Muslim zutiefst persönlich. Die neue Schwäche bedeutete, dass die islamische Geschichte gründlich aus den Fugen geraten war. Der Koran hatte verheißen, dass eine Gottes offenbartem Willen ergebene Gesellschaft nicht scheitern konnte. Das war durch die muslimische Geschichte bewiesen worden. Jedes Mal, wenn eine Katastrophe erfolgte, hatten sich die frömmeren Muslime der Religion zugewandt, darin unter den neuen Umständen eine neue Offenbarung gefunden, infolge derer die *umma* sich nicht nur erholt hatte, sondern zu noch größeren Leistungen fortgeschritten war. Wie also konnte die Welt des Islam immer mehr unter die Macht des säkularen, gottlosen Westens geraten? Immer mehr Muslime sollten sich mit dieser Frage befassen, und ihre Bemühungen, die muslimische Geschichte wieder zurechtzurücken, wirkten manchmal verzweifelt, wenn nicht hoffnungslos. Der Selbstmordattentäter – ein praktisch einmaliges Phänomen in der islamischen Geschichte – zeigt, dass einige Muslime überzeugt sind, gegen eine erdrückende Übermacht anzukämpfen.

Al-Afghanis politische Kampagnen, die oft bizarr oder geradezu amoralisch waren, lassen diese neue Verzweiflung ahnen. 1896 etwa ermordete einer seiner Schüler den Schah von Iran. Aber sein Freund und Kollege, der ägyptische Gelehrte Muhammad Abduh (1849–1905), war ein tiefer und maßvoller Denker. Für ihn lag die Antwort in der Bildung und nicht in der Revolution. Die britische Besetzung Ägyptens setzte Abduh ungeheuer zu, aber er schätzte Europa, fühlte sich mit Europäern wohl und war in westlicher Wissenschaft und Philosophie sehr bewandert. Er respektierte die politischen, legalen und Bildungsinstitutionen des modernen Westens, glaubte aber nicht, dass sie in ein so religiöses Land wie Ägypten verpflanzt werden konnten, wo die Modernisierung zu schnell erfolgt und zwangsläufig an der großen Masse der Menschen vorbeigegangen war. Er hielt es für entscheidend, moderne, legale und verfassungsgemäße Innovationen mit traditionellen islamischen Vorstellungen zu verbinden, die die Menschen verstehen konnten; eine Gesellschaft, in der die Einwohner das Gesetz nicht mehr begreifen, wird praktisch ein gesetzloses Land. Das islamische Prinzip der *schura* (Konsultation) zum Beispiel konnte Muslimen dazu verhelfen, die Bedeutung der Demokratie zu verstehen. Auch die Bildung sollte reformiert werden. *Madrasa*-Studenten sollten moderne Wissenschaften studieren, um den Muslimen zu helfen, sich der Neuen Welt in einem islamischen, ihnen sinnvoll erscheinenden Kontext anzunähern. Aber das bedeutete, dass die *schari'a* der neuen Zeit angepasst werden musste, und sowohl Abduh wie sein jüngerer Zeitgenosse, der Journalist Raschid Rida (1865–1935), waren sich der Dauer und Komplexität eines solchen Prozesses bewusst. Rida erschreckte der wachsende Säkularismus arabischer Intellektueller und Besserwisser, die manchmal über den Islam spotteten, weil sie meinten, er würde die Menschen zur Zurückgebliebenheit verdammen. Das konnte Rida zufolge die *umma* nur schwächen und dem westlichen Imperialismus noch mehr ausliefern. Rida war einer der ersten Muslime, der die Gründung eines vollumfänglich modernisierten, aber gänzlich islamischen Staates propagierte, der auf einer reformierten *schari'a* beruhte. Er wollte eine Lehranstalt einrichten, wo die Studenten an internationales Recht, Soziologie, Weltgeschichte, Religionswissenschaft und an die modernen Naturwissenschaften herangeführt wurden, während sie zugleich *fiqh* studierten. Damit wäre sichergestellt, dass die islamische Rechtswissenschaft sich in einem wahrhaft modernen Kontext entwickeln würde, der die Traditionen des Ostens und des Westens miteinander verband und die *schari'a*, ein agrarisches Gesetzeswerk, der neuen Gesellschaft anpasste, die sich im Westen entwickelt hatte.

Die Reformer hatten ständig das Gefühl, sich einer europäischen Kritik am Islam erwehren zu müssen. Die muslimische Agenda wurde in religiöser wie in politischer Hinsicht vom Westen bestimmt. Der indische Dichter und Philosoph Muhammad Iqbal (1876–1938) bestand darauf, dass der Islam ebenso rational war wie irgendein westliches System. War er doch die rationalste und fortgeschrittenste aller Offenbarungsreligionen. Sein strenger Monotheismus hatte die Menschheit von der Mythologie befreit und der Koran hatte die Muslime zur genauen Naturbeobachtung ermahnt, sie sollten über ihre Beobachtungen nachdenken und ihre Handlungen ständig gewissenhaft prüfen. Der empirische Geist, der zur Geburt der Moderne geführt hatte, entstammte somit eigentlich dem Islam. Dies war eine einseitige und ungenaue Interpretation der Geschichte, die aber nicht schiefer lag als die damalige westliche Tendenz, das Christentum als überlegenen Glauben und Europa als ewigen Inbegriff des Fortschritts zu betrachten. Iqbals emphatische Betonung des rationalen Geistes des Islam führte dazu, dass er den Sufismus herabsetzte. Er repräsentierte den neuen mystizismusfeindlichen Trend, der in der islamischen

Welt immer verbreiteter wurde, als moderner Rationalismus der einzige Ausweg schien. Iqbal war tief vom westlichen Denken beeinflusst und hatte in London seinen Doktor gemacht. Und doch war er der Überzeugung, der westliche Fortschritt sei auf Kosten der Kontinuität erfolgt; der weltliche Individualismus des Westens trenne den Begriff der Persönlichkeit vom Gottesbegriff, was denselben götzenanbeterisch und potenziell dämonisch mache. Und das müsse dazu führen, dass sich der Westen schließlich selbst zerstöre, eine Haltung, die nach dem Ersten Weltkrieg, der als kollektiver Selbstmord Europas interpretiert werden kann, durchaus nachvollziehbar war. Den Muslimen oblag die Zeugenschaft für die göttliche Dimension des Lebens, und zwar nicht, indem sie sich von der Welt zurückzogen und sich der Kontemplation widmeten, sondern indem sie sich aktiv für die sozialen Ideale der *schari'a* einsetzten.

Die Reformer, mit denen wir uns bisher befasst haben, waren Intellektuelle und Modernisten, die sich hauptsächlich an die gebildete Elite wandten. In Ägypten gründete der junge Schullehrer Hasan al-Banna (1906–1949) eine Organisation, die sich an die Massen wandte. Die Muslimbruderschaft wurde im ganzen Mittleren Osten zur Massenbewegung und war die einzige Ideologie, die damals in allen Schichten der Gesellschaft ein Echo fand. Al-Banna wusste, dass die Muslime auf westliche Naturwissenschaft und Technologie angewiesen waren und dass sie ihre politischen und sozialen Institutionen reformieren mussten. Aber ebenso wie die Modernisten war auch er davon überzeugt, dass dies Hand in Hand mit einer geistigen Reform erfolgen musste. Als al-Banna sah, in welchem Luxus die Briten in der Suezkanalzone lebten, rührte ihn der Gegensatz der elenden Hütten der ägyptischen Arbeiter zu Tränen. Er empfand dies als religiöses Problem, das eine islamische Lösung erforderte. Wo Christen der Herausforderung der Moderne oft durch eine Bekräftigung ihrer Doktrin begegneten, haben Muslime eine gesellschaftliche oder politische Bemühung unternommen (*dschihad*). Al-Banna bestand darauf, dass Islam eine ganzheitliche Lebensform war, dass sich Religion nicht, wie man im Westen behauptete, auf die Privatsphäre beschränken konnte. Seine Bruderschaft versuchte, den Koran dem Geist eines neuen Zeitalters entsprechend zu interpretieren und auf seiner Grundlage die islamischen Nationen zu einigen, den allgemeinen Lebensstandard zu heben, ein höheres Maß an sozialer Gerechtigkeit zu erreichen, gegen Analphabetismus und Armut anzukämpfen und die muslimischen Länder von fremder Vorherrschaft zu befreien. Unter dem Kolonialismus waren Muslime von ihren Wurzeln abgeschnitten worden. Solange sie andere Völker nachahmten, mussten sie kulturelle Bastarde bleiben. Al-Banna leitete nicht nur die Muslimbrüder und -schwestern in den rituellen Gebeten und einer dem Koran entsprechenden Lebensführung an, er baute auch Schulen, gründete eine moderne Pfadfinderbewegung, leitete Abendkurse für Arbeiter und Lehranstalten zur Vorbereitung auf die Beamtenprüfung. Die Muslimbrüder gründeten Kliniken und Spitäler in ländlichen Gebieten, errichteten Fabriken, in denen Muslime besser bezahlt wurden und eine bessere Krankenversicherung und mehr Freizeit bekamen als im staatlichen Sektor, und sie lehrten Muslime die neuen Gewerkschaftsgesetze, damit sie ihre Rechte wahren konnten.

Die Bruderschaft hatte ihre Fehler. Eine kleine Minderheit wurde terroristisch, was zu ihrer Auflösung führte (sie ist unterdessen wieder gegründet worden, mit anderer Zielsetzung). Aber die meisten Mitglieder – zu denen 1948 Millionen von

Muslimen zählten – wussten nichts von diesen Randerscheinungen und hielten die Wohlfahrtstätigkeit und die religiöse Mission für entscheidend. Der rasche Erfolg der Bruderschaft, die im Zweiten Weltkrieg die mächtigste gesellschaftlich-politische Institution in Ägypten geworden war, zeigte, dass die große Masse der Bevölkerung, was immer die Intellektuellen oder die säkularistische Regierung behaupteten, modern *und* religiös sein wollte. Sozialarbeit hat späterhin viele moderne islamische Bewegungen charakterisiert, ganz besonders die *mudschamma' al-islami* (»Islamischer Kongress«), die von Scheich Ahmad Jasin in Gaza gegründet wurde. Sie baute ein ähnliches Wohlfahrtsimperium auf, um nach dem Juni-Krieg von 1967 den Palästinensern in den von Israel besetzten Territorien die Wohltaten der Moderne zu bringen, aber eben in einem islamischen Kontext.

2. Was ist ein moderner muslimischer Staat?

Die koloniale Erfahrung und der Zusammenstoß mit Europa hatten die islamische Gesellschaft aus den Fugen geworfen. Die Welt hatte sich unwiderruflich verändert. Es fiel Muslimen schwer, die richtige Reaktion auf den Westen zu finden, sie standen vor einer beispiellosen Herausforderung. Wollten Muslime als vollwertige Partner an der modernen Welt teilnehmen, mussten sie mit deren Veränderungen umgehen. Vor allem damit, dass man es im Westen für notwendig erachtete, Religion und Politik zu trennen, um Regierung, Wissenschaft und Technologie von den Beschränkungen der konservativen Religion zu befreien. Die religiösen Bindungen, die die Gesellschaft zusammenhielten, waren in Europa durch den Nationalismus abgelöst worden. Allerdings hatte sich dieses Experiment des 19. Jahrhunderts als problematisch erwiesen. Die Nationalstaaten Europas begannen 1870 ein Wettrüsten, das schließlich zwei Weltkriege nach sich zog. Wie sich im Holocaust der Nazis und am sowjetischen GULag zeigte, erwiesen sich die säkularen Ideologien als ebenso mörderisch wie die alte religiöse Bigotterie. Die Denker der Aufklärung waren davon ausgegangen, dass eine bessere Bildung die Völker rationaler und toleranter machen würde. Eine Hoffnung, die sich als ebenso utopisch erwies wie irgendeine der alten messianischen Visionen. Zuletzt war die moderne Gesellschaft aber doch der Demokratie verpflichtet, was das Leben der Völker Europas und Amerikas im Allgemeinen politisch und sozial gerechter gestaltete. Aber die Völker des Westens hatten sich jahrhundertelang auf das demokratische Experiment vorbereiten können. Es war etwas völlig anderes, Gesellschaften ein modernes parlamentarisches System aufzuzwingen, die im Wesentlichen agrarisch organisiert oder nur unvollkommen modernisiert waren, wo die große Mehrheit der Bevölkerung dem modernen politischen Diskurs völlig fremd gegenüberstand.

Politik hatte nie im Mittelpunkt der christlichen religiösen Erfahrung gestanden. Jesus hatte schließlich verkündet, sein Königreich sei nicht von dieser Welt. Die Juden Europas hatten sich jahrhundertelang prinzipiell von jeder politischen Einmischung fern gehalten. Aber für Muslime war Politik alles andere als zweitrangig. Wir haben gesehen, dass dies der Schauplatz ihrer religiösen Suche war. Bei ihnen bedeutete Erlösung nicht Vergebung der Sünden, sondern Schaffung einer gerechten Gesellschaft, in der das Individuum leichter zu der existenziellen Hingabe seines ganzen Seins an Gott finden konnte, die ihm Erfüllung bedeutete. Die Art der gesellschaftlichen Organisation war daher von allerhöchster Bedeutung, und im 20. Jahrhundert erfolgte ein Versuch nach dem anderen, einen wirklich islamischen Staat zu schaffen. Ein schwieriges Unterfangen. Ein Ziel, das einen *dschihad* erforderlich machte, ein Ringen, bei dem es keinen klaren Ausgang geben konnte.

Das Ideal des *tauhid* schien dem Ideal des Säkularismus zu widersprechen, aber in der Vergangenheit hatten sowohl Schiiten wie Sunniten eine Trennung von Religion und Politik akzeptiert. Pragmatische Politik ist eine wirre und oft grausame Angelegenheit; der ideale islamische Staat ist nicht ein »Fixum«, das einfach abgerufen werden kann, vielmehr erfordert die Umsetzung des egalitären Ideals des Koran in der grimmigen Wirklichkeit des politischen Lebens eine besondere Kreativität und Disziplin. Im Gegensatz zu gängigen Vorstellungen des Westens macht es der Islam den Muslimen keinesfalls unmöglich, eine moderne säkulare Gesellschaft zu bilden. Aber es trifft durchaus zu, dass der Prozess der Säkularisierung in der islamischen Welt völlig anders verlief. Anfangs wurde das Konzept der Säkularisierung von Philosophen wie John Locke (1632–1704) im Hinblick auf eine neue und bessere Form der Religionsausübung entwickelt, da sie die Religion staatlichen Zwangsmaßnahmen entzog und ihr erlaubte, dem eigenen geistigen Ideal besser gerecht zu werden. Aber in der islamischen Welt nahm der Säkularismus oft die Form einer brutalen Attacke auf die Religion und die Religiösen an.

Atatürk etwa schloss sämtliche *madrasas*, unterdrückte die Sufi-Orden und zwang Männer und Frauen, moderne westliche Kleidung zu tragen. Solche Zwangsmaßnahmen sind stets kontraproduktiv. Der Islam ist in der Türkei nicht verschwunden, nur in den Untergrund gegangen. Muhammad Ali hatte ebenfalls die ägyptischen *ulama* entrechtet, ihr Eigentum konfisziert und sie ihres Einflusses beraubt. Später gab sich Nasser (Dschamal Abd un-Nasir) (1918–1970) ziemlich militant antiislamisch und unterdrückte die Muslimbruderschaft. Einer der Muslimbrüder, der zum geheimen terroristischen Flügel der Gesellschaft gehörte, hatte ein Attentat auf Nasser unternommen, aber die meisten der Tausende von Brüdern, die jahrelang in Nassers Konzentrationslagern darbten, hatten nichts Umstürzlerisches getan, als bei einem Treffen Handzettel zu verteilen. Die Pahlawi-Monarchen des Iran trieben ihren Säkularismus ebenfalls ruchlos voran. Reza Schah Pahlawi (regierte 1921–1941) entzog den *ulama* ihre Pfründen und ersetzte die *schari'a* durch ein Zivilsystem; er unterdrückte die *aschura*-Feiern zu Ehren von Husain und untersagte den Iranern den *hadschdsch*. Traditionelle Kleidung war verboten, und Rezas Soldaten pflegten den Frauen ihre Schleier mit Bajonetten runterzureißen und auf der Straße zu zerfetzen. Als es 1935 am Schrein des Achten Imam in Maschhad zu friedlichen Demonstrationen gegen die Kleidergesetze kam, feuerten Soldaten in die unbewaffnete Menge, und Hunderte von Menschen wurden getroffen. Die *ulama*, die im Iran über eine unangreifbare Machtstellung verfügt hatten, mussten zusehen, wie ihr Einfluss schwand. Ajatollah Muddaris, ein Geistlicher, der Reza in der parlamentarischen Versammlung angriff, wurde 1937 vom Regime ermordet, und die *ulama* waren zu eingeschüchtert, um weitere Proteste zu wagen. Rezas Sohn und Nachfolger, Muhammad Reza Schah (regierte 1944–1979), verhielt sich dem Islam gegenüber genauso feindlich und verächtlich. Hunderte von *madrasa*-Studenten, die gegen das Regime zu protestieren wagten, wurden auf der Straße erschossen, *madrasas* geschlossen und führende *ulama* zu Tode gefoltert, eingesperrt oder ins Exil getrieben. Nichts an diesem säkularen Regime war demokratisch. SAWAK, die Geheimpolizei des Schahs, sperrte Iraner ohne Gerichtsverhandlung ein, unterwarf sie der Folter und schüchterte sie ein, und eine wirklich repräsentative Regierung war völlig unmöglich.

Auch der Nationalismus, von dem sich die Europäer in der zweiten Hälfte des 20. Jahrhunderts abzuwenden begannen, erwies sich als problematisch. Die Einheit der *umma* hatte lange als kostbares Gut gegolten; unvermittelt fand sich die islamische Welt in Königreiche und Republiken geteilt, deren Grenzen willkürlich von den westlichen Mächten gezogen wurden. Muslimen, die gewohnt waren, sich als osmanische Bürger und Angehörige des Dar al-Islam zu fühlen, fiel es nicht leicht, ein Nationalgefühl zu entwickeln. Manchmal nahm der vermeintliche Nationalismus rein negative Züge an und wurde einfach dem Bedürfnis gleichgesetzt, sich vom Westen zu lösen. Einige der neuen Nationen waren so zusammengestellt, dass sich zwangsläufig innere Spannungen ergaben. Die Südhälfte des Sudan etwa war im Wesentlichen christlich, der Norden muslimisch. Menschen, die gewohnt waren, ihre Identität in religiösen Begriffen zu definieren, fiel die Entwicklung eines gemeinsamen »sudanesischen« Nationalismus schwer. Als noch problematischer erwies sich der Libanon, wo die Bevölkerung sich zu gleichen Teilen aus mindestens drei religiösen Gemeinschaften zusammensetzte – Sunniten, Schiiten und maronitischen Christen –, die zuvor immer autonom gewesen waren. Die Teilung der Macht erwies sich als unmöglich. Eine demographische Zeitbombe, die in einem Bürgerkrieg (1975–1990) explodierte, der das Land auf tragische Weise zerriss. In Ländern wie Syrien, Ägypten oder Irak wurde der Nationalismus von der Elite übernommen, doch nicht von den konservativeren Massen. Der iranische Nationalismus der Pahlawis war ausdrücklich islamfeindlich, er versuchte, die Bindung des Landes an den Schiismus zu kappen und sich auf die alte persische Kultur der vorislamischen Epoche zu berufen.

Auch die Demokratie war problematisch. Reformer, die einer islamischen Substruktur Modernität aufpfropfen wollten, hatten darauf hingewiesen, dass das Ideal der Demokratie an sich keineswegs dem Islam fremd oder gar feindlich war. Das islamische Recht förderte die Prinzipien der *schura* (»Konsultation«) und des *idschma'*, demzufolge Rechtsnormen durch den »Konsens« eines repräsentativen Teils der *umma* verabschiedet werden mussten. Die Raschidun waren mittels Mehrheitswahlrecht gewählt worden. Soweit schien alles mit dem demokratischen Ideal kompatibel. Die Schwierigkeit ergab sich teilweise daraus, dass der Westen Demokratie als »Regierung des Volkes, vom Volke ausgehend und dem Volke dienend« definierte. Im Islam ist es Gott, der einer Regierung die Legitimität verleiht, und nicht das Volk. Eine derartige Glorifizierung des Menschlichen konnte als Götzendienst (*schirk*) verstanden werden, insofern sich der Mensch Gottes Souveränität anmaßte. Doch war es für islamische Länder keineswegs unmöglich, repräsentativere Regierungsformen einzuführen, ohne sich die westlichen Schlagworte zu Eigen zu machen. Dazu kam, dass das demokratische Ideal in der Praxis oft befleckt worden war. Als die Iraner nach der Verfassungs-Revolution von 1906 ihr *madschlis* (»Parlament«) einberiefen, halfen die Russen dem Schah, es aufzulösen. Als die Briten in den zwanziger Jahren Iran zu einem Protektorat machen wollten, wurde von amerikanischer Seite festgestellt, dass sie oft die Wahlen manipulierten, um ein für sich günstiges Ergebnis zu erzielen. Als später der unpopuläre Muhammad Reza Schah mit amerikanischer Unterstützung den *madschlis* auflöste, um sein Modernisierungsprogramm durchzusetzen, und den Iranern die grundsätzlichen Menschenrechte verweigerte, die ihnen in einer Demokratie eigentlich garantiert sein sollten, erweckte auch dies den Anschein, es gäbe eine Doppelmoral. Während man im Westen stolz die Demokratie für das eigene Volk verkündete, erwartete man von den Muslimen, dass sie sich grausamen Diktaturen beugten. In Ägypten erfolgten zwischen 1923 und 1952 siebzehn allgemeine Wahlen, die alle von der nationalistischen Wafd-Partei gewonnen wurden, aber die Wafd durfte nur fünf Mal die Regierungsgeschäfte übernehmen. Sie wurde immer wieder durch die Briten oder durch den König von Ägypten zum Verzicht gezwungen.

So fiel es den Muslimen schwer, einen demokratischen Nationalstaat aufzubauen, in dem die Religion der Privatsphäre angehörte. Andere Lösungen wirkten genauso wenig überzeugend. Das 1932 gegründete Königreich von Saudi-Arabien erhob die wahhabitische Lehre zur Staatsdoktrin. Eine Verfassung wurde offiziell für unnötig erklärt, da die Regierung auf einer buchstabengetreuen Interpretation des Koran beruhe. Nun umfasst der Koran sehr wenig Ge- und Verbote, und in der Praxis hielt man es stets für erforderlich, ihn mit komplexer Jurisprudenz zu ergänzen. Die Saudis erklärten sich zum Erben des unverfälschten Islam der arabischen Halbinsel, und die *ulama* gewährten dem Staat Legitimität; wofür sich die Könige mit der Durchsetzung konservativer Werte revanchierten. Frauen werden verschleiert und weggeschlossen (auch wenn dies zu Zeiten des Propheten keineswegs der Fall war), Glücksspiel und Alkohol sind verboten und koranische Strafen wie die Verstümmelung von Dieben Bestandteil des Rechtssystems. Die meisten islamischen Staaten und -Organisationen glauben nicht, dass die Treue zum Koran die Übernahme solcher vormodernen Strafen erfordert. Die Muslimbruderschaft etwa verurteilte schon sehr früh die Anwendung koranischer Strafen durch die Saudis als unpassend und archaisch, insbesondere angesichts des üppigen Reichtums der herrschenden Elite und der ungleichen Verteilung des Wohlstands, die einen weit gröberen Verstoß gegen die Werte des Koran bedeuten.

Pakistan ist ein weiteres modernes islamisches Experiment. Muhammad Ali Dschinna (1876–1948), der Gründer des Staates, war vom modernen säkularen Ideal durchdrungen. Seit den Zeiten von Aurangzab hatten sich Muslime in Indien unglücklich und unsicher gefühlt: Sie hatten um ihre Identität gebangt und die Macht der Hindu-Mehrheit gefürchtet. Ein Empfinden, das sich natürlich nach der Teilung des Subkontinents durch die Briten 1947 verstärkte, wo es auf beiden Seiten zu einer Explosion der kommunalen Gewalt kam, bei der Tausende von Menschen ihr Leben ließen. Dschinna hatte eine politische Arena schaffen wollen, in der Muslime nicht durch ihre religiöse Identität definiert oder eingeschränkt wurden. Aber was hieß »säkular« in einem islamischen Staat, der weitgehend auf religiöse Symbole zurückgriff? Die von Abu l-A'la al-Maududi (1903–1979) gegründete Dschama'at-i Islami forderte eine strengere Anwendung der *schari'a*-Normen, und 1956 wurde Pakistan zur Islamischen Republik erklärt. Ein Anspruch, der nun in den politischen Institutionen des Landes verwirklicht werden musste. Die Regierung von General Muhammad Aijub Chan (1958–1969) war ein typisches Beispiel für den aggressiven Säkularismus, mit dem wir uns bereits befasst haben. Er nationalisierte die religiösen Stiftungen (*auqaf*), beschränkte die *madrasa*-Ausbildung und förderte ein rein säkulares Gesetzessystem. Er wollte den Islam zu einer bürgerlichen Religion machen, die sich der staatlichen Kontrolle unterwarf, was unweigerlich zu Spannungen mit Islamisten und zum schließlichen Sturz von Chan führte.

In den siebziger Jahren wurden die islamistischen Kräfte zum Sammelbecken oppositioneller Kräfte, und der linksgerichtete, säkulare Premier Zulfaqar Ali Bhutto (1971–1977) versuchte, ihnen entgegenzukommen, indem er Alkohol und Glücksspiel verbot. Aber das genügte nicht, im Juli 1977 putschte der fromme Muslim Muhammad Zija ul-Haqq erfolgreich, und sein Regime wurde betont islamisch. Er führte die traditionelle Kleidung wieder ein und setzte das islamische Straf- und Handelsrecht wieder in Kraft. Aber in Sachen Politik und Wirtschaft war auch Präsident Zija ul-Haqq offen säkularistisch und verwahrte sich gegen islamistischen Einfluss. Seit er 1988 bei einem Flugzeugabsturz zu Tode kam, wurde die pakistanische Politik von ethnischen Spannungen, Rivalitäten und Korruptionsskandalen unter den Angehörigen der Oberschicht beherrscht, und die Islamisten haben an Bedeutung verloren. Der Islam hat in der pakistanischen Identität einen großen Stellenwert und ist im öffentlichen Leben allgegenwärtig, ohne sich jedoch auf die Realpolitik auszuwirken. Ein Kompromiss, der an das Arrangement unter den Abbasiden und Mongolen erinnert, bei dem eine vergleichbare Machtteilung erfolgte. Der Staat scheint die islamischen Gruppierungen bezwungen zu haben, aber der gegenwärtige Zustand ist alles andere als ideal. Man gibt, wie in Indien, überproportional hohe Summen für Nuklearwaffen aus, während mindestens ein Drittel der Bevölkerung ihr Dasein in hoffnungsloser Armut fristet, was dem wahrhaften muslimischen Empfinden ein Gräuel sein muss. Muslim-Aktivisten, die sich durch den Staat in die Ecke gedrängt fühlen, wenden sich dem fundamentalistischen Regime der Taliban im benachbarten Afghanistan zu.

Dass Muslime für das 20. Jahrhundert noch keine ideale Gesellschaftsform gefunden haben, bedeutet nicht, dass Islam und Moderne inkompatibel sind. Muslime haben sich im Laufe ihrer Geschichte stets bemüht, das islamische Ideal in staatliche Strukturen einzubinden und einen geeigneten Führer zu finden. Da der Begriff des wahren islamischen Staates wie jeder religiöse Wert transzendent ist, lässt er sich niemals vollkommen in irdischer Form umsetzen und wird sich dem Zugriff der sterblichen und unvollkommenen Menschen stets entziehen. Eine religiöse Lebensführung ist ein schwieriges Unterfangen, und der säkulare Rationalismus unserer modernen Kultur stellt die Menschen aller großen Glaubensrichtungen vor besondere Probleme. Christen, für die Dogmen wichtiger sind als Politik, quälen sich mit dogmatischen Fragen ab, um ihre Religion einer modernen Sensibilität sinnvoll erscheinen zu lassen. Sie debattieren zum Beispiel über ihren Glauben an die Göttlichkeit Christi; einige halten an der alten Formulierung des Dogmas fest, während andere sich für radikalere Lösungen entscheiden. Dies führt gelegentlich zu heftigen, manchmal sogar erbitterten Diskussionen, weil hier Bereiche betroffen sind, die den Wesenskern der christlichen Religiosität berühren. Vor ein vergleichbares Dilemma sind Muslime gestellt, die sich um einen modernen islamischen Staat bemühen. Alle religiösen Menschen aller Zeiten haben sich mit ihren Traditionen den Herausforderungen ihrer jeweiligen Moderne stellen müssen, und das Streben nach der idealen islamischen Regierungsform sollte nicht abschätzig beurteilt werden, sondern als fundamentale und typische religiöse Aktivität.

3. Fundamentalismus

In den westlichen Medien wird oft der Eindruck erweckt, die als »Fundamentalismus« bekannte, umstrittene und gelegentlich gewalttätige Form von Religiosität sei ein rein islamisches Phänomen. Das trifft nicht zu. Fundamentalismus ist ein globaler Sachverhalt und ist als Reaktion auf die Probleme unserer Moderne in jeder großen Glaubensrichtung aufgetreten. Es gibt ein fundamentalistisches Judentum, ein fundamentalistisches Christentum, einen fundamentalistischen Hinduismus, einen fundamentalistischen Buddhismus, einen fundamentalistischen Sikhismus und selbst einen fundamentalistischen Konfuzianismus. Eine solche Glaubensauffassung trat zuerst in der christlichen Welt der Vereinigten Staaten zu Beginn des 20. Jahrhunderts auf. Keineswegs zufällig. Fundamentalismus ist nicht ein monolithisches Phänomen; jede Ausprägung des Fundamentalismus entwickelt sich unabhängig, selbst innerhalb der eigenen Tradition, mit eigenen Symbolen und Enthusiasmen, wenngleich seine unterschiedlichen Manifestationen durchweg eine gewisse Familienähnlichkeit aufweisen. Wie festgestellt wurde, tritt eine fundamentalistische Bewegung nicht unvermittelt auf, als reflexartige Reaktion auf die Ankunft der westlichen Moderne, sondern immer erst dann, wenn der Modernisierungsprozess ziemlich weit fortgeschritten ist. Zunächst versuchen die Religiösen ihre Traditionen zu reformieren und eine Synthese mit der modernen Kultur zu bilden, wie wir das bei den muslimischen Reformern beobachtet haben. Aber wenn die gemäßigten Bemühungen nicht fruchten, greifen einige auf extremere Methoden zurück, woraus eine fundamentalistische Bewegung entstehen kann. Dass der Fundamentalismus zuerst in den Vereinigten Staaten auftrat, im Schaufenster der Moderne, während er in anderen Teilen der Welt erst später erschien, war im Rückblick nicht anders zu erwarten. Der Islam hat als Letzte der drei monotheistischen Religionen in den späten sechziger- und siebziger Jahren, als die moderne Kultur in der islamischen Welt Wurzeln fasste, eine fundamentalistische Richtung entwickelt. Und da war der Fundamentalismus bei Christen und Juden, die der Moderne länger ausgesetzt waren, bereits weitgehend etabliert.

Fundamentalistische Bewegungen aller Glaubensrichtungen haben gewisse Gemeinsamkeiten. Sie legen eine tiefe Enttäuschung und Verbitterung mit dem modernen Experiment an den Tag, das nicht alles hielt, was es versprach. Sie drücken auch echte Angst aus. Jede fundamentalistische Bewegung, die ich studiert habe, ist überzeugt, das säkulare Establishment sei entschlossen, die Religion auszurotten. Dabei handelt es sich nicht immer um eine paranoide Reaktion. Wir haben gesehen, dass der Säkularismus der islamischen Welt oft äußerst aggressiv aufgezwungen wurde. Fundamentalisten sehnen sich nach einem »goldenen Zeitalter« vor dem Einbruch der Moderne, aber sie kehren nicht einfach atavistisch ins Mittelalter zurück. Alle sind ihrem Wesen nach moderne Bewegungen, die in keiner anderen Zeit erschienen sein könnten als in der unsrigen. Alle drücken innovative, oft radikale Reinterpretationen ihrer Religion aus. So gesehen ist Fundamentalismus ein grundlegender Bestandteil der Moderne. Wo immer die Moderne Wurzeln schlägt, wird wahrscheinlich eine bewusst fundamentalistische Gegenbewegung in Erscheinung treten. Fundamentalisten pflegen ihrer Unzufriedenheit mit einer heutigen Entwicklung oft dadurch Ausdruck zu verleihen, dass sie gewisse Elemente ihrer Tradition überbetonen und militant gegen ihre Auslöschung ankämpfen. Sie stehen alle – auch in den Vereinigten Staaten –

der Demokratie und dem Säkularismus äußerst kritisch gegenüber. Da die Emanzipation der Frau ein Inbegriff der modernen Kultur geworden ist, betonen die Fundamentalisten im Allgemeinen konventionelle, agrarische Geschlechterrollen und drängen die Frau wieder hinter Schleier und an den Herd zurück. Die fundamentalistische Gemeinschaft kann gleichsam als Schattenseite der Moderne gesehen werden; allerdings erhellt sie auch unerfreulichere Seiten des modernen Experiments.

Das heißt, Fundamentalismus existiert stets in einer symbiotischen Beziehung zu einem aufgezwungenen Säkularismus. Fundamentalisten fühlen sich fast immer von dem liberalen oder modernisierenden Establishment attackiert, was dazu führt, dass ihre Ansichten und ihr Benehmen zunehmend extremer ausfallen. Nach dem berühmten Scopes-Gerichtsverfahren (1925) von Tennessee, als protestantische Fundamentalisten versuchten, den Unterricht der Evolutionstheorie an öffentlichen Schulen zu verhindern, machte sich die säkularistische Presse derart über die Fundamentalisten lustig, dass ihre Theologie noch reaktionärer und fanatisch buchstabengläubiger wurde und sie politisch von der Linken zur extremen Rechten wechselten. Je gewaltsamer der säkularistische Angriff, desto heftiger die fundamentalistische Reaktion. Fundamentalismus macht daher die Spaltung einer Gesellschaft deutlich, die zwischen Befürwortern der säkularen Kultur und deren entsetzten Gegnern polarisiert ist. Die beiden Lager werden sich im Laufe der Zeit gegenseitig immer unverständlicher. Fundamentalismus beginnt als interner Disput mit den Liberalisierern und Säkularisierern der *eigenen* Kultur oder Nation. Zunächst kämpfen muslimische Fundamentalisten in der Regel gegen Landsleute oder Glaubensgenossen an, die eine positivere Ansicht zur Modernisierung haben, und nicht gegen äußere Feinde wie den

Westen oder Israel. Sehr häufig besteht ihr erster Schritt darin, dass sie sich von der herrschenden Kultur zurückziehen, um eine Enklave des reinen Glaubens zu schaffen (wie zum Beispiel Teile der ultra-orthodoxen jüdischen Gemeinden in Jerusalem oder New York). Daraufhin gehen sie manchmal zum Angriff über, der viele Formen annehmen kann, um die herrschende Kultur wieder auf den rechten Weg zu weisen und die Welt zu resakralisieren. Alle Fundamentalisten haben das Gefühl, um ihr Überleben zu kämpfen, und können, da sie sich als mit dem Rücken zur Wand stehend empfinden, zur Überzeugung gelangen, ihren Weg aus einer ausweglosen Situation freikämpfen zu müssen. In diesem Geisteszustand wenden sich ein paar wenige, und das überdies nur selten, dem Terrorismus zu. Die große Mehrheit jedoch unternimmt keine gewalttätigen Akte, sondern versucht vielmehr, ihren Glauben auf konventionelle, gesetzestreue Weise wieder zu beleben.

Es ist den Fundamentalisten jedenfalls gelungen, Religion erneut ins Zentrum der Aufmerksamkeit zu rücken, womit sie abermals zu einem wichtigen Faktor in internationalen Angelegenheiten geworden ist, eine Entwicklung, die Mitte des 20. Jahrhunderts, als der Säkularismus in unaufhaltsamem Vormarsch begriffen zu sein schien, als undenkbar gegolten hätte. Dies war in der islamischen Welt seit 1970 bestimmt der Fall. Aber der Fundamentalismus erschöpft sich nicht darin, Religion zu politischen Zwecken zu »gebrauchen«. Letztlich handelt es sich um ein Aufbegehren gegen den säkularistischen Ausschluss des Göttlichen aus dem öffentlichen Leben und um einen oft verzweifelten Versuch, der Welt der Moderne spirituelle Werte zu erhalten. Aber die Verzweiflung und die Furcht, die den Fundamentalismus beflügeln, pflegen die religiösen Traditionen zu verzerren und deren aggressivere Aspekte auf

Kosten der ebenfalls angemahnten Toleranz und Versöhnung überzubetonen.

Muslimischer Fundamentalismus entspricht diesen allgemeinen Definitionen ziemlich genau. Deswegen sollte man von der Vorstellung abrücken, der Islam weise eine militante, fanatische Unterströmung auf, der Muslime zu einer wahnsinnigen und gewalttätigen Ablehnung der Moderne treibe. Die muslimischen Fundamentalisten gleichen den Fundamentalisten aller anderen Glaubensrichtungen dieser Welt, mit denen sie ein profundes Misstrauen der modernen säkularen Kultur gegenüber gemeinsam haben. Hier wäre anzumerken, dass Muslime sich gegen die Verwendung des Begriffs »Fundamentalismus« verwahren, indem sie völlig zu Recht darauf verweisen, dass es sich dabei um eine selbstbewusste Eigendefinition amerikanischer Protestanten handelt, die sich nicht sinnvoll ins Arabische übersetzen lässt. Der Begriff *usul* bezieht sich, wie wir gesehen haben, auf die fundamentalen Prinzipien der islamischen Rechtsprechung, und da alle Muslime darin übereinstimmen, könnte man alle Muslime als Anhänger der *usulija* (Fundamentalismus) definieren. Doch trotz seiner Unzulänglichkeit ist »Fundamentalismus« der einzige Begriff, der uns als Bezeichnung für diese Familie kämpferischer religiöser Bewegungen zur Verfügung steht, und ein geeigneter Ersatzbegriff lässt sich schwerlich finden.

Einer der ersten fundamentalistischen Ideologen war al-Maududi, der Gründer der Dschama'at-i Islami in Pakistan. Er sah, wie sich die gewaltige Macht des Westens sammelte, um den Islam zu vernichten. Wollten Muslime das Überleben ihrer Religion und ihrer Kultur sichern, sollten sie sich zusammenschließen, um den andringenden Säkularismus abzuwehren. Muslime waren auch zuvor auf feindliche Gesellschaftsordnungen gestoßen und hatten katastrophale Erfahrungen gemacht, aber diesmal schlich sich, angefangen bei al-Afghani, ein neuer Unterton in den islamischen Diskurs ein. Die Muslime waren durch die westliche Bedrohung zum ersten Mal in die Defensive gedrängt worden. Al-Maududi lehnte das säkularistische Ethos ab. Sein Vorschlag kam einer islamischen Befreiungstheologie gleich. Da Gott allein die Herrschaft zukam, war kein Mensch gezwungen, die Vorschriften eines anderen Menschen zu akzeptieren. Die Revolution gegen die Kolonialmächte war nicht nur ein Recht, sondern eine Pflicht. Al-Maududi forderte einen universalen *dschihad*. Genau wie der Prophet die *dschahilija* (die »Ignoranz« und die Barbarei der vorislamischen Epoche) bekämpft hatte, sollten die Muslime alle ihnen zur Verfügung stehenden Mittel einsetzen, um die moderne *dschahilija* des Westens zu bekämpfen. Al-Maududi behauptete, der *dschihad* stünde im Zentrum des Islam. Das war neu. Niemals zuvor hatte man den *dschihad* den fünf Säulen des Islam gleichgestellt, aber al-Maududi hielt eine solche Neuerung auf Grund der gegenwärtigen Notsituation für geboten. Der Druck und die Angst vor kultureller und religiöser Vernichtung hatten zu einer extremen und potenziell gewalttätigen Verzerrung des Glaubens geführt.

Aber der eigentliche Gründungsvater des islamischen Fundamentalismus in der sunnitischen Welt war Saijid Qutb (1906–1966), der stark von al-Maududi beeinflusst wurde. Er war ursprünglich kein Extremist gewesen, sondern enthusiastisch für die westliche Kultur und säkulare Politik eingetreten. Selbst nachdem er sich 1953 den Muslimbrüdern angeschlossen hatte, war er ein Reformer geblieben, der hoffte, der westlichen Demokratie eine islamische Dimension zu verleihen, mittels derer die Exzesse einer gänzlich säkularistischen Ideologie vermieden werden konnten. Doch 1956 wurde er von Nasser wegen Mitgliedschaft in der Muslimbruderschaft festgenommen, worauf er im Konzentrationslager zur Überzeugung gelangte, dass Religiöse und Säkulare nicht friedlich in einer Gesellschaft zusammenleben können. Angesichts der Folter und der Hinrichtung von Muslimbrüdern und Nassers eingestandener Absicht, die Religion in Ägypten zu marginalisieren, erkannte er sämtliche Eigenschaften der *dschahilija*, die er als die Barbarei schlechthin definierte, die schon immer und seit ewigen Zeiten der Feind des Glaubens war, die Muslime, dem Beispiel des Propheten Muhammad folgend, bis auf den Tod zu bekämpfen hatten. Qutb ging weiter als al-Maududi, der nur nichtislamische Gesellschaften als *dschahili* betrachtet hatte. Qutb wandte den Begriff *dschahilija*, der in der konventionellen islamischen Geschichtsschreibung einfach als Bezeichnung der vorislamischen Periode in Arabien benutzt worden war, auf die zeitgenössische muslimische Gesellschaft an. Auch wenn ein Herrscher wie Nasser sich äußerlich zum Islam bekannte, bewies er durch Wort und Tat, dass er ein Apostat war. Muslime waren verpflichtet, eine derartige Regierung zu stürzen, so wie Muhammad das heidnische Establishment von Mekka (die *dschahilija* seiner Zeit) zur Unterwerfung gezwungen hatte.

Der gewalttätige Säkularismus von Nasser hatte Qutb zu einer Interpretation des Islam getrieben, die sowohl die Botschaft des Koran wie die Biografie des Propheten verfälschte. Qutb forderte die Muslime auf, sich Muhammad als Vorbild zu nehmen: Sie sollten sich von der herrschenden Kultur ihrer Zeit lösen (wie Muhammad, der die *hidschra* von Mekka nach Medina unternommen hatte) und dann zu einem gewalttätigen *dschihad* übergehen. Aber Muhammad hatte seinen Sieg tatsächlich durch eine kluge Politik der Gewaltlosigkeit errungen;

in Religionsdingen widersetzt sich der Koran entschieden Gewaltanwendung und Zwang; und die Vision des Koran ist tolerant und umfassend und predigt keineswegs Ausschluss und Trennung. Qutb behauptete, die koranische Forderung nach Toleranz trete erst in Kraft, *nachdem* der politische Sieg des Islam und die Gründung des wahren islamischen Staates erfolgt seien. Die neue Starrheit war aus der tiefen Angst entstanden, die im Zentrum des fundamentalistischen Religionsverständnisses steht. Qutb überlebte nicht. Auf Grund von Nassers persönlicher Intervention wurde er 1966 hingerichtet.

Jede fundamentalistische sunnitische Bewegung wurde von Qutb inspiriert. Besonders spektakulär war das Attentat auf Anwar as-Sadat, der als *dschahili*-Herrscher denunziert wurde, wegen Drangsalierung der eigenen Bevölkerung. Auch die Taliban, die 1994 in Afghanistan an die Macht kamen, sind von dieser Ideologie beeinflusst. Sie sind fest entschlossen, zu dem zurückzukehren, was sie als ursprüngliche Vision des Islam empfinden. Die *ulama* führen die Regierungsgeschäfte, Frauen sind verschleiert und vom Berufsleben ausgeschlossen. Im Rundfunk sind nur noch religiöse Sendungen erlaubt und die koranischen Strafen der Steinigung und Verstümmelung wurden wieder eingeführt. In einigen westlichen Kreisen werden die Taliban als Inbegriff der Muslime betrachtet, aber ihr Regime verletzt grundlegende islamische Vorschriften. Die meisten Taliban (»Studenten« einer *madrasa*) gehören dem Stamm der Paschtunen an und pflegen gegen die Nicht-Paschtunen vorzugehen, die ihr Regime vom Norden des Landes her angreifen. Ein derartiger ethnischer Chauvinismus ist vom Propheten und dem Koran verboten worden. Auch ihr hartes Vorgehen gegen Minderheiten verletzt eindeutig die Vorschriften des Koran. Die Diskriminierung der Frau durch die Taliban steht im krassen Widerspruch zur Praxis des Propheten und zur Lebensführung der ersten *umma*. Was ihre hochselektive Sicht der Religion betrifft (die ihre beschränkte Ausbildung an gewissen *madrasas* in Pakistan widerspiegelt), sind die Taliban typische Fundamentalisten, die den Glauben pervertieren und ins Gegenteil seiner ursprünglichen Absicht verkehren. Wie die Fundamentalisten aller anderen großen Glaubensrichtungen machen auch die muslimischen Fundamentalisten die Religion bei ihrem Überlebenskampf zu einem Mittel der Unterdrückung und sogar der Gewaltanwendung.

Aber die meisten sunnitischen Fundamentalisten haben nicht zu solch extremen Mitteln gegriffen. Die fundamentalistischen Bewegungen, die in den siebziger- und achtziger Jahren entstanden, versuchten ihre Welt auf weniger drastische, aber umso bezeichnendere Weise zu verändern. Nach der demütigenden Niederlage der arabischen Armeen im Sechstagekrieg gegen Israel von 1967 wandte man sich im ganzen Mittleren Osten wieder mehr der Religion zu. Die alte säkularistische Politik von Führern wie Nasser erschien diskreditiert. Man glaubte, die Muslime hätten verloren, weil sie ihrer Religion untreu geworden waren. Säkularismus und Demokratie schienen im Westen zwar bestens zu funktionieren, doch der gewöhnliche Muslim hatte nichts davon, und das Ganze kam nur einer Elite der islamischen Welt zugute. Man kann den Fundamentalismus als »postmoderne« Bewegung betrachten, die gewisse Überzeugungen und Enthusiasmen der Moderne wie den Kolonialismus ablehnt. Überall in der islamischen Welt veränderten Studenten und Fabrikarbeiter ihre unmittelbare Umgebung. Sie richteten in ihren Universitäten und Fabriken Moscheen ein, in denen sie das rituelle Gebet vollziehen konnten. Sie gründeten al-Banna-artige Wohlfahrtsorganisationen mit islamischer Ausrichtung, die deutlich machten, dass der Islam den Menschen mehr zu bieten hatte als die säkularistischen Regierungen. Hatten die Studenten ein schattiges Stück Wiese – oder auch nur ein Anschlagbrett – zur islamischen Zone erklärt, empfanden sie das als kleinen, aber wichtigen Schritt bei ihrem Bemühen, den Islam aus der Marginalisierung zu befreien, in die ihn die säkulare Gesellschaft gedrängt hatte, und wieder ein Stückchen Welt – und sei es noch so winzig – für den Islam zu erobern. Sie trieben die Grenzen des Heiligen voran, etwa in der Art jüdischer Fundamentalisten in Israel, die Siedlungen in der besetzten West Bank gründeten und sich arabisches Land zurückholten, um es wieder unter die Ägide des Judentums zu bringen.

Das gilt genauso für die Rückkehr zum traditionellen Gewand. Wird es Menschen gegen ihren Willen aufgezwungen (wie von den Taliban), ist dies eine Gewaltmaßnahme, die mit hoher Wahrscheinlichkeit den gleichen Rückschlag nach sich ziehen wird wie die aggressiven Techniken von Reza Schah Pahlawi. Aber für viele muslimische Frauen kommt die Verschleierung einer symbolischen Rückkehr in die vorkoloniale Periode gleich, bevor der Einbruch in ihre Gesellschaft stattfand und diese vom wahren Kurs abbrachte. Gleichwohl haben sie nicht einfach die Uhr zurückgestellt. Umfragen zeigen, dass viele der verschleierten Frauen, in Bezug auf die Rollenverteilung der Geschlechter, fortschrittliche Ansichten vertreten. Den Frauen, die aus ländlichen Gebieten an die Universität gekommen und als Erste ihrer Familie über einfaches Lesen- und Schreibenkönnen hinausgelangt sind, bietet das Anlegen islamischer Kleidung eine Möglichkeit zur Aufrechterhaltung der Kontinuität, was ihren Übergang in die Welt der Moderne weniger traumatisch macht. Sie kamen, um sich der modernen

Welt anzuschließen, aber zu ihren Bedingungen und in einem islamischen Kontext, der diese Welt heiligt. Dann kann Verschleierung als stillschweigende Kritik an weniger erfreulichen Aspekten der Moderne verstanden werden. Sie steht der eigenartigen westlichen Zwanghaftigkeit entgegen, sexuell »alles zu offenbaren«. Die Menschen des Westens stellen oft ihren gebräunten, gut trainierten Körper zur Schau; sie versuchen, gegen die Anzeichen des Alterns anzukämpfen und sich am irdischen Dasein festzuklammern. Der verschleierte Körper dagegen weist darauf hin, dass er der Transzendenz zugewandt ist, und die Uniformität des Gewands überwindet Klassenschranken und unterstreicht die Bedeutung der Gemeinschaftlichkeit im Gegensatz zum westlichen Individualismus.

Die Menschen haben oft zur Religion Zuflucht genommen, um sich moderne Ideen und Enthusiasmen anzueignen. Nicht alle amerikanischen Kalvinisten zur Zeit der amerikanischen Revolution von 1776 teilten das säkularistische Ethos der Gründerväter, so sie es denn verstanden. Sie gaben dem Kampf eine christliche Färbung, um Seite an Seite mit den Säkularisten für die Schaffung einer neuen Welt streiten zu können. Ebenso nehmen einige sunnitische und schiitische Fundamentalisten zur Religion Zuflucht, um sich mit der fremden Eigenart der modernen Kultur vertraut zu machen, indem sie diese in einen spirituellen Bedeutungszusammenhang stellen, der sie ihnen zugänglicher macht. Womit sie auch stillschweigend deutlich machen, dass man in einem anderen kulturellen Bezugsrahmen modern sein kann, als in dem vom Westen festgelegten. In diesem Lichte kann auch die iranische Revolution von 1978–1979 gesehen werden. Ajatollah Ruhollah Chomeini (1902–1982) hat die Menschen des Iran der sechziger Jahre auf die Straße gerufen, um gegen die grausame und verfassungswidrige Politik von Muhammad Reza Schah zu protestieren, den er mit Jazid identifizierte, dem für den Tod von Husain in Karbala verantwortlichen Umaijaden-Kalifen, im schiitischen Islam Inbegriff des ungerechten Herrschers. Muslime waren zum Kampf gegen eine solche Tyrannei verpflichtet, und die Volksmassen, die ein sozialistischer Aufruf zur Revolution ungerührt gelassen hätte, konnten auf Chomeinis Aufruf reagieren, der ihren tiefsten Traditionen entsprach. Chomeini stellte eine schiitische Alternative zum säkularen Nationalismus des Schahs dar. Er wirkte mehr und mehr wie einer der *imame*: Wie alle *imame* war er angegriffen, festgenommen und beinahe von einem ungerechten Herrscher getötet worden; wie manche *imame* war er ins Exil gezwungen und von seiner rechtmäßigen Stellung vertrieben worden; wie Ali und Husain hatte er tapfer gegen die Ungerechtigkeit gekämpft und war für wahre islamische Werte eingetreten; wie alle *imame* war er ein praktizierender Mystiker; und Chomeinis Sohn Mustafa war von Agenten des Schahs umgebracht worden, wie Husains Sohn, der in Karbala zu Tode kam.

1978 brach die Revolution aus, nachdem in der halboffiziellen Zeitung *Ettela'at* ein verleumderischer Angriff auf Chomeini erfolgt war. Das hatte zu einem schockierenden Massaker an jungen *madrasa*-Studenten geführt, die auf der Straße dagegen protestierten. Und da schien Chomeini die Vorgänge von weitem zu lenken (aus Nadschaf, seinem Exil), gleichsam wie der Verborgene Imam. Weil Säkularisten und Intellektuelle wussten, dass nur Chomeini über die Unterstützung des einfachen Volkes verfügte, waren sie bereit, sich den *ulama* anzuschließen. Die Islamische Revolution in Iran war die einzige Revolution, die von einer Ideologie des 20. Jahrhunderts inspiriert wurde (die russischen und chinesischen Revolutionen bezogen ihre Inspiration von Karl Marx, dessen Gesellschaftsvision aus dem 19. Jahrhundert stammte). Chomeini hatte eine radikale Neuinterpretation des Schiismus entwickelt: In Abwesenheit des Verborgenen Imam oblag es einem mystisch inspirierten Juristen, einem Kenner des heiligen Rechts, die Nation zu führen. Im Zwölfer-Schiismus war es Geistlichen jahrhundertelang verboten gewesen, an der Regierung teilzuhaben, doch die Revolutionäre (aber keineswegs alle *ulama*) waren bereit, sich diese Theorie der *wilajat-i faqih* (»Herrschaft des Rechtgeleiteten«) zu Eigen zu machen. Die gesamte Revolution war vom Symbolismus von Karbala geprägt. Traditionelle religiöse Trauerzeremonien und die *aschura*-Feiern zu Ehren von Husain wurden zu Demonstrationen gegen das Regime. Der Mythos von Karbala gab einfachen Schiiten den Mut, sich den Gewehren des Schahs entgegenzustellen und zu Tausenden zu sterben, wobei einige das weiße Laken der Märtyrer umgeschlungen hatten. Religion erwies sich als derart mächtig, dass sie den Pahlawi-Staat stürzen konnte, der als stabilstes und mächtigstes Land des Mittleren Ostens gegolten hatte.

Aber auch Chomeinis Vision ist verzerrt, wie die aller Fundamentalisten. Die Geiselnahme der Amerikaner in Teheran stellte eine klare Verletzung koranischer Gebote über die Behandlung von Gefangenen dar, die mit Würde und Respekt zu behandeln sind und so bald wie möglich freigelassen werden sollen (das gilt auch für spätere Geiselnahmen durch schiitische Radikale im Libanon, die sich die Vorgänge im Iran zum Vorbild nahmen). Dem Hüter des Gefangenen obliegt sogar, aus eigenen Mitteln zum Lösegeld beizutragen. Ja, der Koran verbietet ausdrücklich die Gefangennahme von Menschen, außer bei einem konventionellen Krieg, womit Geiselnahmen zu Friedenszeiten offensichtlich verboten sind.[2] Nach der Revolution bestand Chomeini auf dem, was er als »Einheit des Ausdrucks« bezeichnete, und unterdrückte jede abweichende Stimme. Nicht nur war die Forderung nach Redefreiheit eines der wichtigsten Anliegen der Revolution gewesen, der Islam hatte nie auf ideologischer Konformität bestanden, nur auf Konformität der Praxis. Zwangsmaßnahmen in Religionsangelegenheiten sind im Koran verboten und wurden von Mulla Sadra, Chomeinis geistigem Mentor, verabscheut. Als Chomeini am 14. Februar 1989 sein *fatwa* gegen die angeblich blasphemische Darstellung Muhammads in den *Satanischen Versen* verkündete, tat er dies in ausdrücklichem Widerspruch zu Sadras leidenschaftlicher Verteidigung der Gedankenfreiheit. Das *fatwa* wurde von den *ulama* von al-Azhar und Saudi-Arabien für unislamisch erklärt und im folgenden Monat von achtundvierzig der neunundvierzig Mitgliedstaaten der Islamischen Konferenz verurteilt.

Aber die islamische Revolution scheint dem iranischen Volk doch geholfen zu haben, sich der Moderne zu eigenen Bedingungen anzunähern. Kurz vor seinem Tode versuchte Chomeini dem Parlament mehr Macht zu erteilen, und Haschem Rafsandschani, der Sprecher des *madschlis*, gab eine demokratische Interpretation des *wilajat-i faqih* heraus. Die Anforderungen des modernen Staates hatten die Schiiten von der Notwendigkeit der Demokratie überzeugt, nur dass sie diesmal in einer islamischen Verpackung angeboten wurde, die sie für die Mehrheit des islamischen Volkes akzeptabel machte. Das schien sich am 23. Mai 1997 zu bestätigen, als Hodschdschat ol-Islam Saijid Chatami mit überwältigender Mehrheit zum Präsidenten gewählt wurde. Er machte umgehend klar, dass er eine bessere Beziehung zum Westen aufbauen wollte, und distanzierte seine Regierung im September 1998 von dem *fatwa* gegen Rushdie, worin er später von Ajatollah Ali Chamene'i, dem obersten *faqih* des Iran, unterstützt wurde. Chatamis Wahl signalisierte das starke Bedürfnis der Bevölkerungsmehrheit nach größerem Pluralismus, nach einer milderen Auslegung des islamischen Rechts, nach mehr Demokratie und nach einer fortschrittlichen Politik gegenüber Frauen. Der Ausgang ist noch offen. Die konservativen Geistlichen, die sich bereits Chomeini widersetzten und denen er wenig Zeit gewidmet hatte, sind nach wie vor in der Lage, viele von Chatamis Reformen zu blockieren, aber das Ringen um die Gestaltung eines funktionsfähigen islamischen Staates, der dem Geist des Koran entspricht und dennoch auf die Gegebenheiten der Gegenwart zu reagieren vermag, ist nach wie vor ein zentrales Anliegen des iranischen Volkes.

4. Muslime in der Minderheit

Das Gespenst des islamischen Fundamentalismus lässt die westliche Gesellschaft schaudern, die sich durch den ebenso vorhandenen und ebenso gewalttätigen Fundamentalismus anderer Glaubensrichtungen deutlich weniger bedroht fühlt. Und das hat bestimmt Auswirkung auf die Haltung westlicher Völker den Muslimen gegenüber, die unter ihnen leben. In Europa leben fünf bis sechs, in den Vereinigten Staaten sieben bis acht Millionen Muslime. Zurzeit stehen in Deutschland wie in Frankreich an die tausend Moscheen, in Großbritannien fünfhundert. Etwa die Hälfte aller Muslime im Westen haben Eltern, die in den fünfziger- und sechziger Jahren eingewandert sind. Sie lehnen die duldsamere Haltung ihrer Eltern ab, sind besser ausgebildet und bemühen sich um ein sichtbareres öffentliches Profil und größere Anerkennung. Nicht immer sind ihre Bestrebungen besonders geschickt, was sich etwa an der Forderung von Dr. Chalim Siddiqi nach Einberufung eines eigenen Muslim-Parlaments in Großbritannien in den frühen neunziger Jahren zeigt, ein Projekt, das bei den britischen Muslimen auf wenig Gegenliebe stieß, aber der Befürchtung Nahrung gab, dass sich die Muslime nicht wirklich in die Gesellschaft integrieren wollen. Zur Zeit der Krise um die *Satanischen Verse*, als Muslime in Bradford das Buch öffentlich verbrannten, steigerte sich die Ablehnung gegenüber der muslimischen Gemeinschaft zu intensiver Feindschaft. Die meisten britischen Muslime dürften das Buch missbilligt haben, ohne Rushdie den Tod zu wünschen. Europäern scheint es schwer zu fallen, zu einem natürlichen, ausgewogenen Umgang mit ihren muslimischen Mitbürgern zu finden. Bei Rassenunruhen in Deutschland wurden türkische Gastarbeiter ermordet, die französische Presse ging äußerst feindlich mit Mädchen um, die sich entschieden, in der Schule einen *hidschab* zu tragen. In England ist man immer wieder empört, wenn Muslime getrennte Schulen für ihre Kinder fordern, obwohl man im Allgemeinen nichts dagegen einzuwenden hat, wenn Juden, Katholiken oder Quäker gesonderte Schulen betreiben. Man empfindet die Muslime gleichsam als fünfte Kolonne, die sich verschworen hat, die britische Gesellschaft zu untergraben.

Die Muslime in den Vereinigten Staaten hatten mehr Glück. Die dortigen muslimischen Einwanderer sind besser ausgebildet und gehören der Mittelklasse an. Sie arbeiten als Ärzte, Akademiker und Ingenieure, während die muslimische Gemeinschaft in Europa größtenteils zur Arbeiterklasse zu rechnen ist. Die amerikanischen Muslime haben das Gefühl, dass sie in den Vereinigten Staaten sind, weil sie dort sein wollen. Sie möchten Amerikaner werden, und Integration im Lande des Schmelztiegels scheint besser möglich zu sein als in Europa. Einige Muslime, wie Malcolm X (1925–1965), der charismatische Führer einer »Nation of Islam« genannten schwarzen Separatistengruppe, gewann zur Zeit der Bürgerrechtsbewegung allgemeinen Respekt und wurde zu einer emblematischen Gestalt für schwarze und muslimische Macht. Die »Nation of Islam« war jedoch eine heterodoxe Gruppierung. Sie wurde 1930 von Wallace Fard, einem Hausierer aus Detroit, gegründet und nach seinem 1934 erfolgten geheimnisvollen Verschwinden von Ilja Muhammad (1897–1975) geleitet, der Fard als Inkarnation Gottes bezeichnete, die Weißen als von Natur aus böse darstellte und erklärte, dass es kein Leben nach dem Tode gibt – für den Islam durchweg häretische Ansichten. Die »Nation of Islam« fordert einen separaten Staat für Afroamerikaner, der sie für Jahre der Sklaverei entschädigen soll, und steht dem Westen grundsätzlich feindlich gegenüber. Malcolm X verlor seine Illusionen über die »Nation of Islam«, als er die moralische Laxheit von Ilja Muhammad entdeckte, und führte seine Anhänger zum sunnitischen Islam. Zwei Jahre später wurde er wegen dieser Abtrünnigkeit ermordet. Dennoch wird die »Nation of Islam« eingehender von den Medien wahrgenommen als die von Malcolm X gegründete, um vieles größere »American Muslim Mission«, die nun völlig orthodox ist, ihre Anhänger zum Studium an die Azhar-Universität schickt und Möglichkeiten erkundet, gemeinsam mit weißen Amerikanern eine gerechtere Gesellschaft anzustreben. Die bizarre und starr ablehnende Haltung der »Nation of Islam« scheint dem westlichen Stereotyp des Islam als ein von Natur aus intoleranter und fanatischer Glaube eher zu entsprechen.

Die Muslime Indiens, die 1947 nicht nach Pakistan auswanderten, sind unterdessen auf 155 Millionen angewachsen. Aber trotz ihrer großen Zahl empfinden sich viele bedrängter und gefährdeter als ihre Brüder und Schwestern im Westen. Die Hindus und Muslime aus Indien sind immer noch durch die tragischen Gewalttätigkeiten anlässlich der Teilung des Subkontinents von 1947 traumatisiert, und obwohl sich viele Hindus Indiens für muslimische Rechte einsetzen, haben die Muslime dort allgemein eine schlechte Presse. Man wirft ihnen Ghetto-Mentalität vor, beschuldigt sie der heimlichen Loyalität zu Pakistan oder Kaschmir; sie sollen zu viele Kinder haben und rückschrittlich sein. Indische Muslime werden aus Dörfern weggedrängt, können nur schwer gute Stellen finden, und oft wird ihnen eine anständige Unterkunft verweigert. Die einzigen Hinweise auf die glorreiche Moghul-Vergangenheit sind die großen Bauwerke: Tadsch Mahall, Rotes Fort und die Moschee von Dschuna. Doch sind gerade sie zu Sammelpunkten der Hindu-Fundamentalisten-Bewegung geworden, der »Bharatiya Janata Partei« (BJP), die behauptet, sie seien eigentlich von Hindus errichtet worden, die Muslime hätten die Tempel Indiens zerstört und stattdessen Moscheen errichtet. Im Mittelpunkt der Angriffe der BJP stand die Moschee in Ayodhya, die Babur, der Begründer der Moghul-Dynastie, errichtet hatte, und sie wurde im Dezember 1992 zehn Stunden lang demoliert, während Presse und Polizei daneben standen und zuschauten. Die Auswirkung auf die Muslime Indiens war katastrophal. Sie fürchteten, die symbolische Zerstörung sei nur ein Vorspiel künftiger Unruhen gewesen, bei welchen sie und die Erinnerung an sie in Indien ausgelöscht werden sollten. Es war diese Angst vor der Vernichtung, die ihren verzweifelten Widerstand gegen die *Satanischen Verse* auslöste, die eine weitere Bedrohung ihres Glaubens darzustellen schienen. Doch sind Kommunalismus und Intoleranz der toleranten und zivilisierten

Tradition des indischen Islam eigentlich wesensfremd. Einmal mehr ist Glaube durch Angst und Bedrängnis verzerrt worden.

5. Der Weg voran

Am Vorabend des zweiten christlichen Jahrtausends haben die Kreuzfahrer an die dreißigtausend Juden und Muslime in Jerusalem massakriert und die blühende islamische heilige Stadt in ein stinkendes Schlachthaus verwandelt. Fünf Monate mindestens blieben Täler und Gräben um die Stadt mit verwesenden Leichen gefüllt, die allzu zahlreich waren, als dass die kleine Zahl von Kreuzfahrern, die nach der Expedition zurückblieb, sie hätte wegräumen können. Und über Jerusalem, wo die drei abrahamitischen Religionen fast fünfhundert Jahre lang unter islamischer Herrschaft vergleichsweise harmonisch hatten zusammenleben können, hing Verwesungsgeruch. Dies war die erste Erfahrung, die Muslime mit dem christlichen Westen machten, als sich dieser aus dem dunklen Zeitalter herausarbeitete, das nach dem Zusammenbruch des Römischen Reiches im 5. Jahrhundert eingetreten war und sich kämpferisch auf der internationalen Szene zurückmeldete. Die Muslime litten unter den Kreuzfahrern, wurden aber nicht lange durch ihre Anwesenheit belästigt. 1187 konnte Saladin Jerusalem für den Islam zurückerobern, und obwohl die Kreuzfahrer noch ein weiteres Jahrhundert im Nahen Osten durchhielten, waren sie bloß eine ziemlich flüchtige, unbedeutende Episode in der langen islamischen Geschichte der Region. Die meisten Einwohner der islamischen Welt wurden durch die Kreuzzüge überhaupt nicht berührt und waren an Westeuropa völlig desinteressiert, das, bei allen dramatischen kulturellen Fortschritten, die es zur Zeit der Kreuzzüge machte, immer noch weit hinter der muslimischen Welt zurückblieb.

Die Europäer allerdings haben die Kreuzzüge nicht vergessen und konnten auch nicht die Welt des Islam ignorieren, die, im Laufe der Jahrhunderte, den ganzen Globus zu beherrschen schien. Seit den Kreuzzügen haben die Menschen des westlichen Christentums eine stereotype und verzerrte Vorstellung des Islam entwickelt, den sie als Feind der Zivilisation schlechthin betrachteten. Ihr Vorurteil vermischte sich mit europäischen Fantasien über die Juden, den anderen Opfern der Kreuzfahrer, und verdeckte oft eine heimliche Sorge über das Betragen der Christen. Genau zur Kreuzfahrerzeit, als die Christen eine Reihe von brutalen heiligen Kriegen gegen die islamische Welt vom Zaun brachen, wurde der Islam von den gelehrten Mönchen Europas als ein von Natur aus gewalttätiger und intoleranter Glaube beschrieben, der sich nur mit dem Schwert hatte verbreiten können. Der Mythos oder die Propagandabehauptung eines angeblich fanatisch-intoleranten Islam ist zur festen Tradition des Westens geworden.

Als sich das Jahrtausend allerdings dem Ende näherte, schienen einige Muslime dem westlichen Vorurteil geradezu beispielhaft zu entsprechen, indem sie zum ersten Mal heilige Gewalt zu einer zentralen islamischen Tugend machten. Diese Fundamentalisten bezeichnen den westlichen Kolonialismus und den post-kolonialen westlichen Imperialismus oft als *al-hurub as-salibija*: die Kreuzzüge. Der kolonialistische Kreuzzug war zwar weniger gewaltsam, aber seine Auswirkungen waren zerstörerischer als die der heiligen Kriege des Mittelalters. Die mächtige muslimische Welt war zu einem abhängigen Block herabgestuft worden, und die muslimische Gemeinschaft während des beschleunigten Modernisierungsversuchs weitgehend entwurzelt worden. Wie wir gesehen haben, hat der Ansturm der westlichen Modernität den Menschen aller großen Religionen überall in der Welt den Boden unter den Füßen weggezogen und eine kämpferische und oft intolerante Religiosität zur Folge gehabt, die wir als »Fundamentalismus« bezeichnen. Während die Fundamentalisten sich mühen, die von ihnen als schädigend empfundenen Auswirkungen der modernen säkularen Kultur wieder zurechtzurücken, gehen sie selber zum Angriff über und weichen von den zentralen Begriffen des Erbarmens, der Gerechtigkeit und der Wohlgesonnenheit ab, die alle Weltreligionen, auch den Islam, charakterisieren. Religion wird genauso oft missbraucht wie jedes andere menschliche Denken, aber bestenfalls kann sie dem Menschen dazu verhelfen, ein Empfinden für die heilige Unverletzlichkeit jedes einzelnen Menschen zu entwickeln, und damit die mörderische Gewalt mildern, zu der unsere Gattung tragischerweise neigt. Religion hat in der Vergangenheit Grauenhaftes getan, aber der Säkularismus hat in seiner kurzen Geschichte gezeigt, dass er ebenso gewalttätig sein kann. Und wie wir gesehen haben, haben säkulare Aggression und Verfolgung oft eine Verschärfung der religiösen Intoleranz und des Religionshasses nach sich gezogen.

Dies wurde auf tragische Weise im Algerien von 1992 deutlich. Im Zuge der religiösen Renaissance hatte die islamische Rettungsfront (FIS) die Hegemonie der säkularen nationalistischen Partei, der Nationalen Befreiungsfront (FLN), bedroht, die seit 1954 die Revolution gegen die französische Kolonialherrschaft angeführt und 1962 eine sozialistische Regierung gegründet hatte. Die algerische Revolution gegen Frankreich war von Arabern und Muslimen als Inspiration empfunden worden, die ebenfalls danach strebten, sich von Europa unabhängig zu machen. Die FLN glich den anderen damaligen säkularen und sozialistischen Regierungen des Mittleren Ostens, indem sie den Islam nach westlichem Vorbild auf die Privatsphäre reduzierte. Um 1970 herum jedoch empfanden viele Menschen überall in der islamischen Welt diese säkularistischen Ideologien, die ihre Versprechungen nicht hatten halten können, als frustrierend. Abbas Madani, eines der Gründungsmitglieder der FIS, wollte eine der modernen Welt gemäße islamische politische Ideologie schaffen; Ali ibn Hadschdsch, *imam* einer in einem armen Viertel Algiers gelegenen Moschee, führte den radikaleren Flügel der FIS an. Allmählich begann die FIS ihre eigenen Moscheen aufzubauen, ohne sich um eine offizielle Erlaubnis der Regierung zu bemühen; sie schlug Wurzeln in der muslimischen Gemeinschaft von Frankreich, wo Arbeiter Betstätten in Fabriken und Büros forderten und sich den Zorn der rechten Partei von Jean-Marie Le Pen zuzogen.

Um 1980 durchlebte Algerien eine Wirtschaftskrise. Die FLN hatte das Land auf den Weg zur Demokratie und Eigenstaatlichkeit geführt, war aber im Laufe der Jahre korrupt geworden. Die alte Garde schreckte vor weiteren demokratischen Reformen zurück. In Algerien war es zu einer Bevölkerungsexplosion gekommen; die meisten der dreißig Millionen Einwohner waren unter dreißig, viele waren arbeitslos, die akute Wohnungsnot war groß. Es kam zu Unruhen. Die Jungen, die Stagnation und Unfähigkeit der FLN satt hatten, wollten etwas Neues und wandten sich den islamischen Parteien zu. Im Juni 1990 errang die FIS größere Siege in den Lokalwahlen, vor allem in städtischen Gebieten. FIS-Aktivisten waren meistens jung, idealistisch und gebildet; sie galten als ehrlich und effizient in der Verwaltungstätigkeit, auch wenn sie auf bestimmten Gebieten, wie bei ihrem Beharren auf der traditionellen Kleidung für Frauen, dogmatisch und konservativ waren. Aber anti-westlich war die FIS nicht. Ihre Führer sprachen davon, die Bindungen an die EU zu stärken und neue westliche Investitionen zu fördern. Nach ihren Siegen bei den Lokalwahlen schien die FIS sich ihres Sieges in den für 1992 anberaumten Parlamentswahlen sicher.

Es sollte jedoch nicht zu einer islamischen Regierung in Algerien kommen. Das Militär putschte, vertrieb den liberalen FLN-Präsidenten Bendschedid (der demokratische Reformen versprochen hatte), unterdrückte die FIS und warf deren Führer ins Gefängnis. Wären Wahlen in Iran und Pakistan auf derart gewaltsame und verfassungswidrige Weise verhindert worden, hätte es im Westen einen gewaltigen Aufschrei gegeben. Ein solcher Putsch wäre als beispielhaft für die angeblich endemische Unfähigkeit des Islam zur Demokratie und für dessen grundsätzliche Unvereinbarkeit mit der modernen Welt empfunden worden. Aber weil es eine islamische Regierung war, die mit diesem Putsch verhindert wurde, herrschte in der westlichen Presse eitel Jubel. Algerien war von der islamischen Bedrohung gerettet worden; die Bars, Kasinos und Diskotheken von Algerien ihrer Vernichtung entronnen; Algerien durch die undemokratische Aktion auf geheimnisvolle Weise für die Demokratie gerettet. Die französische Regierung stellte sich hinter den neuen Hardliner, den neuen FLN-Präsidenten Liamine Zeroual, und bestärkte ihn in seiner Entschlossenheit, jeden weiteren Dialog mit der FIS zu verweigern. Die muslimische Welt, was nicht weiter überrascht, war ob dieses neuerlichen Beispiels der westlichen Doppelmoral schockiert.

Das Ergebnis dieses Vorgangs war tragisch vorhersehbar. Von jeder rechtmäßigen Äußerungsmöglichkeit fern gehalten, zornig und an der Gerechtigkeit verzweifelnd, lösten sich die radikaleren Anhänger von der FIS, um eine eigene Guerillaorganisation, die »Bewaffnete Islamische Gruppe« (GIA), zu bilden, die in den Bergen südlich von Algier eine Terrorkampagne begann. Es kam zu Massakern, bei denen die Einwohner ganzer Dörfer umgebracht wurden. Auch Journalisten und Intellektuelle, säkulare wie religiöse, wurden angegriffen. Man ging allgemein davon aus, dass ausschließlich die Islamisten für diese Gräuel verantwortlich waren, aber allmählich stellten sich Fragen ein, die darauf hindeuteten, dass gewisse Elemente des algerischen Militärs die Morde nicht nur zuließen, sondern selber mitbetrieben, um die GIA zu diskreditieren. Es kam zu einem gespenstischen Patt. Sowohl FLN wie FIS wurden durch interne Streitigkeiten zwischen den Pragmatikern, die eine Lösung wollten, und den Hardlinern, die jede Verhandlung verweigerten, auseinander gerissen. Die Gewalttätigkeit des ursprünglichen Putsches, der die Wahlen verhindern sollte, hatte einen regelrechten Krieg zwischen Religiösen und Säkularisten ausgelöst. Im Januar 1995 half die Römisch-Katholische Kirche, ein Treffen in Rom zu Stande zu bringen, um die beiden Seiten zusammenzuführen, aber Zerouals Regierung verweigerte die Teilnahme. Eine goldene Möglichkeit war vertan. Es gab weiteren islamischen Terror und eine Verfassungsreform, die alle religiösen Parteien verbot.

Das tragische Beispiel Algeriens darf nicht zum Muster der Zukunft werden. Unterdrückung und Zwang trugen dazu bei, eine unzufriedene muslimische Minderheit in eine Gewalttätigkeit zu treiben, die jedes wichtige Glaubensprinzip des Islam mit Füßen trat. Ein aggressiver Säkularismus hatte eine Religiosität bewirkt, die zur Travestie des wahren Glaubens wurde. Eine weitere Schande für die Demokratie, an deren Verbreitung dem Westen so sehr gelegen war, die aber offenbar an ihre Grenzen stieß, als der demokratische Prozess zur Bildung einer gewählten islamischen Regierung hätte führen können. Die Menschen Europas und der Vereinigten Staaten zeigten, wie uninformiert sie über die verschiedenen Parteien und Gruppen der islamischen Welt waren. Die moderate FIS wurde mit den gewalttätigsten fundamentalistischen Gruppen gleichgesetzt und im westlichen Denken mit Gewalttätigkeit, Illegalität und antidemokratischem Benehmen assoziiert, was in diesem Fall aber vorrangig von den Säkularisten der FLN an den Tag gelegt worden war.

Ob es dem Westen passt oder nicht, der anfängliche Erfolg der FIS in Lokalwahlen zeigte, dass die Menschen in islamischen Ländern eine gewisse Form von islamischer Regierung wollten. Das war eine klare Botschaft an Ägypten, Marokko und Tunesien, wo die säkularistischen Regierungen sich schon seit langem einer wachsenden Religiosität ihrer Gebiete bewusst sind. Mitte des 20. Jahrhunderts war der Säkularismus dominant, und der Islam schien unrettbar passé. Jetzt wurde jeder säkularistischen Regierung im Mittleren Osten auf unangenehme Weise deutlich gemacht, dass bei wirklich demokratischen Wahlen ohne weiteres eine islamische oder gar islamistische Regierung an die Macht gelangen könnte. Im Ägypten von heute ist der Islam so populär wie seinerzeit der Nasserismus in den fünfziger Jahren. Traditionelle Kleidung ist allgegenwärtig und, angesichts des Säkularismus von Mubaraks Regierung, offensichtlich freiwillig angenommen. Wie jüngste Meinungsumfragen gezeigt haben, erklären sich selbst in der säkularistischen Türkei an die 70 Prozent der Bevölkerung für fromm, und 20 Prozent beten fünf Mal am Tag. In Jordanien wenden sich die Menschen der Muslimbruderschaft zu, die Palästinenser der *mudschamma' al-islami*, während die PLO, die in den sechziger Jahren alles mit sich riss, schwerfällig, korrupt und veraltet wirkt. In den zentralasiatischen Republiken der ehemaligen Sowjetunion entdecken die Muslime nach Jahrzehnten sowjetischer Unterdrückung ihre Religion wieder. Sie haben die säkularistischen Ideologien erprobt, die sich in den westlichen Ländern, wo sie inklusive des Kommunismus herkommen, als so erfolgreich erwiesen haben. Immer mehr Muslime wollen, dass ihre Regierungen einer islamischen Norm entsprechen.

Die genaue Gestalt einer solchen Regierung ist noch unklar. In Ägypten scheint die Mehrheit der Muslime die *schari'a* als Recht zu wünschen, während dies in der Türkei nur bei drei Prozent der Bevölkerung der Fall ist. Aber auch in Ägypten sind sich einige *ulama* der überaus großen Problematik bewusst, die eine Übertragung der *schari'a*, eines agrarischen Rechtskorpus, auf die völlig anderen Gegebenheiten der Moderne mit sich bringen würde. Raschid Rida hatte das schon um 1930 klar gesehen. Nur bedeutet das nicht, dass es unmöglich ist, an der *schari'a* in unserer Zeit in angemessenen Formen festzuhalten.

Es trifft nicht zu, dass Muslime durchweg vom Hass auf den Westen erfüllt sind. In den Anfangsstadien der Moderne waren viele führende Denker von der europäischen Kultur begeistert, und Ende des 20. Jahrhunderts suchen die bedeutendsten und einflussreichsten muslimischen Denker den Kontakt zum Westen erneut. Präsident Chatami von Iran ist nur ein Beispiel dieses Trends. Das gilt auch für den iranischen Intellektuellen Abd ol-Karim Sorusch, der in Chomeinis Regierung wichtige Positionen innehatte und der, obwohl er von den konservativeren *mudschtahids* angegriffen wird, einen großen Einfluss auf die jetzigen Machthaber besitzt. Sorusch bewundert Chomeini, ist aber über ihn hinausgegangen. Ihm zufolge besitzen die Iraner drei Identitäten, die vorislamische, die islamische und die westliche, die sich alle drei miteinander versöhnen müssen. Sorusch lehnt den Säkularismus des Westens ab und betont, dass Menschen stets auf Spiritualität angewiesen sein werden, rät aber den Iranern gleichwohl, die modernen Wissenschaften zu studieren, ohne ihre schiitischen Traditionen preiszugeben. Der Islam muss seinen *fiqh* entwickeln, um ihn der modernen Industriewelt anzupassen, und eine Philosophie der Bürgerrechte und eine Wirtschaftstheorie gestalten, die beide fähig sind, im 21. Jahrhundert aus eigener Kraft zu bestehen.

Sunnitische Denker sind zu ähnlichen Schlussfolgerungen gekommen. Raschid al-Ghannuschi, Führer der ins Exil getriebenen Renaissancepartei von Tunesien, meint, die westliche Feindschaft gegenüber dem Islam sei auf Unwissenheit zurückzuführen, und überdies auf eine schlechte Erfahrung mit dem eigenen Christentum, das das Denken und die Kreativität erstickte. Er beschreibt sich als »demokratischer Islamist« und sieht keinen Widerspruch zwischen Islam und Demokratie, auch wenn er den Säkularismus des Westens ablehnt, weil Menschen nicht so gespalten und fragmentiert sein dürfen. Das islamische Ideal des *tauhid* bestreitet die Dualität von Körper und Geist, von Intellekt und Spiritualität, von Mann und Frau, von Moral und Wirtschaft, von Ost und West. Muslime wollen Modernität, aber nicht eine Modernität, die ihnen von Amerika, England oder Frankreich oktroyiert wird. Muslime bewundern die Effizienz und herrliche Technologie des Westens; sie finden faszinierend, wie im Westen eine Regierung ohne Blutvergießen abgelöst werden kann. Aber wenn Muslime die westliche Gesellschaft betrachten, sehen sie kein Licht, kein Herz und keine Spiritualität. Sie wollen an ihren religiösen und moralischen Traditionen festhalten und sich zugleich einige der besten Aspekte der westlichen Zivilisation aneignen. Jusuf Abdullah al-Qaradawi, ein Absolvent von al-Azhar und ein Muslimbruder, zurzeit Direktor des Zentrums für »*Sunna* und *Sira*« an der Universität von Qatar, nimmt eine ähnliche Haltung ein. Er glaubt an Mäßigung und ist überzeugt, dass die Bigotterie, die seit neuestem in der islamischen Welt in Erscheinung tritt, die Menschen ärmer machen wird, da sie sie um Einsichten und Visionen anderer Menschen bringt. Der Prophet Muhammad sagte von sich, er sei gekommen, um einen »Mittelweg« des religiösen Lebens zu bringen, der Extreme meide, und al-Qaradawi glaubt, dass der gegenwärtige Extremismus, der in einigen Teilen der islamischen Welt in Erscheinung tritt, dem islamischen Geist fremd ist und nicht von Dauer sein wird. Islam ist eine Religion des Friedens, wie der Prophet deutlich machte, als er einen unpopulären Vertrag mit den Quraisch in al-Hudaibija abschloss, eine Tat, die der Koran als »offenkundigen Sieg«[3] bezeichnet. Der Westen muss, laut al-Qaradawi, begreifen, dass die Muslime das Recht haben, ihre Religion auszuleben, und, wenn sie sich denn dafür entscheiden, auch das Recht, islamische Ideale in ihre Gesellschaft mit einzubeziehen. Der Westen sollte sich bewusst werden, dass es mehr als eine Lebensform gibt. Vielfalt kommt der ganzen Welt zugute. Gott gab Menschen das Recht und die Fähigkeit zur Willensfreiheit, und einige Menschen werden sich einer religiösen Lebensform zuwenden – darunter auch einem islamischen Staat –, während andere das säkulare Ideal vorziehen.

»Es ist besser für den Westen, dass die Muslime religiös sind«, argumentiert al-Qaradawi, »dass sie an ihrer Religion festhalten und moralisch sein wollen.«[4] Ein wichtiger Punkt. Vielen Menschen im Westen wird ob ihres Mangels an Spiritualität in ihrem Leben ebenfalls unbehaglich zu Mute. Sie wollen nicht unbedingt zu einem vormodernen religiösen Lebensstil oder zum konventionellen instutionalisierten Glauben zurück. Aber der Beitrag, den die Religion trotz allem geleistet hat, als sie dem Menschen dazu verhalf, einen Sinn für höheren Anstand zu entwickeln, wird immer mehr geschätzt. Der Islam hat die Werte der sozialen Gerechtigkeit, der Gleichheit, der Toleranz und der praktischen Nächstenliebe jahrhundertelang ins Zentrum des muslimischen Bewusstseins gerückt. Wohl sind Muslime diesen Idealen nicht immer gerecht geworden, und deren Umsetzung in sozialen und politischen Institutionen hat ihnen oft große Schwierigkeiten bereitet. Aber das Bemühen darum war jahrhundertelang die wichtigste Quelle der islamischen Spiritualität. Die Menschen des Westens müssen sich bewusst werden, dass es in ihrem Interesse ist, dass der Islam gesund und stark bleibt. Der Westen war nicht gänzlich für die extremen Ausdrucksformen des Islam verantwortlich, die eine Gewalttätigkeit kultivierten, die die heiligsten Grundsätze dieser Religion mit Füßen tritt. Aber der Westen hat gewiss einen Beitrag zu dieser Entwicklung geleistet und sollte sich, um die Furcht und die Verzweiflung zu dämpfen, die letztlich jeder fundamentalistischen Sichtweise zu Grunde liegt, im dritten christlichen Jahrtausend eine genauere Einschätzung des Islam zu Eigen machen.

ANHANG

Anmerkungen

I. Anfänge

1 Zitiert aus: Dschalal ud-Din as Sujuti, *al-itqan fi ulum al-qur'an* (»Das gut Gereifte in der Koranwissenschaft«) in Maxime Rodinson, *Mohammed* (übers. v. Guido Meister, Frankfurt/M., 1975), 78.

2 Muhammad ibn Ishaq, *Sirat Rasul Allah* (übers. v. A. Guillaume, *The Life of Muhammad*, London, 1955), 158.

3 Koran 25:3; 29:17, 44:47; 69:44. Die Übersetzungen aus dem Koran erfolgten alle nach: *Der Koran*, Übersetzung von Rudi Paret, 3. Auflage, Stuttgart, 1983.

4 Koran 80:11.

5 Koran 2:129–32; 61:6.

6 Koran 2:256.

7 Koran 29:46.

8 Koran 25:4–7.

9 Koran 74:1–5, 8–10; 88:21–2.

10 Muhammads Konkubine Marjam, die eine Christin war, und nicht zu seinen Frauen gehörte, gebar ihm einen Sohn, Ibrahim, der, zum großen Kummer des Propheten, in seiner Kindheit starb.

11 Koran 33:28–9.

12 Koran 33:35.

13 Koran 4:3.

14 1. Buch Mose 16; 18:18–20.

15 D. Sidersky, *Les Origines dans les légendes musulmanes dans le Coran et dans les vies des prophètes* (Paris, 1933).

16 Koran 2:129–32; 3:58–62; 2:39.

17 Koran 6:159, 161–2.

18 Koran 8:16–17.

19 Koran 2: 194, 252; 5:65; 22:40–42.

II. Entwicklung

1 Koran 3:110.

2 Koran 9:106–7.

3 Zur frühen *schi'a* ist nur wenig Authentisches überliefert. Wir wissen nicht sicher, ob Alis männliche Verwandte von einer Gruppe von zum Mystizismus geneigten Schiiten verehrt wurden, oder ob diese Geschichte erst dann auf die frühen *imame* projiziert wurde, als der Zweig ausgestorben war, und wann die »Zwölfer-*schi'a*« ihre endgültige Form erhielt.

4 Koran 2:234; 8:2; 23:57–61.

5 Die Ursprünge der Siebner-*schi'a* oder Isma'iliten sind obskur. Die Geschichte über die Treue der Sekte zum Imam Isma'il mag sich erst entwickelt haben, nachdem die Theologie der »Zwölfer-*schi'a*« ausformuliert war, um die isma'ilitische Position zu rechtfertigen. Siebner-Schiiten, die normalerweise politisch aktiv waren, könnten ursprünglich Zaiditen gewesen sein, d. h. Schiiten, die dem Beispiel Zaid ibn Alis, des Bruders des Fünften Imams folgten und glaubten, dass Muslime die Pflicht haben, bewaffnete Revolten gegen eine ungerechte Regierung durchzuführen.

III. Höhepunkt

1 Der Name »Fatimiden« rührt daher, dass diese Dynastie (nicht anders als die anderen Schiiten) die Imame verehrte, deren Abstammung in direkter Linie auf die Ehe mit Fatima, einer Tochter des Propheten, zurückgeführt wird.

2 Koran 2:115.

3 *Al-Muqaddima*, zitiert in Youseff M. Choueiri, *Islamic Fundamentalism* (London, 1990), 18.

V. Der leidende Islam

1 Die Theorie der *wilajat-i faqih* war schon mehrfach von Juristen erörtert worden, aber wenig bekannt. Sie hatte stets als exzentrisch und gar als häretisch gegolten. Chomeini rückte sie in den Mittelpunkt seines politischen Denkens und machte sie später zur Grundlage seiner Herrschaft im Iran.

2 Koran 2:178; 8:68; 24:34; 47:5.

3 Koran 48:1.

4 Joyce M. Davis, *Between Jihad and Salaam: Profiles in Islam* (New York, 1997), 231.

Karten

Chronologie

610 Der Prophet Muhammad empfängt in Mekka die erste Offenbarung des Koran und fängt zwei Jahre später zu predigen an.

616 Das Verhältnis zwischen den führenden Kreisen von Mekka und den Konvertiten Muhammads wird immer gespannter; es kommt zu Verfolgungen, und Muhammads Stellung in Mekka wird immer unhaltbarer.

620 Araber aus der Siedlung Jathrib (dem späteren Medina) nehmen Verbindung mit Muhammad auf und laden ihn ein, ihre Gemeinschaft zu führen.

622 Der Prophet unternimmt mit etwa siebzig muslimischen Familien die *hidschra*, Auswanderung, von Mekka nach Medina, worauf die führenden Kreise von Mekka Rache schwören. Mit der *hidschra* setzt die islamische Zeitrechnung ein.

624 In der Schlacht von Badr werden die Mekkaner von den Muslimen vernichtend geschlagen.

625 Den Muslimen wird in der Schlacht von Uhud, vor Medina, durch die Armee Mekkas eine schwere Niederlage zugefügt.
Die jüdischen Stämme der Qainuqa und Nadir werden aus Medina vertrieben, weil sie mit Mekka zusammenarbeiten.

627 Die Muslime fügen der Armee von Mekka im »Grabenkrieg« eine schwere Niederlage zu. Danach erfolgt ein Massaker an den Männern des jüdischen Stammes der Quraiza, die Mekka gegen die Muslime unterstützt haben.

628 Eine kühne Friedensinitiative Muhammads hat den Vertrag von al-Hudaibija zwischen Mekka und Medina zur Folge. Er gilt jetzt als mächtigster Mann Arabiens, und viele arabische Stämme schließen sich seinem Bündnis an.

630 Mekka verletzt den Vertrag von al-Hudaibija. Muhammad marschiert mit einer großen Armee von Muslimen und verbündeten Stämmen nach Mekka. Mekka gibt sich geschlagen und öffnet Mu-

hammad freiwillig die Tore, der die Stadt ohne Blutvergießen einnimmt, und ohne jemanden zu zwingen, den Islam anzunehmen.

632 Tod des Propheten Muhammad.
Abu Bakr wird zu seinem *chalifa* (Stellvertreter) gewählt.

632–634 Das Kalifat von Abu Bakr und die *ridda*-Kriege gegen Stämme, die vom Bündnis abfallen. Abu Bakr kann die Revolte unterdrücken und die Stämme der ganzen arabischen Halbinsel vereinen.

634–644 Das Kalifat von Umar ibn al-Chattab.
Die islamischen Armeen fallen in Irak, Syrien und Ägypten ein.

638 Die Muslime erobern Jerusalem, das nach Mekka und Medina die drittheiligste Stadt der islamischen Welt wird.

641 Die Muslime haben Syrien, Palästina und Ägypten unter ihrer Kontrolle. Sie haben das persische Sasaniden-Reich besiegt und werden, sobald sie über genügend Truppen verfügen, dessen Gebiete besetzen.
Die Garnisonsstädte al-Kufa, al-Basra und al-Fustat werden errichtet, um muslimische Truppen unterzubringen, die getrennt von der unterworfenen Bevölkerung leben.

644 Kalif Umar fällt dem Attentat eines persischen Kriegsgefangenen zum Opfer. Uthman ibn Affan wird zum dritten Kalifen gewählt.

644–650 Muslime erobern Zypern und Tripolis in Nordafrika und begründen die muslimische Herrschaft in Iran, Afghanistan und Sind.

656 Kalif Uthman wird von unzufriedenen muslimischen Soldaten ermordet, die Ali ibn Abi Talib zum neuen Kalifen ausrufen, doch Alis Machtübernahme wird nicht allgemein akzeptiert.

656–660 Die erste *fitna*. Es kommt zum Bürgerkrieg.

656 Die Kamelschlacht. A'ischa, die Lieblingsfrau des Propheten, Talha und Zubair führen einen Aufstand gegen Ali an, weil er Uthmans Ermordung nicht rächt. Sie werden von Alis Anhängern besiegt.
Der Widerstand in Syrien wird durch Uthmans Verwandten Mu'awija ibn Abi Sufjan angeführt.

657 In Siffin versucht man, zwischen den beiden Seiten zu vermitteln; als der Schiedsspruch gegen Ali ergeht, setzt Mu'awija ihn ab und wird in Jerusalem zum Kalifen ausgerufen.
Die Charidschiten fallen von Ali ab.

661 Ali wird von einem charidschitischen Extremisten ermordet.
Alis Anhänger rufen seinen Sohn Hasan zum nächsten Kalifen aus, aber Hasan trifft eine Übereinkunft mit Mu'awija und zieht sich nach Medina zurück.

661–680 Das Kalifat von Mu'awija I. Er gründet die Dynastie der Umaijaden und verlegt seine Hauptstadt von Medina nach Damaskus.

669 Der Tod von Hasan ibn Ali in Medina.

680 Jazid I wird nach dem Tod seines Vaters Mu'awija der zweite umaijadische Kalif.

680–692 Die zweite *fitna*. Ein neuer Bürgerkrieg bricht aus.

680 Muslime von al-Kufa, die sich als *schi'at* Ali (Partei Alis) bezeichnen, rufen Husain, den zweiten Sohn von Ali ibn Abi Talib, zum Kalifen aus. Husain bricht mit einer kleinen Armee von Medina nach al-Kufa auf und wird auf der Ebene von Karbala von Jazids Truppen niedergemetzelt.
Abdullah ibn az-Zubair erhebt sich in Arabien gegen Jazid.

683 Tod von Jazid I.
Tod seines Thronfolgers und Sohnes Mu'awija II.
Thronfolge von Marwan I, eines Kalifats-Anwärters aus einer anderen Linie der Umaijaden, der von den Syrern unterstützt wird.

684 Charidschitische Rebellen gegen die Umaijaden rufen in Zentralarabien einen eigenen Staat aus.
Charidschitische Aufstände in Irak und Iran.
Schiitischer Aufstand in al-Kufa.

685–705 Kalifat von Abd ul-Malik, der die umaijadische Herrschaft restauriert.

691 Umaijadische Truppen schlagen die charidschitischen und schiitischen Rebellen. Der Felsendom in Jerusalem wird fertig gestellt.

692 Umaijadische Truppen schlagen und töten Ibn az-Zubair.
Im Gefolge der zweiten *fitna* entwickelt sich in al-Basra, Medina

und al-Kufa eine religiöse Bewegung; Vertreter verschiedener Richtungen setzen sich für eine strengere Umsetzung des Koran im öffentlichen und privaten Leben ein.

705–717 Kalifat von al-Walid.

Muslimische Armeen führen die Eroberung von Nordafrika fort und gründen in Spanien eine islamische Herrschaft.

717–720 Kalifat von Umar II. Der erste Kalif, der den Übertritt zum Islam ermutigt. Er versucht, einige der Ideale der religiösen Bewegung politisch umzusetzen.

720–724 Kalifat von Jazid II, einem verderbten Herrscher. Schiiten und Charidschiten sind mit der umaijadischen Herrschaft weitgehend unzufrieden.

724–743 Kalifat von Hischam I, einem frommen, aber autokratischen Herrscher, der besonders fromme Muslime gegen sich aufbringt.

728 Tod von Hasan al-Basri, einem *hadith*-Gelehrten, religiösen Reformer und Asketen.

732 Die Schlacht von Poitiers. Karl Martel schlägt einen kleinen Stoßtrupp spanischer Muslime.

Abu Hanifa leistet Pionierarbeit im Studium des *fiqh*.

Muhammad ibn Ishaq schreibt die erste bedeutende Biografie des Propheten Muhammad.

743–744 Die abbasidische Fraktion sammelt Kräfte gegen die Umaijaden in Churasan und Iran, unter dem Banner der *schi'a*.

743 Kalifat von al-Walid II.

744–749 Marwan II reißt das Kalifat an sich und versucht, die umaijadische Herrschaft gegen die Aufständischen zu sichern. Seine syrischen Truppen schlagen einige schiitische Revolten nieder, aber:

749 Die Abbasiden erobern al-Kufa und stürzen die Umaijaden.

750–754 Abu l-Abbas as-Saffah, der erste abbasidische Kalif, massakriert alle greifbaren Angehörigen der umaijadischen Familie. Anzeichen einer absoluten Monarchie, die im Islam neu ist.

755–775 Kalifat von Abu Dscha'far al-Mansur. Er lässt prominente Schiiten ermorden.

756 Spanien fällt vom abbasidischen Kalifat ab und gründet eine unabhängige Herrschaft unter der Führung eines umaijadischen Flüchtlings.

762 Gründung von Bagdad, das zur Hauptstadt der Abbasiden wird.

765 Tod von Dscha'far as-Sadiq, dem Sechsten Imam der *schi'a*, der seine Anhänger auffordert, sich grundsätzlich aus der Politik herauszuhalten.

769 Tod von Abu Hanifa, dem Begründer der ersten großen islamischen Rechtsschule.

775–785 Kalifat von al-Mahdi. Er fördert die Entwicklung des *fiqh*, anerkennt die Frömmigkeit der religiösen Bewegung, die allmählich lernt, mit dem Absolutismus der abbasidischen Dynastie zu koexistieren.

786–809 Kalifat von Harun ar-Raschid. Der Gipfel abbasidischer Macht. Große kulturelle Renaissance in Bagdad und anderen Städten des Reiches. Der Kalif, der Gelehrsamkeit, Wissenschaft und die Künste unterstützt, fördert auch das Studium des *fiqh* und die Sammlung von *hadith*, was die Entstehung eines kohärenten Korpus islamischen Rechts (*schari'a*) ermöglicht.

795 Tod von Malik ibn Anas, dem Begründer der malikitischen Rechtsschule.

801 Tod von Rabi'a, der ersten großen Mystikerin.

809–813 Bürgerkrieg zwischen al-Ma'mun und al-Amin, zwei Söhnen Harun ar-Raschids. Al-Ma'mun besiegt seinen Bruder.

813–833 Kalifat von al-Ma'mun.

814–815 Eine schiitische Rebellion in al-Basra.

Eine charidschitische Revolte in Churasan.

Als Intellektueller, als Patron der Künste und der Gelehrsamkeit, neigt al-Ma'mun zur rationalistischen Theologie der Mu'tazila, die bis dahin wenig Anklang gefunden hatte. Der Kalif umwirbt gegnerische religiöse Gruppen, um Spannungen abzubauen.

817 Al-Ma'mun ernennt ar-Rida, den Achten schiitischen Imam, zu seinem Nachfolger.

818 Ar-Rida stirbt, möglicherweise ermordet.

Eine staatlich gestützte Inquisition (*mihna*) versucht, die Lehrmeinung der Mu'tazila gegen die der populäreren *ahl al-hadith* durchzusetzen, die für ihre Anschauungen verhaftet werden.

833 Tod von Ahmad ibn Hanbal, einem Helden der *ahl al-hadith* und Gründungsvater der hanbalitischen Rechtsschule.

833–842 Kalifat von al-Mu'tasim. Der Kalif stellt eine eigene Truppe von türkischen Sklavensoldaten auf und verlegt seine Hauptstadt in das neu erbaute Samarra.

842–847 Kalifat von al-Wathiq.

847–861 Kalifat von al-Mutawakkil.

848 Ali an-Naqi, der Zehnte schiitische Imam, wird in der Festung al-Askarija in Samarra gefangen gehalten.

861–862 Kalifat von al-Muntasir.

862–866 Kalifat von al-Musta'in.

866–869 Kalifat von al-Mu'tazz.

868 Tod des Zehnten schiitischen Imam. Sein Sohn Hasan bleibt Gefangener in Samarra.

869–870 Kalifat von al-Muhtadi.

870 Tod von Ja'qub ibn Ishaq al-Kindi, dem ersten großen arabischen Philosophen.

870 Kalifat von al-Mu'tamid.

874 Hasan al-Askari, der Elfte schiitische Imam, stirbt im Gefängnis von Samarra. Sein Sohn Muhammad al-Mahdi soll sich verborgen haben, um sein Leben zu retten. Er ist auch als der »Verborgene Imam« bekannt. Tod von Abu Jazid al-Bistami, einem der frühesten »Trunkenen Sufis«.

892–902 Kalifat von al-Mu'tadid.

902–908 Kalifat von al-Muktafi.

908–932 Kalifat von al-Muqtadir.

909 Die isma'ilitischen Fatimiden ergreifen in Ifriqija, Tunesien, die Macht.

910 Tod des Dschunaid von Bagdad, dem ersten »Nüchternen Sufi«.

922 Hinrichtung des »Trunkenen Sufi« al-Halladsch wegen Gotteslästerung.

923 Tod des Historikers Abu Dscha'far at-Tabari in Bagdad.

932–934 Kalifat von al-Qahir.

934–940 Kalifat von ar-Radi.

934 Die »Okkultation« des Verborgenen Imam in eine transzendente Welt wird verkündet.

935 Tod des Theologen al-Asch'ari.

Von da an üben die Kalifen keine weltliche Macht mehr aus, sondern behalten nur noch eine symbolische Autorität bei. Die wirkliche Macht liegt nun bei Lokalherrschern, die in verschiedenen Teilen des Reiches Dynastien gründen. Die meisten anerkennen die Oberherrschaft der Abbasiden-Kalifen. Viele der Lokalherrscher des zehnten Jahrhunderts neigen zur schi'a.

Die Samaniden

874–999 Die Samaniden, eine sunnitische iranische Dynastie, herrschen in Churasan, Raij, Kirman und Transoxanien, mit der Hauptstadt Buchara. Samarkand wird zu einem wichtigen kulturellen Zentrum der persischen literarischen Renaissance. Um 990 verlieren die Samaniden östlich des Oxus ihre Macht an die turkstämmigen Qarachaniden.

Das spanische Königreich von al-Andalus

912–961 Herrschaft des Kalifen Abd ur-Rahman III, eines absoluten Herrschers.

969–1027 Cordoba (al-Qurtuba) ist ein Zentrum muslimischer Gelehrsamkeit.

1010 Die Zentralgewalt schwindet und die Macht fällt an lokal begrenzte, kleinere Emirate.

1064 Tod von Ibn Hazm, Dichter, Wesir und Theologe.

1085 Toledo fällt an die christlichen Armeen der Rekonquista.

Die Hamdaniden

929–1003 Ein arabischer Stamm, die Hamdaniden, beherrscht Aleppo und Mosul. Der Hof fördert Gelehrte, Historiker, Dichter und Philosophen.

983 Tod von al-Farabi, Philosoph und Hofmusiker in Aleppo.

Die Bujiden

930–1030 (ca.) Die Bujiden, Zwölfer-Schiiten und Bergbewohner aus Dailam in Iran, ergreifen nach 930 in Westiran die Macht.

945 Die Bujiden treten ihre Herrschaft in Bagdad, Südirak und Oman an.

Bagdad beginnt seine Vormachtstellung gegenüber Schiraz einzubüßen, das ein Zentrum der Gelehrsamkeit wird.

983 Die bujidische Einheit zerfällt. Sie müssen schließlich 1030 Mahmud von Ghazna in Raij weichen sowie die Hochebene von Westiran an die Dynastie der Ghaznawiden abgeben.

Die Ichschididen

935–969 Die Ichschididen, eine von dem Türken Muhammad ibn Tugh begründete Dynastie, herrschen über Ägypten, Syrien und den Hidschaz.

Die isma'ilitischen Fatimiden

969–1171 Die Dynastie der Fatimiden (909 in Tunesien begründet) beherrscht Nordafrika, Ägypten und Teile von Syrien und errichtet ein mit den Abbasiden rivalisierendes Kalifat.

983 Die Fatimiden verlegen ihre Hauptstadt nach Kairo, das zum Zen-

trum isma'ilitischer Gelehrsamkeit wird, und begründen dort die *madrasa* al-Azhar.

976–1118 Die Ghaznawiden

999–1030 Mahmud von Ghazna begründet die bleibende muslimische Herrschaft über Nordindien und entreißt den Samaniden im Iran die Macht. Ein glanzvoller Hof.

1037 Tod des großen Philosophen Ibn Sina (im Westen als »Avicenna« bekannt) in Hamadan.

990–1118 Das Reich der Seldschuken

990 Die turkstämmigen Seldschuken aus Zentralasien konvertieren zum Islam. Anfang des 11. Jahrhunderts dringen sie mit ihren berittenen Nomadentruppen in Transoxanien und Chwarizm ein.

1030–1040 Die Seldschuken in Churasan.

1040 Sie erobern Westiran von den Ghaznawiden und fallen nach Aserbaidschan ein.

1055 Sultan Toghril Beg regiert stellvertretend für die abbasidischen Kalifen das Seldschukische Reich von Bagdad aus.

1063–1073 Herrschaft von Sultan Arp Arslan.

1065–1067 Die *madrasa* al-Nizamija in Bagdad errichtet.

1073–1092 Malikschah beherrscht das Reich, mit Nizam ul-Mulk als Wesir.

Türkische Truppen fallen in Syrien und Anatolien ein.

1071 Seldschukische Truppen schlagen die Byzantiner in der Schlacht von Manazkert, setzen sich in Anatolien fest und erreichen die Ägäis (1080).

Seldschukischer Krieg gegen die Fatimiden und Lokalherrscher in Syrien.

1094 Der byzantinische Kaiser Alexius Comnenus I bittet die westliche Christenheit gegen die Seldschuken-Einfälle in sein Gebiet um Hilfe.

1095 Papst Urban II predigt den Ersten Kreuzzug.

1099 Die Kreuzfahrer erobern Jerusalem und gründen vier Kreuzfahrerstaaten in Palästina, Anatolien und Syrien.

1090–1100 Isma'iliten beginnen eine Revolte gegen die seldschukische und sunnitische Hegemonie. Turkstämmige Lokaldynastien erheben sich in verschiedenen Teilen des Reiches.

1111 Der Theologe und Rechtsgelehrte al-Ghazzali stirbt in Bagdad.

1118 Das seldschukische Gebiet zerfällt in unabhängige Fürstentümer.

1118–1258 Kleinere Dynastien fungieren nun unabhängig, sie anerkennen theoretisch die Oberherrschaft des Abbasidischen Kalifats, beugen sich aber praktisch nur der größeren Macht benachbarter Lokaldynastien.

1127–1173 Die Dynastie der Zangiden, begründet von einem seldschukischen Militärführer, eint Syrien im Kampf gegen die Kreuzfahrer. – Weitere bemerkenswerte Beispiele lokaler Herrschaften sind:

1130–1296 Die Almohaden (al-Muwahhidun), eine sunnitische Dynastie, die versucht, Nordafrika und Spanien gemäß den Prinzipien von al-Ghazzali zu einigen.

1150–1220 Die Chwarizmschahs aus Nordwest-Transoxanien, die die kleinen, noch verbliebenen seldschukischen Dynastien in Iran besiegen.

1171–1250 Die Dynastie der Aijubiden, die durch den kurdischen General Saladin (Salah ud-Din) gegründet wird, führt die Kampagne der Zangiden gegen die Kreuzfahrer fort, besiegt das Fatimidische Kalifat in Ägypten und konvertiert dessen Bevölkerung zum sunnitischen Islam.

1180–1225 An-Nasir, abbasidischer Kalif in Bagdad, versucht, mittels der *futuwa*-Bünde wirksamer zu regieren.

1187 Saladin schlägt die Kreuzfahrer in der Schlacht von Hattin und gibt Jerusalem dem Islam zurück.

1191 Der Philosoph Jahja as-Suhrawardi stirbt in Aleppo, möglicherweise von den Aijubiden wegen Häresie hingerichtet.

1193 Die iranisch-afghanische Dynastie der Ghoriden erobert Delhi und begründet ihre Herrschaft über Indien.

1198 Tod des Philosophen und Rechtsgelehrten Ibn Ruschd (im Westen als Averroës bekannt) in Cordoba.

1199–1220 Ala ud-Din Mahmud, ein Chwarizmschah, beschließt, eine große iranische Monarchie zu begründen.

1205–1287 Eine türkische Sklavendynastie besiegt die Ghoriden in Indien und begründet das Sultanat von Delhi und beherrscht das ganze Ganges-Tal. Aber bald werden solche kleineren Dynastien durch die Mongolen bedroht.

1220–1231 Erste große Mongolen-Einfälle, die Städte werden stark zerstört.

1224–1391 Die Mongolen der Goldenen Horde herrschen über die Länder nördlich des Kaspischen und Schwarzen Meers und konvertieren zum Islam.

1225 Die Almohaden verlassen Spanien, wo die muslimische Herrschaft sich zuletzt auf das kleine Königreich von Granada beschränkt.

1227 Tod des Mongolenführers Dschingis Khan.

1227–1358 Die Mongolen-Chans der Tschaghatai herrschen über Transoxanien und konvertieren zum Islam.

1228–1551 Die Dynastie der Hafsiden löst die Almohaden in Tunesien ab.

1240 Tod des Mystikers und Philosophen Muhyi d-Din Ibn al-Arabi.

1250 Die Mamluken, eine Sklavenarmee, stürzen die Aijubiden und begründen eine eigene Herrscherdynastie in Ägypten und Syrien.

1256–1335 Die mongolischen Il-Chaniden beherrschen Irak und Iran und konvertieren zum Islam.

1258 Sie zerstören Bagdad.

1260 Der mamlukische Sultan Baibars besiegt die mongolischen Il-Chaniden in der Schlacht von Ain Dschalut und zerstört danach zahlreiche weitere mongolische Stützpunkte an der syrischen Küste.

1273 Tod von Dschalal ud-Din Rumi, dem Begründer der »Tanzenden Derwische«, in Anatolien.

1288 Uthman (Osman), ein *ghazi* an der byzantinischen Grenze, begründet in Anatolien die osmanische Dynastie.

1326–1359 Orchan, Uthmans Sohn, begründet einen unabhängigen osmanischen Staat mit der Hauptstadt Bursa und dominiert das im Niedergang befindliche Byzantinische Reich.

1328 Tod des Reformers Ibn Taimija in Damaskus.

1334–1352 Jusuf, König von Granada, baut die Alhambra (al-Hamra, »Die Rote«), die von seinem Sohn fertig gestellt wird.

1369–1405 Timur-i lang (Tamerlan) restauriert die Macht der Tschaghatai-Mongolen in Samarkand, erobert einen Großteil des Mittleren Ostens und Anatolien und plündert Delhi. Aber sein Reich zerfällt nach seinem Tod.

1389 Die Osmanen unterwerfen den Balkan, nachdem sie die Serben auf dem Amselfeld bei Kosovo geschlagen haben. Sie erweitern ihre Macht über Anatolien, werden aber 1402 von Timur gestürzt.

1403–1421 Nach dem Tode Timurs restauriert Mehmed I den osmanischen Staat.

1406 Tod des Philosophen und Historikers Ibn Chaldun.

1421–1451 Murad I stärkt die osmanische Macht gegen Ungarn und den Westen.

1453 Mehmed II, »der Eroberer«, nimmt Konstantinopel ein, das von da an als Istanbul bekannt ist, und macht es zur Hauptstadt des Osmanischen Reiches.

1492 Das islamische Königreich von Granada wird von den katholischen Monarchen Ferdinand und Isabella erobert.

1502–1524 Isma'il, Führer des Sufi-Ordens der Qizilbasch, erobert Iran und begründet das Safawidische Reich. Die Zwölfer-*schi'a* wird nun Staatsreligion des Iran und Isma'ils brutale Unterdrückungsversuche des sunnitischen Islam in seinem Herrschaftsbereich führen zur Verfolgung der Schiiten im Osmanischen Reich.

1510 Isma'il vertreibt die sunnitischen Uzbeken aus Churasan und begründet dort eine schiitische Herrschaft.

1513 Portugiesische Händler erreichen Südchina.

1514 Sultan Selim I besiegt die safawidische Armee von Schah Isma'il in der Schlacht von Tschaldiran und stoppt damit das Vordringen der Safawiden nach Westen auf osmanisches Gebiet.

1517 Die Osmanen erobern Ägypten und Syrien von den Mamluken.

1520–1566 Süleiman, im Westen als »der Prächtige« bekannt, weitet das Osmanische Reich aus und entwickelt dessen charakteristische Institutionen.

1522 Die Osmanen erobern Rhodos.

1524–1576 Tahmasp I, der zweite safawidische Schah von Iran, stärkt die dortige Herrschaft der Schiiten. Sein Hof wird ein Zentrum der Künste und ist vor allem für seine Malerei bekannt.

1526 Babur gründet das Moghul-Reich in Indien.

1529 Die Osmanen belagern Wien.

1542 Die Portugiesen gründen das erste europäische Handelsimperium.

1543 Die Osmanen unterwerfen Ungarn.

1552–1556 Die Russen erobern die alten mongolischen Chanate Kazan und Astrachan an der Wolga.

1560–1605 Akbar ist Herrscher von Moghul-Indien, das im Zenit seiner Macht steht. Akbar fördert die hinduistisch-islamische Zusammenarbeit und erobert Gebiete in Südindien. Er begünstigt eine kulturelle Renaissance.

Die Osmanen und die Portugiesen führen im Indischen Ozean einen Seekrieg.

1570 Die Osmanen erobern Zypern.

1578 Tod des osmanischen Hofarchitekten Sinan Pascha.

1580–1590 Die Portugiesen in Indien geschwächt.

1588–1629 Schah Abbas I beherrscht das Safawidische Reich in Iran und errichtet in Isfahan einen prächtigen Hof. Er vertreibt die Osmanen aus Aserbaidschan und Irak.

1590–1680 (ca.) Holländischer Handel mit Indien beginnt.

1601 Erste Übernahmen portugiesischer Besitzungen durch die Holländer.

1602 Tod des Sufi-Historikers Abd ul-Fazl Allami.

1625 Tod des Sufi-Reformers Ahmad Sirhindi.

1627–1658 Schah Dschahan regiert das Moghul-Reich, das die Höhe seines Raffinements erreicht. Erbaut den Tadsch Mahall.

1631 Tod des schiitischen Denkers Mir Dimad in Isfahan.

1640 Tod des iranischen Philosophen und Mystikers Mulla Sadra.

1656 Osmanische Wesire stoppen den Niedergang des Osmanischen Reiches.

1658–1707 Aurangzab, der letzte der großen Moghul-Herrscher, versucht ganz Indien zu islamisieren, macht aber damit nur Hindus und Sikhs zu Feinden.

1669 Die Osmanen erobern Kreta von Venedig.

1681 Die Osmanen treten Kiew an Russland ab.

1683 Der zweite Versuch einer Belagerung Wiens durch die Osmanen schlägt fehl, aber sie sichern Irak gegen die Safawiden.

1699 Im Vertrag von Karlowitz tritt das Osmanische Reich Ungarn an Österreich ab, erster bedeutender osmanischer Rückschlag.

1700 Tod von Muhammad Baqir Madschlisi, dem einflussreichen schiitischen *alim* des Iran.

1707–1712 Das Moghul-Reich verliert seine südlichen und östlichen Provinzen.

1715 Aufstieg der österreichischen und preußischen Königreiche.

1718–1730 Sultan Ahmed III versucht die erste Reform des Osmanischen Reiches nach westlichen Vorbildern, die aber in einer Revolte der Janitscharen endet.

1722 Afghanische Rebellen greifen Isfahan an und massakrieren die oberen Stände.

1726 Nadir Schah restauriert zeitweise die militärische Macht des schiitischen Reiches von Iran.

1739 Nadir Schah plündert Delhi und setzt der Moghul-Herrschaft in Indien praktisch ein Ende. Hindus, Sikhs und Afghanen streiten sich um die Macht.

Nadir Schah versucht Iran wieder zum sunnitischen Islam zu bekehren. Daraufhin verlassen die führenden iranischen *mudschtahids* Iran und flüchten sich in den osmanischen Irak, wo sie sich eine vom Schah unabhängige Machtbasis schaffen.

1748 Nadir Schah fällt einem Anschlag zum Opfer. Es folgt eine Zeit der Anarchie, wo Iraner »fundamentalistischer« (*usuli*) schiitischer

Ausrichtung die Vorherrschaft erringen und dadurch den Menschen eine Basis von Recht und Ordnung verschaffen.

1762 In Indien stirbt Schah Walijullah, der Sufi-Reformer.

1763 Die Briten weiten ihre Kontrolle über die auseinander gefallenen indischen Staaten aus.

1774 Die Osmanen werden von den Russen vernichtend geschlagen. Sie verlieren die Krim und der Zar wird »Beschützer« der orthodoxen Christen auf osmanischem Gebiet.

1779 Agha Muhammad Chan begründet die Dynastie der Qadscharen im Iran, die Ende des Jahrhunderts wieder eine starke Herrschaft auszuüben vermag.

1789 Französische Revolution.

1789–1807 Selim III bereitet erneut westlich orientierte Reformen im Osmanischen Reich vor und richtet die ersten osmanischen Botschaften in europäischen Hauptstädten ein.

1792 Tod des militanten arabischen Reformers Muhammad ibn Abd ul-Wahhab.

1793 Erste protestantische Missionare treffen in Indien ein.

1797–1818 Schah Fath Ali herrscht in Iran. Beginn des britischen und russischen Einflusses dort.

1798–1801 Napoleon besetzt Ägypten.

1803–1813 Die Wahhabiten besetzen den Hidschaz und entreißen ihn der osmanischen Herrschaft.

1805–1848 Muhammad Ali strebt eine Modernisierung Ägyptens an.

1808–1839 Sultan Mahmud II führt die *tanzimat*-Reformen im Osmanischen Reich durch.

1814 Vertrag von Gulistan: Kaukasisches Gebiet wird an Russland abgetreten.

1815 Serbische Revolte gegen die osmanische Herrschaft.

1821 Griechischer Unabhängigkeitskrieg gegen die Osmanen.

1830 Frankreich besetzt Algerien.

1831 Muhammad Ali besetzt das osmanische Syrien und dringt tief nach Anatolien ein, womit er innerhalb des Osmanischen Reiches so etwas wie ein unabhängiges *imperium in imperio* schafft. Die europäischen Mächte intervenieren, um das Osmanische Reich zu retten, und zwingen Muhammad Ali, sich aus Syrien zurückzuziehen (1841).

1836 Tod des Neo-Sufi-Reformers Ahmad ibn Idris.

1839 Die Briten besetzen Aden.

1839–1861 Sultan Abd ül-Hamid führt weitere Modernisierungen durch, um den Niedergang des Osmanischen Reiches zu stoppen.

1843–1849 Die Briten besetzen das Indus-Becken.

1854–1856 Krim-Krieg, der seine Ursache in der europäischen Rivalität um den Schutz der christlichen Minderheiten im Osmanischen Reich hat.
Sa'id Pascha, Gouverneur von Ägypten, erteilt den Franzosen die Lizenz zum Bau des Suezkanals. Ägypten nimmt erste ausländische Anleihen auf.

1857–1858 Indische Meuterei gegen die britische Kolonialherrschaft. Die Briten setzen den letzten Moghul-Kaiser formell ab. Sir Saijid Ahmad Chan tritt für eine Reform des Islam nach westlichem Vorbild und für die Übernahme britischer Kultur ein.

1860–1861 Nach einem Massaker an Christen durch druzische Rebellen im Libanon fordern die Franzosen, das Gebiet zur autonomen Provinz unter einem französischen Gouverneur zu erklären.

1861–1876 Sultan Abd ül-Aziz führt die Reform des Osmanischen Reiches weiter, nimmt aber riesige Auslandsanleihen auf, die zum Bankrott des Reiches und zur Kontrolle der osmanischen Finanzen durch europäische Mächte führen.

1863–1879 Isma'il Pascha, der Gouverneur von Ägypten, führt umfassende Modernisierungsmaßnahmen durch, nimmt dabei Auslandsanleihen auf, die zum Bankrott führen, zum Verkauf des Suezkanals an die Briten (1875) und dazu, dass die ägyptischen Finanzen von Europa kontrolliert werden.

1871–1879 Al-Afghani, der iranische Reformer, wohnt in Ägypten und gründet einen Kreis ägyptischer Reformer, darunter Muhammad Abduh. Die Reformer streben an, die kulturelle Hegemonie Europas durch eine Revitalisierung und Modernisierung des Islam zu beenden.

1872 Zunahme britisch-russischer Rivalitäten in Iran.

1876 Der osmanische Sultan Abd ül-Aziz wird im Zuge einer Palastrevolte abgesetzt. Abd ül-Hamid II wird überredet, die erste osmanische Verfassung einzuführen, die der Sultan jedoch später außer Kraft setzt. Wichtige osmanische Reformen im Erziehungs-, Transport- und Kommunikationswesen.

1879 Isma'il Pascha wird abgesetzt.

1881 Frankreich besetzt Tunesien.

1881–1882 Meuternde ägyptische Offiziere schließen sich mit Konstitutionalisten und Reformern zusammen und können dem Khediwen (*chidiw*) Taufiq ihre Politik aufzwingen. Aber ein Volksaufstand führt zur Besetzung von Ägypten durch britisches Militär mit Lord Cromer als Gouverneur (1882–1907).
Geheimgesellschaften streben die Unabhängigkeit von Syrien an.

1889 England besetzt den Sudan.

1892 Die so genannte Tabakkrise im Iran. Ein *fatwa* eines führenden *mudschtahid* zwingt den Schah, die Tabakskonzession zu widerrufen, die er den Briten erteilt hatte.

1894 10 000 bis 20 000 armenische Aufständische gegen die osmanische Herrschaft werden brutal massakriert.

1896 Schah Nasir ud-Din von Iran wird durch einen Schüler von al-Afghani ermordet.

1897 Erster Zionistenkongress in Basel. Er strebt die Schaffung eines jüdischen Staates in der osmanischen Provinz Palästina an.
Tod von al-Afghani.

1901 Im Iran wird Öl entdeckt, die Konzession geht an die Briten.

1903–1911 Nach der britischen Teilung von Bengalen wird befürchtet, die Briten könnten die Hindus und Muslime in Indien spalten wollen, was zu Ängsten innerhalb der Religionsgemeinschaften führt und die Bildung der Muslim-Liga zur Folge hat (1906).

1905 Tod des ägyptischen Modernisten Muhammad Abduh.

1906 Die Konstitutionelle Revolution in Iran zwingt den Schah, eine

Verfassung auszurufen und ein *madschlis* (Parlament) einzurichten, aber nach Abschluss des anglorussischen Vertrags (1907) und nach einem russisch gestützten Gegenputsch des Schahs wird die Verfassung außer Kraft gesetzt.

1908 Die jungtürkische Revolte zwingt den Sultan, die Verfassung im Osmanischen Reich wieder in Kraft zu setzen.

1914–1918 Erster Weltkrieg.

Ägypten wird britisches Protektorat; Iran durch britische und russische Truppen besetzt.

1916–1921 Arabische Revolte gegen das Osmanische Reich im Bündnis mit den Briten.

1917 Die Balfour-Deklaration erklärt förmlich die britische Unterstützung der Schaffung einer jüdischen Heimstätte in Palästina.

1919–1921 Türkischer Unabhängigkeitskrieg. Atatürk kann die europäischen Mächte in Schach halten und einen unabhängigen türkischen Staat gründen. Er führt eine radikale Säkularisierungs- und Modernisierungspolitik durch (1924–1928).

1920 Veröffentlichung des Sykes-Picot-Abkommens: Im Zuge der osmanischen Niederlage im Ersten Weltkrieg werden die Provinzen des Reiches zwischen Briten und Franzosen aufgeteilt, die dort Mandatsgebiete und Protektorate einrichten, obwohl den Arabern für die Zeit nach dem Krieg Unabhängigkeit versprochen worden war.

1920–1922 Gandhi mobilisiert die indischen Massen in zwei zivilen Ungehorsams-Kampagnen gegen die britische Herrschaft.

1921 Reza Chan führt einen erfolgreichen Staatsstreich im Iran durch und gründet die Dynastie der Pahlawis. Er führt im Iran eine rücksichtslose Modernisierungs- und Säkularisierungspolitik durch.

1922 Ägypten erhält formell die Unabhängigkeit, aber England behält die Kontrolle über die Verteidigung, die Außenpolitik und über den Sudan bei. Zwischen 1923 und 1930 gewinnt die nationalistische Wafd-Partei drei große Wahlsiege, wird aber jedes Mal durch den König oder die Briten zum Rücktritt von den Regierungsgeschäften gezwungen.

1932 Gründung des Königreichs Saudi-Arabien.

1935 Tod des muslimischen Reformers und Journalisten Raschid Rida, dem Begründer der Salafija-Bewegung in Ägypten.

1938 Tod des indischen Dichters und Philosophen Muhammad Iqbal.

1939–1945 Zweiter Weltkrieg. Die Briten setzen Reza Schah ab, dem sein Sohn Muhammad Reza auf dem Thron folgt (1944).

1940–1950 Die Muslimbrüder werden in Ägypten zu einer mächtigen politischen Kraft.

1945 Die Türkei schließt sich der UNO an und wird ein Mehrparteien-Staat (1947). Bildung der Arabischen Liga.

1946 Ethnische Unruhen in Indien, nachdem sich die Muslim-Liga für einen getrennten Staat einsetzt.

1947 Gründung Pakistans in Gebieten mit großer muslimischer Mehrheit. Die Teilung Indiens führt zu Massakern, denen sowohl Muslime wie Hindus zum Opfer fallen.

1948 Ende des britischen Mandats in Palästina und Ausrufung des jüdischen Staates Israel, gestützt auf eine UNO-Resolution. Israelische Truppen bringen den fünf arabischen Armeen, die in den neuen jüdischen Staat einfallen, eine vernichtende Niederlage bei. Etwa 750 000 Palästinenser verlassen während der Kämpfe das Land und dürfen nachher nicht mehr in ihre Heimat zurückkehren.

1951–1953 Premierminister Mosaddeq und die Partei der Nationalen Front verstaatlichen die »Iranian Oil«. Der Schah verlässt nach anti-royalistischen Demonstrationen Iran, doch nur, um durch einen von der CIA und dem britischen Geheimdienst organisierten Coup wieder an die Macht zu kommen, worauf neue Vereinbarungen mit europäischen Ölgesellschaften getroffen werden.

1952 In Ägypten wird König Faruq durch eine Revolte freier Offiziere unter der Führung des späteren Präsidenten Nasser (Dschamal Abd un-Nasir) abgesetzt. Nasser unterdrückt die Muslimbruderschaft und setzt Tausende von ihnen in Konzentrationslagern fest.

1954 Die säkularistische Nationale Befreiungsfront (FLN) erhebt sich gegen die französische Kolonialherrschaft in Algerien.

1956 Erste Verfassung von Pakistan ratifiziert.
Nasser verstaatlicht den Suezkanal.

1957 Schah Muhammad Reza Pahlawi von Iran gründet mit Hilfe der amerikanischen CIA und des israelischen MOSSAD die Geheimpolizei SAWAK.

1958–1969 Säkularistische Regierung von General Muhammad Aijub Chan in Pakistan.

1961 Muhammad Reza Pahlawi, Schah von Iran, verkündet die »Weiße Revolution«, eine Modernisierung, wodurch die Religion noch mehr marginalisiert und die Spaltung innerhalb der iranischen Gesellschaft verstärkt wird.

1963 Die FLN richtet in Algerien eine sozialistische Regierung ein. Ajatollah Chomeini greift das Pahlawi-Regime an, löst in ganz Iran Straßendemonstrationen aus, wird verhaftet und schließlich ins irakische Exil abgeschoben.

1966 Nasser ordnet die Hinrichtung des führenden ägyptischen Fundamentalisten Saijid Qutb an.

1967 Sechstagekrieg zwischen Israel und seinen arabischen Nachbarn. Der israelische Sieg und die demütigende arabische Niederlage führen zu einer Erstarkung der Religiosität im ganzen Mittleren Osten, da die säkularistische Politik diskreditiert erscheint.

1970 Tod von Nasser; ihm folgt Anwar as-Sadat, der die ägyptischen Nationalisten umwirbt.

1971 Scheich Ahmad Jasin gründet den *mudschamma' al-islami* (den Islamischen Kongress), eine Wohltätigkeitsorganisation, und führt Kampagnen gegen den säkularen Nationalismus der PLO durch, da er eine islamische Identität für Palästina anstrebt; der Islamische Kongress wird von Israel unterstützt.

1971–1977 Premierminister Ali Bhutto von Pakistan führt eine linke säkularistische Regierung an, die keine Konzessionen an Islamisten macht, doch die von ihm getroffenen Maßnahmen greifen nicht.

1973 Ägypten und Syrien attackieren Israel am Yom Kippur und erweisen sich auf dem Schlachtfeld als derart beeindruckend, dass as-Sadat in der Lage ist, Israel gegenüber eine kühne Friedensinitiative zu starten; 1978 kann er das Abkommen von Camp David unterzeichnen.

1977–1988 Der fromme Muslim Zija ul-Haqq führt in Pakistan einen erfolgreichen Putsch durch und setzt eine offen islamische Regierung ein, die gleichwohl Religion von Realpolitik trennt.

1978–1979 Iranische Revolution. Ajatollah Chomeini wird oberster *faqih* einer Islamischen Republik (1979–1989).

1979 Tod des fundamentalistischen pakistanischen Ideologen Abu l-A'la al-Maududi.

Einige hundert sunnitische Fundamentalisten in Saudi-Arabien besetzen die Ka'ba in Mekka und rufen ihren Führer zum *mahdi* (Messias) aus; die Regierung lässt den Aufstand unterdrücken.

1979–1981 Amerikanische Geiseln werden in der Teheraner Botschaft der Vereinigten Staaten festgehalten.

1981 Präsident Anwar as-Sadat wird durch islamische Extremisten ermordet, die ihn einer ungerechten Willkür-Herrschaft über das ägyptische Volk bezichtigen und seinen Friedensvertrag mit Israel anprangern.

1987 Die *intifada* (»das Beben«) setzt ein, ein breit gelagerter Aufstand der palästinensischen Bevölkerung aus Protest gegen die israelische Besatzung der West Bank und des Gaza-Streifens. HAMAS, die aus dem Islamischen Kongress hervorgegangen ist, tritt nun den Kampf an, sowohl gegen Israel wie gegen die PLO.

1989 Ajatollah Chomeini gibt ein *fatwa* gegen den britischen Autor Salman Rushdie heraus wegen seiner angeblich blasphemischen Darstellung des Propheten Muhammad in dem Roman *Satanische Verse*. Einen Monat später wird dies von achtundvierzig der neunundvierzig Mitgliedstaaten der Islamischen Konferenz als unislamisch verurteilt.

Nach dem Tode von Ajatollah Chomeini wird Ajatollah Chamene'i oberster *faqih* des Iran mit dem pragmatisch orientierten Hodschdschat ol-Islam Rafsandschani als Präsidenten.

1990 Die Islamische Heilsfront (FIS) erringt bei den algerischen Kommunalwahlen einen deutlichen Sieg gegen die säkularistische FLN. Ein Sieg bei den Nationalwahlen von 1992 scheint bevorzustehen.

Präsident Saddam Hussein, ein säkularistischer Führer, fällt in Kuwait ein; die Vereinigten Staaten und ihre westlichen und mittelöstlichen Verbündeten reagieren mit der militärischen Operation *Desert Storm* gegen den Irak (1991).

1992 Militärputsch in Algerien, um die FIS von der Macht fern zu halten; die Bewegung wird unterdrückt. In der Folge führen radikalere Mitglieder der FIS eine entsetzliche Terrorkampagne durch.
In Indien reißen Mitglieder der hinduistischen BJP die Moschee von Babur in Ayodhya nieder.

1992–1999 Serbische und kroatische Nationalisten töten die muslimischen Bewohner von Bosnien und Kosovo systematisch und vertreiben sie aus ihren Häusern und Dörfern.

1993 Israel und die Palästinenser unterzeichnen das Abkommen von Oslo.

1994 Nach der Ermordung von neunundzwanzig Muslimen in der Moschee von Hebron durch einen jüdischen Extremisten greifen HAMAS-Selbstmordattentäter jüdische Zivilisten in Israel an.
Präsident Jizhak Rabin wird durch einen jüdischen Extremisten ermordet, weil er das Abkommen von Oslo unterzeichnet hat.
In Afghanistan kommen die fundamentalistischen Taliban an die Macht.

1997 Der liberale Religionsgelehrte Hodschdschat ol-Islam Saijid Chatami geht mit einem überwältigenden Sieg aus den Präsidentschaftswahlen in Iran hervor.

1998 Präsident Chatami distanziert sich von Chomeinis *fatwa* gegen Salman Rushdie.

Schlüsselfiguren in der Geschichte des Islam

Abbas I, Schah (1588–1629): herrschte am Höhepunkt des Safawiden-Reichs in Iran, erbaute prächtige Hofanlagen in Isfahan und holte schiitische *ulama* aus dem Ausland, um die Iraner in der orthodoxen Zwölfer-*schi'a* zu unterrichten.

Abd ül-Hamid: osmanischer Sultan (1839–1861), der die Gülhane-Dekrete erließ, die die absolute Herrschaft modifizierten und eine Regierung auf vertraglicher Vereinbarung mit den osmanischen Untertanen stützte.

Abd ul-Malik: Umaijaden-Kalif (685–705), der nach einer Zeit der Bürgerkriege die Macht der Umaijaden wieder festigte; 691 wurde der Felsendom unter seiner Herrschaft vollendet.

Abduh, Muhammad (1849–1905): ägyptischer Reformer, der die islamischen Institutionen modernisieren wollte, damit sich die Muslime die zivilisatorischen Errungenschaften des Westens zu Eigen machen und ihre Gemeinschaft (*umma*) wieder einigen konnten.

Abu Bakr: einer der ersten Konvertiten zum Islam; enger Freund des Propheten Muhammad, nach Muhammads Tod erster Kalif (632–634).

Abu Hanifa (699–767): Pionier des *fiqh* und Begründer der hanafitischen Rechtsschule.

Abu l-Hakam (im Koran als Abu Dschahl, »Vater der Unwissenheit«): führte den Widerstand gegen Muhammad in Mekka an.

Abu s-Su'ud Chodscha Tschelebi (1490–1574): arbeitete rechtliche Grundlagen des osmanischen *schari'a*-Staates aus.

Abu Sufjan: führte die Opposition gegen den Propheten Muhammad nach dem Tod von Abu l-Hakam (s. d.) an, konvertierte aber zum Islam, als er begriff, dass Muhammad nicht zu besiegen war. Gehörte dem Klan der Umaijaden in Mekka an, sein Sohn Mu'awija (s. d.) wurde erster Umaijaden-Kalif.

Afghani, Dschamal ud-Din al- (1839–1897): Modernist, der Muslime aller Richtungen aufrief, sich zusammenzuschließen und den Islam auf der Basis seiner Grundlagen zu erneuern, um die politische und kulturelle Hegemonie Europas zu brechen.

Ahmad Chan, Sir Saijid (1817–1898): indischer Reformer, der den Islam dem modernen westlichen Liberalismus anpassen wollte und die Inder drängte, mit den Europäern zusammenzuarbeiten und deren Institutionen zu übernehmen.

Ahmad ibn Idris (1760–1836): Neo-Sufi-Reformer, der in Marokko, Nordafrika und im Jemen aktiv war, versuchte unter Umgehung der *ulama* eine lebendige Form des Islam direkt an die Bevölkerung zu vermitteln.

Aijub Chan, Muhammad: Premierminister von Pakistan (1958–1969), der eine deutliche Säkularisierungspolitik betrieb, die schließlich zu seinem Sturz führte.

A'ischa: Lieblingsfrau des Propheten Muhammad, der in ihren Armen starb. Sie war eine Tochter von Abu Bakr (s. d.) und führte später den Widerstand in Medina gegen Ali ibn Abi Talib (s. d.) während der ersten *fitna* an.

Akbar: Moghul-Kaiser von Indien (1560–1605). Begründete eine tolerante Politik der Zusammenarbeit mit der Hindu-Bevölkerung und führte die Moghul-Macht auf ihren Höhepunkt.

Ali an-Naqi: Zehnter schiitischer Imam. 848 vom Kalifen al-Mutawakkil nach Samarra geholt und dort unter Hausarrest gestellt. Er starb 868 in der Festung al-Askarija.

Ali ar-Rida: Achter schiitischer Imam. Der Kalif al-Ma'mun ernannte ihn 817 zu seinem Nachfolger, wodurch er versuchte, die unzufriedenen Schiiten in seinem Reich umzustimmen, was sich jedoch als unwirksam erwies. Ar-Rida starb ein Jahr später – möglicherweise wurde er ermordet.

Ali ibn Abi Talib: Vetter, Mündel und Schwiegersohn des Propheten Muhammad und dessen engster überlebender männlicher Verwandter. Wurde 656 vierter Kalif, aber 661 von einem charidschitischen Extremisten ermordet. Schiiten glauben, dass er zum direkten Nachfolger des Propheten Muhammad bestimmt war, und verehren ihn als Ersten Imam der islamischen Gemeinschaft. Sein Schrein, ein bedeutender schiitischer Wallfahrtsort, befindet sich in Nadschaf im Irak.

Allami, Abd ul-Fazl (1551–1602): Sufi-Historiker und Biograf des Moghul-Kaisers Akbar.

Asch'ari, al- (gest. 935): Theologe, der zu einer Synthese der Doktrinen der *mu'tazila* und der *ahl al-hadith* fand.

Aurangzab: Moghul-Kaiser (1658–1707), der mit der toleranten Religionspolitik Akbars brach, was zu Hindu- und Sikh-Revolten führte.

Baibars, Rukn ud-Din (gest. 1277): Mamluken-Sultan, der die mongolischen Heere bei Ain Dschalut in Nordpalästina schlug und die meisten noch vorhandenen Kreuzfahrer-Stützpunkte an der syrischen Küste zerstörte.

Banna, Hasan al- (1906–1949): ägyptischer Reformer und Begründer der Muslimbruderschaft. Wurde 1949 von der säkular orientierten Regierung Ägyptens ermordet.

Bhutto, Zulfaqar Ali: Premierminister von Pakistan (1971–1977), der gegenüber islamistischen Kräften Konzessionen machte und dennoch durch den mehr dem Glauben zugeneigten Zija ul-Haqq gestürzt wurde.

Bistami, Abu Jazid al- (gest. 874): einer der ersten »Trunkenen Sufis«, der die Vorstellung des *fana* (der Entwerdung) in Gott predigte und nach langen mystischen Übungen das Göttliche in den tiefsten Schichten seines Seins fand.

Buchari, al- (gest. 870): Verfasser einer der kanonischen *hadith*-Sammlungen.

Chadidscha: erste Frau des Propheten Muhammad und Mutter all seiner überlebenden Kinder. Erste Konvertitin zum Islam, starb vor der *hidschra* während der Verfolgung der Muslime durch die Quraisch in Mekka (616–619), möglicherweise infolge damit verbundener Entbehrungen.

Chatami, Hodschdschat ol-Islam Saijid: Präsident des Iran (seit 1997). Wünscht eine liberalere Interpretation des islamischen Rechts im Iran und bessere Beziehungen zum Westen.

Chomeini, Ajatollah Ruhollah (1902–1989): geistiger Mentor der islamischen Revolution gegen das Pahlawi-Regime und oberster *faqih* des Iran (1979–1989).

Dscha'far as-Sadiq (gest. 765): Sechster schiitischer Imam, der die Doktrin des Imamats entwickelte und seine Anhänger aufforderte, sich von der Politik fern zu halten und sich auf die mystische Kontemplation und den Koran zu konzentrieren.

Dschinna, Muhammad Ali (1876–1948): Anführer der Muslim-Liga in Indien zum Zeitpunkt seiner Teilung, wird daher als Schöpfer Pakistans gefeiert.

Dschunaid von Baghdad (gest. 910): erster »Nüchterner Sufi«, der darauf bestand, dass die Erfahrung Gottes durch gesteigerte Selbstbeherrschung erreicht wird und dass der wilde Überschwang der »Trunkenen Sufis« nur ein Stadium darstellt, das der wahre Mystiker zu transzendieren hat.

Farabi, Abu Nasr al- (gest. 950): rationalistischer Philosoph, der außerdem ein praktizierender Sufi und bei den Hamdaniden in Aleppo als Hofmusiker tätig war.

Ghannuschi, Raschid al- (geb. 1941): Führer der ins Exil verbannten Tunesischen Renaissance-Partei; bezeichnet sich selbst als »demokratischen Islamisten«.

Ghazzali, Abu Hamid Muhammad al- (gest. 1111): Theologe aus Bagdad, der zu einer weithin akzeptierten Synthese aus orthodoxer sunnitischer Theologie und Mystik fand.

Hagar: im Alten Testament die Frau Abrahams und Mutter von Abrahams Sohn Ismael (auf Arabisch Isma'il, s. d.), der zum Stammvater der Araber wurde. Daher wird Hagar als eine der Stammmütter des Islam verehrt, wobei ihrer während der Zeremonien der Pilgerfahrt nach Mekka mit besonderer Ehrfurcht gedacht wird.

Halladsch, al-: »Trunkener Sufi«; soll in der Ekstase »*Ana l-haqq!*« (»Ich bin die Wahrheit!«) ausgerufen haben, weil er von seiner völligen Vereinigung mit Gott überzeugt war. Wurde 922 wegen Häresie hingerichtet.

Harun ar-Raschid: Abbasiden-Kalif (786–809), dessen Herrschaft mit dem Höhepunkt der absoluten Macht des Kalifats und einer großartigen kulturellen Blütezeit zusammenfiel.

Hasan al-Askari (gest. 874): Elfter schiitischer Imam, der als Gefangener der Abbasiden-Kalifen in der Festung al-Askarija in Samarra lebte und starb. Wie bei den meisten Imamen heißt es auch von ihm, dass er von den Abbasiden vergiftet worden sei.

Hasan al-Basri (gest. 728): Prediger in al-Basra und Führer einer religiösen Reformbewegung; offenherziger Kritiker des Umaijaden-Kalifats.

Hasan ibn Ali (gest. 669): Sohn des Ali ibn Abi Talib (s. d.) und Enkel des Propheten Muhammad. Wird von den Schiiten als Zweiter schiitischer Imam verehrt. Nach der Ermordung seines Vaters riefen ihn die Schiiten zum Kalifen aus, aber Hasan enthielt sich politischer Aktivitäten. Er lebte in der Folge ruhig und einigermaßen luxuriös in Medina.

Husain ibn Ali: zweiter Sohn des Ali ibn Abi Talib (s. d.) und Enkelsohn des Propheten Muhammad. Wird von den Schiiten als Dritter Imam verehrt; sie betrauern seine Ermordung durch den Kalifen Jazid (s. d.) jedes Jahr im Monat Muharram.

Ibn Abd ul-Wahhab, Muhammad (1703–1792): sunnitischer Reformer, der eine radikale Rückkehr zu den Grundlagen des Islam herbeiführen wollte. Das Wahhabitentum ist Staatsdoktrin im heutigen Saudi-Arabien.

Ibn al-Arabi, Muhji d-Din (gest. 1240): spanischer Mystiker und Philosoph, der weite Teile der islamischen Welt bereist hat. Ein produktiver und einflussreicher Verfasser umfänglicher Werke, der für eine unitive und pluralistische theologische Vision eintrat, in der sich Spiritualität unlösbar mit seiner Philosophie verbindet.

Ibn az-Zubair, Abdullah (gest. 692): einer der wichtigsten Gegner der Umaijaden während der zweiten *fitna*.

Ibn Chaldun, Abd ur-Rahman (1332–1406): Autor von *al-Muqaddima fi t-ta'rich*, »Einführung in die Geschichte«. Ein Denker, der Methoden der Philosophie auf das Studium der Geschichte anwandte und nach universal gültigen Gesetzen hinter dem Lauf der Ereignisse suchte.

Ibn Hanbal, Ahmad (780–855): *hadith*-Sammler, Rechtsgelehrter und führende Persönlichkeit der *ahl al-hadith.* Die hanbalitische Rechtsschule ist von seinem Geist geprägt.

Ibn Hazm (994–1064): Spanischer Dichter und religiöser Denker am Hof von Cordoba.

Ibn Ishaq, Muhammad (gest. 767): Autor der ersten bedeutenden Biografie des Propheten Muhammad, die in erster Linie auf sorgfältig überprüften *hadithen* beruht.

Ibn Ruschd, Abu l-Walid Ahmad (1126–1198): Philosoph und *qadi* von Cordoba, Spanien, im Westen als Averroës bekannt, wo seine rationalistische Philosophie sich als einflussreicher erwies als in der islamischen Welt.

Ibn Sina, Abu Ali (980–1037): im Westen als Avicenna bekannt, repräsentiert den Höhepunkt der arabisch-sprachigen Philosophie, die er mit religiösen und mystischen Erfahrungen verband. Seine medizinischen Lehren werden teilweise noch heute praktiziert.

Ibn Taimija (1263–1328): Reformer, der dem Einfluss des Sufismus zu begegnen und zu den grundlegenden Prinzipien des Koran und der *sunna* zurückzukehren suchte. Er starb in einem Gefängnis in Damaskus.

Iqbal, Muhammad (1876–1938): Indischer Dichter und Philosoph, der die Rationalität des Islam betonte, um zu beweisen, dass dieser sich mit der westlichen Moderne verbinden ließ.

Isma'il ibn Dscha'far: wurde von seinem Vater Dscha'far as-Sadiq (s. d.) zum Siebten Imam der *schi'a* ernannt. Manche Schiiten (die Isma'iliten oder Siebner-Schiiten) halten ihn für den letzten direkten Nachkommen von Ali ibn Abi Talib (s. d.), der das Imamat antrat, und erkennen das Imamat von Musa al-Kazim, dem jüngeren Sohn von Dscha'far as-Sadiq, nicht an, der wiederum von den Zwölfer-Schiiten als Siebter Imam verehrt wird.

Isma'il Pascha: osmanischer Gouverneur von Ägypten (1863–1879), der den Titel Khediwe (*chidiw*, Großfürst) erhielt. Sein ehrgeiziges

Modernisierungsprogramm trieb das Land in den Bankrott und zog schließlich die britische Besetzung Ägyptens nach sich.

Isma'il, Schah (1487–1524): erster Safawiden-Herrscher, der die Zwölfer-*schi'a* zur alleingültigen islamischen Glaubensrichtung in Iran erhob.

Isma'il: Prophet, der aus dem Alten Testament als Ismael bekannt ist, ältester Sohn Abrahams, der auf Gottes Geheiß mit seiner Mutter Hagar in die Wildnis verstoßen, aber von Gott gerettet wurde. Islamischer Tradition zufolge haben Hagar und Ismael in Mekka gewohnt, wo Abraham sie besuchte, wobei Abraham und Ismael die Ka'ba wieder aufgebaut haben (die ursprünglich von Adam, dem ersten Propheten und Vater des Menschengeschlechts, errichtet worden war).

Jasin, Scheich Ahmad (geb. 1936): Gründer der *mudschamma' al-islami* (Islamischer Kongress), einer Wohltätigkeitsorganisation im Gazastreifen unter israelischer Besatzung. Die HAMAS ging aus dieser Organisation hervor.

Jazid I: Umaijaden-Kalif (680–683), vor allem für die Ermordung von Husain ibn Ali (s. d.) in Karbala bekannt.

Kindi, Ja'qub ibn Ishaq al- (gest. 870): erster bedeutender arabischer Philosoph, der in Bagdad mit der Mu'tazila zusammenarbeitete, die auf das Überlieferungsgut griechischen Denkens aufbaute.

Kirmani, Agha Chan (1853–1896): iranischer säkularistischer Reformer.

Madschlisi, Muhammad Baqir (gest. 1700): ein Religionsgelehrter, der, nachdem die Zwölfer-*schi'a* in Iran Staatsreligion geworden war, eine weniger tolerante Form dieser Glaubensrichtung entwickelte, wobei er Lehren der Philosophie konsequent unterdrückte und die Sufis verfolgte.

Mahdi, al-: Abbasiden-Kalif (775–785), der die Religiosität frommer Muslime akzeptierte, das Studium des *fiqh* förderte und die Frommen mit seiner Herrschaft versöhnte.

Mahmud II: osmanischer Sultan (1808–1839), der die modernisierenden *tanzimat*-Reformen einführte.

Malcolm X (1925–1965): charismatischer Führer der schwarzen Separatistengruppe »Nation of Islam«, der in der Bürgerrechtsbewegung der Vereinigten Staaten sehr prominent war. 1963 löste er sich von der heterodoxen »Nation of Islam« und führte seine Anhänger zum sunnitischen Islam; zwei Jahre später wurde er ermordet.

Malik ibn Anas (gest. 795): Begründer der malikitischen Rechtsschule.

Malkum Chan, Mirza (1833–1908): Iranischer Staatsmann und säkularistischer Reformer.

Ma'mun, al-: Abbasiden-Kalif (813–833), unter dessen Herrschaft die Lehren der Mu'tazila zur Staatsdoktrin erhoben und die traditionalistischen *ahl al-hadith* im Zuge der *mihna* verfolgt wurden.

Mansur, Abu Dscha'far al-: Abbasiden-Kalif (754–775). Unterdrückte schiitische Dissidenten und verlegte die Hauptstadt des Reiches nach Bagdad.

Maududi, Abu l-A'la al- (1903–1979): fundamentalistischer pakistanischer Ideologe, dessen Überlegungen sich in der sunnitischen Welt als sehr einflussreich erwiesen.

Mehmed II: osmanischer Sultan (1451–1461), als »Mehmed der Eroberer« bekannt, da er 1453 durch die Eroberung Konstantinopels dem Byzantinischen Reich ein Ende setzte.

Mir Dimad (gest. 1631): Begründer einer Schule der mystischen Philosophie in Isfahan und Lehrer von Mulla Sadra (s. d.).

Mu'awija ibn Abi Sufjan: der erste Umaijaden-Kalif; regierte von 661 bis 680 und bildete nach den Wirren der ersten *fitna* eine starke, effiziente Regierung.

Muddaris, Ajatollah Hasan (gest. 1937): iranischer geistiger Führer, der Reza Schah in der *madschlis* scharf angriff und in der Folge ermordet wurde.

Muhammad al-Baqir (gest. 735): Fünfter schiitischer Imam. Er lebte zurückgezogen in Medina und hat unter anderem die Grundlagen der zwölfer-schiitischen Imamatslehre entwickelt.

Muhammad Ali Pascha (1769–1849): albanischer Offizier in der osmanischen Armee, der Ägypten so gut wie unabhängig von Istanbul machte und bedeutende Modernisierungen durchführte.

Muhammad al-Mahdi: auch als Verborgener Imam bekannt. Er war der Zwölfte Imam der *schi'a*, der 874 in die Verborgenheit entrückt worden sein soll, um sein Leben zu retten; 934 wurde seine »Okkultation« verkündet: Gott habe den *imam* auf wunderbare Weise verborgen, der nun keinen direkten Kontakt mehr mit den Schiiten aufnehmen könne. Kurz vor dem Jüngsten Gericht würde er als *mahdi* (»Rechtgeleiteter«, Messias) wiederkehren, um nach Vernichtung der Feinde Gottes ein goldenes Zeitalter der Gerechtigkeit und des Friedens herbeizuführen.

Muhammad ibn Abdullah (ca. 570–632): Prophet, der den Arabern den Koran und den monotheistischen Glauben des Islam brachte und die Grundlagen für eine geeinte Gemeinschaft der arabischen Beduinen-Stämme legte.

Muhammad Chan, Agha (gest. 1797): Gründer der Qadscharen-Dynastie in Iran.

Muhammad Reza Pahlawi, Schah: zweiter Pahlawi-Schah in Iran (1944–1979), dessen aggressive Modernisierungs- und Säkularisierungspolitik zur Islamischen Revolution von 1979 führte.

Muhammad, Chwarizmschah: Herrscher (1200–1220) einer Dynastie in Chwarizm, der ein Reich im Iran gründen wollte, aber den Zorn der Mongolen auf sich zog und die erste Mongolen-Invasion provozierte.

Mulla Sadra (gest. 1640): mystischer Denker der Zwölfer-Schiiten, dessen Arbeiten Intellektuelle, Revolutionäre und Modernisten inspirierten, vor allem in Iran.

Murad I: osmanischer Sultan (1360–1389), der die Serben auf dem Amselfeld im Kosovo schlug.

Muslim (gest. 878): Verfasser einer der kanonischen *hadith*-Sammlungen.

Mustafa Kemal, auch bekannt als *Atatürk* (1881–1938): Begründer des modernen, säkularen Staates der Türkei.

Mutawakkil, al-: Abbasiden-Kalif (847–861), der für die Haft der schiitischen Imame seiner Zeit in der Festung al-Askarija in Samarra verantwortlich war.

Nadir Chan (gest. 1748): konnte sich kurzzeitig die militärische Macht im schiitischen Iran nach dem Fall der Safawiden sichern.

Na'ini, Scheich Muhammad Husain (1850–1936): iranischer *mudschtahid*, dessen Abhandlung *Mahnung an die Nation* dazu führte, dass zahlreiche Iraner sich entschieden hinter das Konzept einer konstitutionellen Regierung stellten.

Nasir, an-: einer der letzten Abbasiden-Kalifen, der seine Herrschaft in Bagdad über islamische Institutionen zu stärken versuchte.

Nasser (Abd un-Nasir, Dschamal): Präsident von Ägypten (1952–1970), der einer militant nationalistischen, säkularistischen und sozialistischen Regierung vorstand.

Nizam ul-Mulk: brillanter persisch-stämmiger Wesir, der 1063 bis 1092 das Seldschukische Reich regierte.

Qutb, Saijid (1906–1966): Angehöriger der Muslimbruderschaft, unter Nassers Regime hingerichtet; seine Ideologie ist für den heutigen sunnitischen Fundamentalismus von grundlegender Bedeutung.

Reza Chan: Schah von Iran (1921–1941) und Begründer der Pahlawi-Dynastie. Seine Regierung war aggressiv säkularistisch und nationalistisch.

Rida, Muhammad Raschid (1865–1935): ägyptischer Journalist, der in Kairo die Salafija-Bewegung gründete und als Erster einen von Grund auf modernisierten islamischen Staat propagierte.

Rumi, Dschalal ud-Din (1207–1975): einflussreicher Sufi-Scheich und Dichter, der eine große Anhängerschaft hatte; gründete den Maulawi-Orden, der als die »Tanzenden Derwische« bekannt ist.

Salah ud-Din, Jusuf ibn Aijub (Saladin) (gest. 1193): kurdischer General, der Herrscher des weit umfassenden Reiches der Aijubiden in Syrien und Ägypten wurde; er führte Ägypten wieder dem sunnitischen Islam zu, als er das Fatimiden-Kalifat besiegt hatte, und vertrieb die Kreuzfahrer aus Jerusalem. Salah ud-Din (im Westen als Saladin bekannt) begründete die Aijubiden-Dynastie.

Sanusi, Muhammad ibn Ali as- (gest. 1832): Neo-Sufi-Reformer, der die Sanusija-Bewegung ins Leben rief, die in Libyen nach wie vor vorherrschend ist.

Schafi'i, Muhammad ibn Idris asch- (gest. 820): revolutionierte das Studium des *fiqh*, indem er Grundlagen (*usul*) des islamischen Rechts definierte; Gründer der schafi'itischen Rechtsschule.

Schah Dschahan: Moghul-Kaiser (1627–1658), in dessen Regierungszeit der Glanz und das Raffinement der Moghul-Kultur einen Höhepunkt erreichten; er gab den Bau des Tadsch Mahall in Auftrag.

Selim I: osmanischer Sultan (1512–1520), der Syrien, Palästina und Ägypten von den Mamluken eroberte.

Selim III: osmanischer Sultan (1789–1807), der eine Reform seines Reiches nach westlichem Vorbild anstrebte.

Sinan Pascha (gest. 1578): Architekt der Süleymaniye-Moschee in Istanbul und der Selimiye-Moschee in Edirne.

Sirhindi, Ahmad (gest. 1625): Sufi-Reformer, der sich gegen den religiösen Pluralismus des Moghul-Kaisers Akbar (s. d.) wandte.

Sorusch, Abd ol-Karim (geb. 1945): führender iranischer Intellektueller, der eine liberalere Interpretation der zwölfer-schiitischen Doktrin propagiert, zugleich aber den westlichen Säkularismus ablehnt.

Suhrawardi, Jahja as- (gest. 1191): Philosoph, begründet die philosophische Richtung der »Erleuchtung« (*ischraq*), die aristotelischem Denken ein flexibleres System gegenüberstellte, das unter anderem auf platonisches Gedankengut zurückgreift. Wurde wegen seiner angeblich heterodoxen Ansichten unter den Aijubiden in Aleppo hingerichtet.

Süleiman I: osmanischer Sultan (1520–1566), in der islamischen Welt als *al-Qanuni*, »der Gesetzgeber«, bekannt, im Westen mit dem Beinamen »der Prächtige«. Er schuf spezifische Institutionen der Osmanen, deren Reich unter seiner Herrschaft den größten Machtumfang erreichte.

Tabari, Abu Dscha'far at- (gest. 923): Rechtsgelehrter, Koranexeget und Geschichtsschreiber, der eine Universalgeschichte kompilierte, wobei er die Erfolge und das Versagen verschiedener Gemeinschaften verfolgte, die zur Anbetung Gottes berufen worden waren, und sich dabei vor allem auf die islamische *umma* konzentrierte.

Tahtawi, Rifa'a at- (1801–1873): ägyptischer Gelehrter, der seine leidenschaftliche Wertschätzung der europäischen Zivilisation in einem veröffentlichten Tagebuch beschrieb, Übersetzungen europäischer Bücher ins Arabische veranlasste und die Idee einer Modernisierung in Ägypten propagierte.

Umar ibn al-Chattab: einer der engsten Gefährten des Propheten Muhammad. Wurde nach dem Tod des Propheten der zweite Kalif (634–644) und leitete die ersten arabischen Eroberungskriege und den Bau von arabischen Garnisonsstädten. Wurde ermordet.

Umar II: ein Umaijaden-Kalif (717–720), der gemäß religiösen Prinzipien zu herrschen versuchte. Der erste Kalif, der aktiv die Konversion unterworfener Völker des Reiches zum Islam betrieb.

Uthman ibn Affan: einer der ersten Konvertiten Muhammads und dessen Schwiegersohn. Wurde dritter Kalif (644–656), galt aber als ein weniger fähiger Herrscher als seine Vorgänger. Seine Politik brachte ihm den Vorwurf des Nepotismus ein und führte zu einer Revolte, in deren Verlauf er in Medina ermordet wurde. Seine Ermordung zog die erste *fitna* nach sich.

Verborgener Imam: siehe Muhammad al-Mahdi.

Walid I, al-: Umaijaden-Kalif (705–715), der auf dem Höhepunkt umaijadischer Macht und Erfolge regierte.

Walijullah, Schah (1703–1762): Sufi-Reformer aus Indien, einer der ersten muslimischen Denker, der die Bedrohung des Islam durch die westliche Moderne erkannte.

Wasil ibn Ata (gest. 748): einer der Begründer der Mut'azila, einer Schule rationalistischer Theologie.

Zaid ibn Ali (gest. 740): Bruder des Fünften schiitischen Imam; Zaid war ein politischer Aktivist, und der Fünfte Imam, Muhammad al-Baqir, mag aus ebendiesem Grunde seine quietistische Haltung gepflegt haben, um den damit verbundenen Führungsansprüchen Zaids entgegenzutreten. Aus dieser Meinungsverschiedenheit entstand eine neue schiitische Richtung, die an politischem Aktivismus festhielt, nämlich die *Zaiditen*, die ein Imamat im Jemen errichteten, das bis 1970 Bestand hatte.

Zain ul-Abidin (gest. 714): Vierter schiitischer Imam, Mystiker, der zurückgezogen in Medina lebte und keine politischen Aktivitäten entwickelte.

Zija ul-Haqq: Premierminister von Pakistan (1977–1988), der eine erklärtermaßen islamische Politik verfolgte, die gleichwohl Religion aus Politik und Wirtschaft fern hielt.

Glossar arabischer Begriffe

Ahl al-hadith: Traditionarier. Eine Denkrichtung, die in der Umaijaden-Zeit in Erscheinung tritt und sich bei der Rechtsfindung vor allem auf das *hadith* (s. d.) stützt, rationalistische Ansätze dagegen ablehnt.

Ahl al-kitab: Leute der Schrift. Der koranische Begriff für Angehörige von Religionen, die über eine göttliche Offenbarungsschrift verfügen, wie etwa die Juden und Christen, die aus koranischer Sicht früheren Offenbarungen ein und derselben Religion wie der Islam anhängen. Da der Prophet und die meisten frühen Muslime Analphabeten waren und – falls überhaupt – nur wenige Schriften besaßen, hat man vorgeschlagen, den Begriff exakter mit »Leute einer früheren Offenbarung« zu übersetzen.

Alam al-mithal: Welt der Allegorien. Bereich der menschlichen Psyche, der islamischen Mystikern als Quelle visionärer Erfahrung und als Sitz der kreativen Fantasie gilt.

Alim: siehe *ulama*.

Amir: Befehlshaber.

Ansar: die Muslime aus Medina, die zu »Helfern« des Propheten wurden, indem sie den ersten Muslimen eine Heimstätte anboten, als diese 622 gezwungen waren, Mekka zu verlassen, und ihnen dann halfen, die erste islamische Gemeinschaft (*umma*) aufzubauen.

Batin: die »verborgene« Dimension der Existenz und der Schrift, die sich nicht den bloßen Sinnen oder dem rationalen Verstand erschließt, sondern durch kontemplative Techniken und Intuition der Mystik erkannt wird.

Chanaqah: ein *Sufi*-Konvent, wo Aktivitäten wie der *dhikr* stattfinden; wo Sufi-Scheiche wohnen und ihre Schüler (*murid*) unterrichten.

Dar al-Islam: Haus des Islam. Gebiete unter muslimischer Herrschaft.

Dhikr: »Gedenken« Gottes, vor allem durch lautes Absingen der Gottesnamen als einer Art Mantra, zur Erlangung eines alternativen Bewusstseinszustandes. *Sufi*-Ritus.

Dhimmi: »Schutzbefohlene« der Muslime, die einer vom Koran geduldeten Religion, den *ahl al-kitab* (s. d.), angehören: darunter Juden und Christen, und im Laufe der Zeit dann auch Zoroastrier, Hindus, Buddhisten und Sikhs. Dhimmis wurde volle Freiheit der Religionsausübung gestattet, sie konnten ihre Gemeinschaft entsprechend ihren eigenen Sitten und Gebräuchen regeln, mussten aber die muslimische Oberhoheit anerkennen, was seinen praktischen Ausdruck in einer Kopfsteuer (*dschizja*) fand.

Dschahilija (Adjektiv: *dschahili*): Zeitalter der »Unwissenheit«. Der Begriff bezeichnete ursprünglich die vorislamische Periode Arabiens. Heute beziehen ihn muslimische Fundamentalisten häufig auf jede Gesellschaft – auch auf die islamischer Länder –, die sich in ihren Augen von Gott abgewandt hat und die Hingabe an Gottes Willen verweigert.

Dschihad: »Bemühen, Anstrengung«. Primär bezieht sich der Begriff, so wie er im Koran verwendet wird, auf das innerliche Streben eines jeden Muslim, eigene schlechte Gewohnheiten und Fehlverhalten zu bekämpfen und sich um ein gottgefälliges Leben zu bemühen. Erst an zweiter Stelle dient der Begriff als Bezeichnung für einen Krieg im Dienste der Religion.

Dschizja: Kopfsteuer, die *dhimmis* (s. d.) zu entrichten hatten.

Faqih: Jurist; Experte für islamisches Recht.

Fatwa: formelles Rechtsgutachten oder Entscheidung eines Religionsgelehrten in einer Angelegenheit des islamischen Rechts.

Fiqh: islamische Jurisprudenz. Studium und Anwendung islamischer Rechtsnormen.

Fitna: »Versuchung, Prüfung«. Dieser Begriff wird insbesondere für die Bürgerkriege benutzt, die die islamische Gemeinschaft zur Zeit der Raschidun (s. d.) und in der frühen Umaijaden-Zeit zerrissen.

Futuwa: Korporationen junger städtischer Männer, die sich seit dem 12. Jahrhundert zu bilden begannen. Diese Bünde zeichneten sich durch besondere Initiationszeremonien, Rituale und die Vereidigung auf einen Führer aus. Sie waren stark von Sufi-Idealen und -praktiken beeinflusst.

Ghazw: ursprünglich »Beutezüge« der Araber in der vorislamischen Periode. Vom Wort *ghazw* leitet sich unser Begriff »Razzia« her. Später verstand man unter *ghazi*, dem Teilnehmer einer *ghazwa*, einen Kämpfer im heiligen Krieg für den Islam, der an den Grenzen des Dar al-Islam (s. d.) geführt wurde.

Ghulat: »Übertreiber«, für Gruppen schiitischer Muslime, die sich in der Frühzeit des Islam extrem spekulativem Denken hingaben, dabei manche Aspekte der geltenden schiitischen Doktrin überbetonten und überdies fremdes, beispielsweise gnostisches, Gedankengut übernahmen.

Hadith (Plural: *ahadith*): Bericht, Überlieferung. Traditionen über Aussagen, Lehren und Taten des Propheten Muhammad, die nicht im Koran stehen (einige *hadithen* werden als göttliche Offenbarung anerkannt, so genannte *hadith qudsi*), die von nahen Gefährten und Familienmitgliedern der Nachwelt überliefert und später schriftlich festgehalten und gesammelt wurden.

Hadschdsch: die rituelle Pilgerfahrt nach Mekka.

Hidschra: die 622 erfolgte »Auswanderung« des Propheten Muhammad und der ersten muslimischen Gemeinschaft von Mekka nach Medina.

Idschma': »Konsens« der muslimischen Gemeinschaft, der einer doktrinären oder juristischen Entscheidung Gültigkeit verleiht.

Idschtihad: »selbstständige Entscheidung«, häufig in Form eines Analogieschlusses (*qijas*) durch einen Juristen bei der Anwendung von Normen der *schari'a* (s. d.) auf aktuelle Rechtsfälle. Im 14. Jahrhundert erklärten sunnitische *ulama* (s. d.) die »Tore des *idschtihad*« für geschlossen, Gelehrte mussten sich künftig ausschließlich auf Entscheidungen alter Autoritäten berufen.

Ilm (Plural: *ulum*): Wissen, Kenntnis, Wissenschaft.

Imam: Vorbeter; geistiger Führer der muslimischen Gemeinschaft bei den Schiiten, die den Begriff auf auserwählte männliche Nachkommen von Fatima, der Tochter des Propheten, und ihres Ehemannes Ali ibn Abi Talib anwenden. Letzteren betrachten Schiiten als den einzig rechtmäßigen Führer der *umma* nach dem Tode des Propheten Muhammad.

Irfan: »Erkenntnis«.

Islam: »Hingabe« an Gott, »Ergebung« in Gott.

Ka'ba: würfelförmiger Bau aus vorislamischer Zeit in Mekka, der seit Muhammad der heiligste Ort des Islam ist.

Kalam: »Sprechen, Disput«, in engerem Sinne die Islamische Theologie, die in ihren Methoden an die scholastischen Traditionen der Antike anknüpfte.

Madhhab: »eingeschlagener Weg, Doktrin«, abstrakter Begriff zur Bezeichnung der verschiedenen islamischen Rechtsschulen.

Madrasa: die islamische Hochschule, wo die Studenten *tullab* (Singular: *talib*) bzw. Persisch *taliban* zu *ulama* (s. d.) ausgebildet werden und Fächer wie *fiqh* (s. d.) oder *kalam* (s. d.) studieren.

Mawali (Singular: *maula*): »Klienten«, Bezeichnung für nicht-arabische Konvertiten in frühislamischer Zeit, die sich bei ihrem Übertritt zum Islam als »Klienten« einem arabischen Stamm anschließen mussten, der wiederum als ihr Schutzherr, Patron (*walij*) fungierte.

Mudschtahid: Jurist, insbesondere im schiitischen Islam, der sich das Recht zur Ausübung des *idschtihad* (s. d.) erworben hat.

Pir: Persisch für Sufi-Scheich, der seine Schüler auf dem mystischen Pfad leitet.

Qadi: »Richter«.

Qibla: die »Gebetsrichtung« der Muslime. In der ersten Zeit unter dem Propheten Muhammad war die *qibla* noch Jerusalem; dann änderte er sie in Richtung Mekka, die bis heute gültige Gebetsrichtung; in Moscheen wird sie durch die Gebetsnische, den *mihrab*, gekennzeichnet.

Raschidun: die vier »rechtgeleiteten« Kalifen, nämlich die Prophetengenossen Abu Bakr, Umar ibn al-Chattab, Uthman ibn Affan und Ali ibn Abi Talib, die die Nachfolge der weltlichen Herrschaft des Propheten Muhammad nach dessen Tod antraten.

Salat: das rituelle Gebet, das gläubige Muslime fünf Mal täglich verrichten.

Schahada: das islamische Glaubensbekenntnis: »Ich bezeuge, dass es keinen Gott außer dem einen Gott gibt und Muhammad sein Prophet ist.« Durch dreimaliges Wiederholen der *schahada* bekehrt sich nach islamischer Auffassung ein Nicht-Muslim zum Islam.

Scharia: »Weg zur Wasserstelle«. Das Korpus islamischer Rechtsnormen und -grundsätze, das sich vorrangig aus den Ge- und Verboten des Koran, der *sunna* (s. d.) und des *hadith* (s. d.) ableitet.

Schiiten: von *schi'at* Ali, Partei des Ali; sie glauben, dass Ali ibn Abi Talib, der engste männliche Verwandte des Propheten, unmittelbar die Nachfolge Muhammads hätte antreten sollen, und verehren bestimmte direkte männliche Nachkommen Alis und seiner Ehefrau Fatima, der Tochter des Propheten, als Imame (s. d.).

Sufi; Sufismus: mystische Tradition des sunnitischen Islam (s. Sunniten).

Sunna: »Brauch«. Die Gewohnheiten und religiösen Praktiken des Propheten Muhammad, die von seinen Gefährten und Familienmitgliedern an die Nachwelt überliefert wurden (im *hadith*) und als islamisches Ideal betrachtet werden.

Sunniten: Bezeichnung für die Mehrheit der orthodoxen Muslime, die die vier Raschidun (s. d.) verehren und sich nach der *sunna* richten.

Tariqa: »Weg, Methode«, abstrakt zur Bezeichnung der verschiedenen Sufi-Orden, von denen ein jeder seinen spezifischen »Weg« geht.

Tauhid: »Vereinigung«, Glaube an die Einheit Gottes bzw. Bekenntnis der Einheit Gottes.

Ulama (Singular: *alim*): Gelehrte, Hüter des Wissens. Da der Islam einen universalen Anspruch hat, kann jede Form von Wissen und Wissenschaft gemeint sein.

Umma: die Gemeinschaft der Muslime.

Umra: die so genannte »kleinere Pilgerfahrt« nach Mekka, die nicht wie die »große«, der *hadschdsch*, an einen bestimmten Zeitpunkt des Jahres gebunden ist.

Zakat: »Reinheit«, speziell für die bereits im Koran festgehaltene Pflicht eines jeden Muslim, »Almosen« zu geben. Heute: Steuer oder fixer Anteil des Einkommens oder des Kapitals (normalerweise 2,5 Prozent), der jährlich von allen Muslimen zu entrichten ist.

Literaturempfehlungen

Der Prophet Muhammad

Andrae, Tor, *Mohammed: sein Leben und sein Glaube*, Hildesheim/New York 1977.

Armstrong, Karen, *Muhammad: A Biography of the Prophet*, London 1991.

Armstrong, Karen, *Muhammed: Religionsstifter und Staatsmann*, München 1995.

Gabrieli, Francesco, *Mohammed und die arabische Welt*, München 1968.

Guillaume, Alfred, *The Life of Muhammad: A Translation of Ibn Ishaq's* Sirat Rasul Allah, London 1955.

Lings, Martin, *Muhammad: sein Leben nach den frühesten Quellen*, Kandern im Schwarzwald 2000.

Nasr, Seyyed Hossein, *Muhammad, the Man of Allah*, London 1982.

Rodinson, Maxime, *Mohammed*, London 1971.

Sardar, Ziauddin/Malik, Zafar Abbas, *Muhammad for Beginners*, Cambridge 1994.

Schimmel, Annemarie, *Und Muhammad ist sein Prophet: die Verehrung des Propheten in der islamischen Frömmigkeit*, München 1995.

Watt, William Montgomery, *Muhammed at Mecca*, Oxford 1953.

Watt, William Montgomery, *Muhammed at Medina*, Oxford 1956.

Watt, William Montgomery, *Muhammed's Mecca: History in the Qur'an*, Edinburgh 1988.

Zakaria, Rafiq, *Muhammad and the Quran*, London 1991.

Islamische Geschichte

Ahmed, Akbar Salahudin, *Lebendiger Islam. Von Samarkand bis Stornoway*, Düsseldorf 1993.

Ahmed, Akbar Salahudin, *Islam Today: A Short Introduction to the Muslim World*, London 1999.

Algar, Hamid, *Religion and State in Iran*, 1785–1906, Berkeley 1969.

Bayat, Margol, *Mysticism and Dissent: Socio-religious Thought in Qajar Iran*, Syracuse (NY) 1982.

Esposito, John L., *Islam, the Straight Path*, Oxford/New York 1998.

Esposito, John L. (Hg.), *The Oxford History of Islam*, Oxford 1999.

Gabrieli, Francesco, *Die Kreuzzüge aus arabischer Sicht*, Augsburg 2000.

Hodgson, Marshall G. S., *The Venture of Islam: Conscience and History in a World Civilization*, 3 vol., Chicago/London 1974.

Hourani, Albert Habib, *Die Geschichte der arabischen Völker*, Frankfurt a. M. 2000.

Hourani, Albert Habib/Khoury, Philip/Wilson, Mary C. (Hg.), *The Modern Middle East*, London 1993.

Keddie, Nikki R. (Hg.), *Scholars, Saints and Sufis: Muslim Religious Institutions in the Middle East since 1500*, Berkeley/Los Angeles/London 1972.

Keddie, Nikki R. (Hg.), *Religion and Politics in Iran: Shiism from Quietism to Revolution*, New Haven/London 1983.

Lapidus, Ira M., *A History of Islamic Societies*, Cambridge 1988.

Lewis, Bernard, *Die Juden in der islamischen Welt. Vom frühen Mittelalter bis ins 20. Jahrhundert*, München 1987.

Lewis, Bernard, *Die Welt der Ungläubigen. Wie der Islam Europa entdeckte*, Frankfurt a. M. 1987.

Lewis, Bernard, *Stern, Kreuz und Halbmond: 2000 Jahre Geschichte des Nahen Ostens*, München 1997.

Maalouf, Amin, *Der Heilige Krieg der Barbaren: die Kreuzzüge aus der Sicht der Araber*, München 1996.

Momen, Moojan, *An Introduction to Shi'i Islam: The History and Doctrines of Twelver Shiism*, New Haven/London 1985.

Mottahedeh, Roy, *Der Mantel des Propheten oder Das Leben eines persischen Mullah zwischen Religion und Politik*, München 1988.

Nasr, Seyyed Hossein, *Ideal und Wirklichkeit des Islam*, München 1993.

Peters, Francis E., *The Haji: The Muslim Pilgrimage to Mecca and the Holy Places*, Princeton 1994.

Peters, Francis E., *Mecca: A Literary History of the Muslim Holy Land*, Princeton 1996.

Peters, Rudolph, *Jihad in Classical and Medieval Islam*, Princeton 1996.

Rahman, Fazlur, *Islam*, Chicago 1979.

Ruthven, Malise, *Seid Wächter der Erde. Die Gedankenwelt des Islam*, Frankfurt a. M. 1987.

Saunders, John Joseph, *A History of Medieval Islam*, London/Boston 1965.

Smith, Wilfred Cantwell, *Der Islam in der Gegenwart*, Frankfurt a. M. 1963.

Von Grunebaum, Gustave Edmund, *Der Islam in seiner klassischen Epoche 622–1258*, Zürich 1966.

Walker, Benjamin, *Foundations of Islam: The Making of a World Faith*, London 1998.

Watt, William Montgomery, *Islam and the Integration of Society*, London 1961.

Watt, William Montgomery, *The Majesty that was Islam: The Islamic World 660–1100*, London/New York 1974.

Wensinck, Arent Jan, *The Muslim Creed: Its Genesis and Historical Development*, Cambridge 1932.

Wheatcroft, Andrew, *The Ottomans*, London 1993.

Islamische Philosophie und Theologie

Al-Farabi, *Philosophy of Plato and Aristotle*, Glencoe (Ill.) 1962.

Corbin, Henri, *Histoire de la philosophie islamique*, Paris 1964.

Fakhry, Majid, *A History of Islamic Philosophy*, New York/London 1970.

Leaman, Oliver, *An Introduction to Medieval Islamic Philosophy*, Cambridge 1985.

McCarthie, Richard, *The Theology of al-Ashari*, Beirut 1953.

Morewedge, Parviz, *The Metaphysics of Avicenna*, London 1973.

Morewedge, Parviz (Hg.), *Islamic Philosophical Theology*, New York 1979.

Morewedge, Parviz (Hg.), *Islamic Philosophy and Mysticism*, New York 1981.

Netton, Ian Richard, *Muslim Neoplatonists: An Introduction to the Thought of the Brethren of Purity*, Edinburgh 1991.

Rosenthal, Franz, *Knowledge Triumphant: The Concept of Knowledge in Medieval Islam*, Leiden 1970.

Sharif, Miyan M., *A History of Muslim Philosophy*, Wiesbaden 1963.

Von Grunebaum, Gustave Edmund, *Der Islam in seiner klassischen Epoche 622–1258*, Zürich/Stuttgart 1963.

Watt, William Montgomery, *Free Will and Predestination in Early Islam*, London 1948.

Watt, William Montgomery, *Muslim Intellectual: The Struggle and Achievement of Al-Ghazzali*, Edinburgh 1963.

Watt, William Montgomery, *The Formative Period of Islamic Thought*, Edinburgh 1973.

Islamische Mystik und Spiritualität

Affifi, Abul E., *The Mystical Philosophy of Ibnu 'l-Arabi*, Cambridge 1938.

Arberry, Arthur J., *Sufism: An Account of the Mystics of Islam*, London 1950.

Bakhtiar, Laleh, *Sufi: Ausdrucksformen mystischer Suche*, München 1987.

Chittick, William C., *The Sufi Path of Love: The Spiritual Teachings of Rumi*, Albany 1983.

Chittick, William C., *The Sufi Path of Knowledge: Ibn al-Arabi's Metaphysics of Imagination*, Albany 1989.

Corbin, Henri, *Avicenna and the Visionary Recital*, Princeton 1960.

Corbin, Henri, *Creative Imagination in the Sufism of Ibn Arabi*, London 1970.

Corbin, Henri, *Spiritual Body and Celestial Earth: From Mazdean Iran to Shiite Iran*, London 1990.

Massignon, Louis, *The Passions of al-Hallaj*, 4 vol., Princeton 1982.

Nasr, Seyyed Hossein (Hg.), *Islamic Spirituality*, 2 vol., London 1987.

Nicholson, Reynold Alleyne, *The Mystics of Islam*, London 1914.

Schimmel, Annemarie, *Mystische Dimensionen des Islam: die Geschichte des Sufismus*, Frankfurt a. M./Leipzig 2000.

Schimmel, Annemarie, *The Triumphal Sun: A Study of Mawlana Rumi's Life and Work*, London/Den Haag 1978.

Schimmel, Annemarie, *Ich bin Wind und du bist Feuer, Leben und Werk des großen Mystikers Mawlana Rumi*, München 1995.

Smith, Margaret, *Rabi'a von Basra, »Oh, mein Herr, Du genügst mir«: Rabi'a von Basra und andere heilige Frauen im Islam*, Überlingen 1997.

Valiuddin, Mir, *Contemplative Disciplines in Sufism*, London 1980.

Islamische Antworten auf die moderne Welt

Ahmed, Akbar Salahudin, *Postmodernism and Islam: Predicament and Promise*, London/New York 1992.

Akhavi, Shahrough, *Religion and Politics in Contemporary Iran: Clergy-State Relations in the Pahlavi Period*, Albany 1980.

Al-e Ahmad, Jalal, *Occidentosis: A Plague from the West*, Berkeley 1984.

Davis, Joyce M., *Between Jihad and Salaam: Profiles in Islam*, New York 1997.

Djait, Hichem, *Europe and Islam: Cultures and Modernity*, Berkeley 1985.

Esposito, John L. (Hg.), *Voices of Resurgent Islam*, New York/Oxford 1983.

Esposito, John L., *The Islamic Threat: Myth or Reality?*, Oxford/New York 1995.

Esposito, John L./Donohue, John L. (Hg.), *Islam in Transition: Muslim Perspectives*, New York/Oxford 1982.

Esposito, John L./Haddad, Yvonne Yazbeck, *Muslims on the Americanization Path*, Atlanta 1998.

Gellner, Ernest, *Postmodernism, Reason and Religion*, London/New York 1992.

Gilsenan, Michael, *Recognizing Islam: Religion and Society in the Modern Middle East*, London 1990.

Halliday, Fred, *Islam and the Myth of Confrontation: Religion and Politics in the Middle East*, London/New York 1996.

Hanna, Sami/Gardner, George H. (Hg.), *Arab Socialism: A Documentary Survey*, Leiden 1969.

Hourani, Albert, *Arabic Thought in the Liberal Age, 1789–1939*, Oxford 1962.

Iqbal, Allama Muhammad, *The Reconstruction of Religious Thought in Islam*, Lahore 1989.

Keddie, Nikki R., *Islamic Response to Imperialism: Political and Religious Writings of Sayyid Jamal ad-Din »al-Afghani«*, Berkeley 1968.

Matin-Asgari, Afshin, *»Abdolkarim Sorush and the Secularization of Islamic Thought in Iran«*, in: *Iranian Studies* 30 (1997).

Mitchell, Richard P., *The Society of the Muslim Brothers*, London 1969.

Rahman, Fazlur, *Islam and Modernity: Transformation of an Intellectual Tradition*, Chicago 1982.

Shariati, Ali, *The Sociology of Islam*, Berkeley 1979.

Shariati, Ali, *What is to be Done: The Enlightened Thinkers and an Islamic Renaissance*, ohne Ort 1986.

Shariati, Ali, *Hajj*, Teheran 1988.

Tibi, Bassam, *Die Krise des modernen Islams: eine vorindustrielle Kultur im wissenschaftlich-technischen Zeitalter. Mit einem Essay: Islamischer Fundamentalismus als Antwort auf die doppelte Krise*, Frankfurt a. M. 1991.

Voll, John Obert, *Islam: Continuity and Change in the Modern World*, Boulder 1982.

Islamischer Fundamentalismus

Appleby, Robert Scott (Hg.), *Spokesmen for the Despised: Fundamentalist Leaders of the Middle East*, Chicago 1997.

Armstrong, Karen, *The Battle for God: Fundamentalism in Judaism, Christianity and Islam*, London/New York 2000.

Choueiri, Youssef M., *Islamic Fundamentalism*, London 1990.

Fischer, Michael J., *Iran: From Religious Dispute to Revolution*, Cambridge (Mass.)/London 1980.

Gaffney, Patrick D., *The Prophet's Pulpit: Islamic Preaching in Contemporary Egypt*, Berkeley/Los Angeles/London 1994.

Hamas, *The Covenant of the Islamic Resistance Movement*, Jerusalem 1988.

Heikal, Mohamed, *Sadat, das Ende eines Pharao: eine politische Biographie*, Düsseldorf 1984.

Hussain, Asaf, *Islamic Iran: Revolution and Counter-Revolution*, London 1985.

Jansen, Johannes J. G., *The Neglected Duty: The Creed of Sadat's Assassins and Islamic Resurgence in the Middle East*, New York/London 1988.

Kepel, Gilles, *Der Prophet und der Pharao. Das Beispiel Ägypten: die Entwicklung des muslimischen Extremismus*, München 1995.

Khomeini, Sayeed Ruhollah, *Islam and Revolution*, Berkeley 1981.

Lawrence, Bruce B., *Defenders of God: The Fundamentalist Revolt against the Modern Age*, London/New York 1990.

Marty, Martin E./Appleby, Robert Scott (Hg.), *Fundamentalisms Observed*, Chicago/London 1991.

Marty, Martin E./Appleby, Robert Scott (Hg.), *Fundamentalisms and Society*, Chicago/London 1993.

Marty, Martin E./Appleby, Robert Scott (Hg.), *Fundamentalisms and the State*, Chicago/London 1993.

Marty, Martin E./Appleby, Robert Scott (Hg.), *Accounting for Fundamentalism*, Chicago/London 1994.

Marty, Martin E./Appleby, Robert Scott (Hg.), *Fundamentalisms Comprehended*, Chicago/London 1995.

Maududi, Sayyid Abul Ala, *Islamic Law and Constitution*, Lahore 1967.

Maududi, Sayyid Abul Ala, *Jihad in Islam*, Lahore 1976.

Maududi, Sayyid Abul Ala, *The Economic Problem of Man and its Islamic Solution*, Lahore 1978.

Maududi, Sayyid Abul Ala, *Islamische Lebensweise*, München 1989.

Milton-Edwards, Beverley, *Islamic Politics in Palestine*, London/New York 1996.

Nasr, Seyyed Vali Reza, *The Vanguard of the Islamic Revolution, the Jama'at-i Islami of Pakistan*, London/New York 1994.

Qutb, Sayyid, *Islam and Universal Peace*, Indianapolis 1977.

Qutb, Sayyid, *Milestones*, Delhi 1988.

Qutb, Sayyid, *Dieser Glaube, der Islam*, München 1987.

Ruthven, Malise, *A Satanic Affair: Salman Rushdie and the Rage of Islam*, London 1990.

Sick, Gary, *All Fall down: America's Fateful Encounter with Iran*, London 1985.

Sidhared, Abdel Salam/Ehteshani, Anonshirvan (Hg.), *Islamic Fundamentalism*, Boulder 1996.

Der Islam und die Frauen

Afshar, Haleh, *Islam and Feminisms: An Iranian Case-Study*, London/New York 1998.

Ahmed, Leila, *Women and Gender in Islam: Historical Roots of a Modern Debate*, New Haven/London 1992.

Ahmed, Leila, *A Border Passage*, New York 1999.

Göle, Nilüfer, *Republik und Schleier: die muslimische Frau in der Moderne*, Berlin 1995.

Haddad, Yvonne Yazbeck/Esposito, John L. (Hg.), *Islam, Gender and Social Change*, Oxford/New York 1998.

Karam, Azza M., *Women, Islamisms and the State: Contemporary Feminisms in Egypt*, New York 1998.

Keddie, Nikki R./Baron, Beth (Hg.), *Women in Middle Eastern History: Shifting Boundaries in Sex and Gender*, New Haven/London 1991.

Mernissi, Fatima, *Women and Islam: An Historical and Theological Enquiry*, Oxford 1991.

Mernissi, Fatima, *The Harem within: Tales of a Moroccan Girlhood*, London 1994.

Mernissi, Fatima, *Women's Rebellion and Islamic Memory*, London 1996.

Mernissi, Fatima, *Der politische Harem: Mohammed und die Frauen*, Freiburg 1998.

Mernissi, Fatima, *Der Harem ist nicht die Welt: elf Berichte aus dem Leben marokkanischer Frauen*, Hamburg 1993.

Mernissi, Fatima, *Die vergessene Macht: Frauen im Wandel der islamischen Welt*, Frankfurt a. M. 1997.

Mernissi, Fatima, *Die Angst vor der Moderne: Frauen und Männer zwischen Islam und Demokratie*, München 1996.

Mernissi, Fatima, *Der Harem in uns: die Furcht vor dem anderen und die Sehnsucht der Frauen*, Freiburg 1997.

Westliche Wahrnehmungen des Islam

Armstrong, Karen, *Holy War: The Crusades and Their Impact on Today's World*, London 1988/New York 1991.

Daniel, Norman, *Islam and the West: The Making of an Image*, Edinburgh 1960.

Daniel, Norman, *The Arabs and Medieval Europe*, London/Beirut 1975.

Gibb, Hamilton Alexander Roskeen/Bowen, Harold, *Islamic Society and the West*, London 1957.

Hourani, Albert, *Der Islam im europäischen Denken*, Frankfurt a. M. 1994.

Kabbani, Rana, *Mythos Morgenland: Wie Vorurteile und Klischees unser Bild vom Orient bis heute prägen*, München 1993.

Kabbani, Rana, *Offener Brief an die Christenheit*, Düsseldorf 1991.

Kedar, Benjamin, *Crusade and Mission: European Approaches towards the Muslims*, Princeton 1984.

Rodinson, Maxime, *Die Faszination des Islam*, München 1991.

Said, Edward W., *Orientalismus*, Frankfurt a. M. 1981.

Southern, Richard W., *Das Islambild des Mittelalters*, Stuttgart 1981.

Namensregister

Peter L. Bergen

Heiliger Krieg Inc.

Osama bin Ladens Terrornetz

Aus dem Englischen von Friedrich Griese, Anja Hansen-Schmidt, Norbert Juraschitz, Thomas Pfeiffer, Barbara Schaden und Udo Rennert

»Wenn Sie nach Osama bin Laden suchen, werden Sie ihn nicht finden: Er findet Sie.«

Peter Bergen führt seine Leser nach Afghanistan und Pakistan, in den Jemen, nach Ägypten, aber auch nach England und Amerika. Osama bin Ladens Terrornetz gleicht einem weltweiten Konzern, dessen Ziel der Heilige Krieg ist.

»Bergen gibt dem Thema zurück, was ihm in den Medien fehlt: die historische Dimension.«

Berliner Zeitung

Siedler

Neil Postman

Die zweite Aufklärung

Vom 18. ins 21. Jahrhundert · Aus dem Amerikanischen von H. Jochen Bußmann

»Die Fortschrittsgläubigkeit hat religiöse Dimensionen angenommen«, meint Neil Postman und demontiert in seinem provokanten Buch den Mythos der neuen Medien.

»Mit der ihm eigenen Mischung aus Naivität und Kreativität ist Postman immer anregend – auch da, wo er zum Widerspruch reizt.« Psychologie Heute

»Gedanken wie diese stehen in bester Tradition der skeptischen Rationalität eines Bertrand Russell, Karl Popper, Albert Einstein.« Süddeutsche Zeitung

»Neil Postman ist schwer zu widersprechen.« Frankfurter Allgemeine Zeitung